A JOIA NO PERCURSO DO TEMPO
ATRAVÉS DA ARTE E DA CULTURA

(volume II)

Editora Appris Ltda.
1.ª Edição - Copyright© 2024 das autoras
Direitos de Edição Reservados à Editora Appris Ltda.

Nenhuma parte desta obra poderá ser utilizada indevidamente, sem estar de acordo com a Lei nº 9.610/98. Se incorreções forem encontradas, serão de exclusiva responsabilidade de seus organizadores. Foi realizado o Depósito Legal na Fundação Biblioteca Nacional, de acordo com as Leis nos 10.994, de 14/12/2004, e 12.192, de 14/01/2010.

Catalogação na Fonte
Elaborado por: Josefina A. S. Guedes
Bibliotecária CRB 9/870

L769j
2024
	Lisbôa, Maria da Graça Portela
	    A joia no percurso do tempo : através da arte e da cultura (vol. 2) /
	Maria da Graça Portela Lisbôa, Edir Lucia Bisognin.
	    1. ed. – Curitiba : Appris, 2024.
	        358 p. ; 23 cm. – (Ciências sociais).
	
	        Inclui referências.
	        ISBN 978-65-250-4126-1
	
	        1. Joias. 2. Arte. 3. Cultura. I. Bisognin, Edir Lucia. II. Título. III. Série.
	
	                                               CDD – 739.27

Livro de acordo com a normalização técnica da ABNT

Appris
editora

Editora e Livraria Appris Ltda.
Av. Manoel Ribas, 2265 – Mercês
Curitiba/PR – CEP: 80810-002
Tel. (41) 3156 - 4731
www.editoraappris.com.br

Printed in Brazil
Impresso no Brasil

Maria da Graça Portela Lisbôa
Edir Lucia Bisognin

A JOIA NO PERCURSO DO TEMPO
ATRAVÉS DA ARTE E DA CULTURA

(volume II)

FICHA TÉCNICA

EDITORIAL	Augusto V. de A. Coelho
	Sara C. de Andrade Coelho
COMITÊ EDITORIAL	Marli Caetano
	Andréa Barbosa Gouveia - UFPR
	Edmeire C. Pereira - UFPR
	Iraneide da Silva - UFC
	Jacques de Lima Ferreira - UP
SUPERVISOR DA PRODUÇÃO	Renata Cristina Lopes Miccelli
ASSESSORIA EDITORIAL	Tarik de Almeida
REVISÃO	Isabel Tomaselli Borba
REVISÃO TÉCNICA	Taiane Elesbão Tabarelli
	André Cézar Tabarelli
TRADUÇÃO	Caroline Horvath Stagemeier
PRODUÇÃO EDITORIAL	William Rodrigues
DIAGRAMAÇÃO	Andrezza Libel
CAPA	Sheila Alves
REVISÃO DE PROVA	Romão Matheus
	William Rodrigues

COMITÊ CIENTÍFICO DA COLEÇÃO CIÊNCIAS SOCIAIS

DIREÇÃO CIENTÍFICA Fabiano Santos (UERJ-IESP)

CONSULTORES

- Alícia Ferreira Gonçalves (UFPB)
- Artur Perrusi (UFPB)
- Carlos Xavier de Azevedo Netto (UFPB)
- Charles Pessanha (UFRJ)
- Flávio Munhoz Sofiati (UFG)
- Elisandro Pires Frigo (UFPR-Palotina)
- Gabriel Augusto Miranda Setti (UnB)
- Helcimara de Souza Telles (UFMG)
- Iraneide Soares da Silva (UFC-UFPI)
- João Feres Junior (Uerj)
- Jordão Horta Nunes (UFG)
- José Henrique Artigas de Godoy (UFPB)
- Josilene Pinheiro Mariz (UFCG)
- Leticia Andrade (UEMS)
- Luiz Gonzaga Teixeira (USP)
- Marcelo Almeida Peloggio (UFC)
- Maurício Novaes Souza (IF Sudeste-MG)
- Michelle Sato Frigo (UFPR-Palotina)
- Revalino Freitas (UFG)
- Simone Wolff (UEL)

APRESENTAÇÃO

O ser humano é um ser incompleto e, por essa razão, todo o seu processo civilizatório é uma sucessiva construção de inventar e reinventar a sociedade em que vive. Assim, a humanidade construiu, no decurso de milênios, uma realidade cultural, de valores e inventos, costumes e conhecimentos que foram compondo a forma de viver em sociedade.

Em evolução contínua tecida por povos, países, culturas, o processo de conhecimento e desenvolvimento humano e das sociedades foi se constituindo. Produzida em tempos e com possibilidades diferenciadas, a civilização tornou-se um complexo conjunto de expressões e valores que se estendem e permeiam em uma grande inter-relação planetária. Dela somos parte de tal maneira que o que fazemos à vida, o fazemos a nós mesmos. Uma gigantesca e ao mesmo tempo frágil construção de saber e de vida em que somos atores e expectadores, construímos e somos envolvidos nessa relação.

O contato com o passado da humanidade mediante o estudo de documentos, objetos artísticos, decorativos, religiosos ou de qualquer outro significado, demonstra que o potencial humano é surpreendente. Impressionam as maravilhas que as pessoas são capazes de criar, pois na origem do pensamento há a imaginação, o sonho, o desejo que ao ser materializado, expressa o movimento progressivo do pensamento, a sensibilidade da alma, a lucidez da vontade.

Compreender, preservar e transmitir os valores e o saber dos povos e de suas culturas é objeto da educação. Colaboram nesse intento as universidades, as quais, mediante a investigação, buscam compreender culturas do passado no intuito de estabelecer vínculos positivos com a cultura que herdamos, dando sentido ao conhecimento historicamente construído, incorporando o passado ao presente e abrindo rumos de futuro.

A vida acadêmica em seus encantos e sua diversidade tem o compromisso de aproximar o conhecimento que evoluiu desde a gênese do saber. Para isso, estimula a reflexão crítica e o debate, busca confrontar ideias, desenvolver o pensamento e articular o conhecimento reconhecido como patrimônio cultural, no sentido do respeito e da preservação dos valores humanos e sociais. Desenvolve o sentido educativo como condição para a convivência harmoniosa, o que por domínio de umas culturas sobre outras, sabidamente, isso nem sempre ocorreu.

Enquanto lugar de aprendizagem e de formação humana e profissional, a universidade dedica-se a promover o conhecimento, o cultivo intelectual, a imaginação e a criatividade, orientando à formação de pessoas dispostas a aprender, a educar o desejo, a autonomia de maneira digna, empreendedora e produtiva. Faz sentido o ensino superior sempre que colabora favoravelmente ao engajamento da pessoa no convívio social e do trabalho como componente de uma sociedade integradora da cidadania do ser humano para uma vida feliz.

Entende-se que esta pesquisa sobre a história universal das joias cumpre o propósito de desvendar, mediante o estudo aprofundado e seletivo da arte, costumes e usos de povos desde um passado milenar numa releitura da arte de joias, materializada em objetos de adornos pessoais. Tem um significado antropológico, pois, ao buscar o conhecimento do outro, permite melhor compreender a si mesmo. Detém-se na percepção da sensibilidade expressa em objetos e formas tão lapidares cujo significado não se reduz à memória, mas tem valor em si mesmo. Considera a expressão do sentimento e da afetividade em que o belo não fala palavras lógicas, mas as transcende ao revelar a estrutura do que é real. Afirma o valor do trabalho humano como expressão da mente, imprimindo-lhe um significado de aperfeiçoamento, que não cessou de a alimentar ao longo de milênios.

Esta pesquisa, distanciada do cotidiano da época em que o objeto foi produzido, tem um rompimento com aquele contexto, o que contribui para perceber o sentido ou o não sentido do objeto, pois o que vemos não é somente o que vemos, mas o que percebemos. Neste sentido, entende-se que o presente estudo pode abrir espaços a uma melhor compreensão do objeto para sensibilizar e tornar mais humanas as percepções e a convivência entre as pessoas. A cultura pede ao ser humano uma capacidade maleável capaz de, ao mesmo tempo, transformar-se e contribuir pela valorização da arte para a elevação do sentimento humano.

O resultado desta pesquisa, embora possa ser considerado um fragmento no complexo contexto da arte da humanidade, torna acessível um conteúdo até então pouco disponível, quer pela especificidade, quer por encontrar-se disperso em locais distantes, mas, sobretudo, pela limitação de acesso ao acervo documental que aqui se apresenta. Considerando a acuidade com que esta pesquisa foi realizada, a presente obra contribuirá para ampliar o conhecimento da história da humanidade; sensibilizar para a valorização do patrimônio cultural; instigar a novas investigações; qualificar o saber sobre a arte das joias; dar aporte à criatividade e à produção técnica e acadêmica; educar a sensibilidade para perceber e sentir as dimensões do belo; promover a criatividade e aplicá-la no desenvolvimento social, econômico e cultural.

A arte propicia infinitas possibilidades e este estudo desperta as novas manifestações dessa realidade simbólica inesgotável em que é possível expressar o que ainda não se disse, consolidando a realidade significada.

Prof.ª Iraní Rupolo
Reitora da Universidade Franciscana

PREFÁCIO

Com satisfação, recebi o convite para escrever o prefácio desta obra. Há algum tempo, observo o empenho e a dedicação dos autores na pesquisa em torno da história das joias. Obviamente que uma temática como esta atrai os olhares de muitas áreas. Contudo, a ênfase desta proposta recai sobre o Design.

Considerando que o Design enquanto ciência é recente, as contribuições para elaboração desta publicação partem de reconhecidos campos científicos como a Antropologia, a Arqueologia, a Arquitetura, a Comunicação e a História. Diversas são suas contribuições para pensarmos sobre a importância que os adornos e as joias adquiriram ao longo da humanidade e os sentidos que construíram no decorrer da trajetória de nossa civilização.

A riqueza de detalhes e das inferências exibidas/feitas a partir de uma notável compilação de imagens da joalheria antiga — disponíveis em vários livros, catálogos e museus do mundo — propicia ao leitor uma viagem através do tempo e dá mostras da abnegação destes pesquisadores e sua vontade de oferecer uma produção capaz de trazer as principais peças, materiais e técnicas empreendidas na confecção de adornos, desde a pré-história até o antigo povo de Israel. A quantidade de imagens disponibilizadas e sua representatividade em termos de períodos históricos também possibilitam ao leitor que realize sua própria análise. Outra possibilidade que se evidencia com base na leitura desses conteúdos pode ser a da busca para inspiração e para o aprimoramento criativo.

Este livro permite uma maior compreensão das transformações de nossa civilização, por meio do universo das joias, e o entendimento dos processos de significação inerentes a cada cultura referenciada. A partir disto, o Design contemporâneo pode propor, criar e projetar novas coleções, tendo por base a releitura de um passado prodigioso, muito bem apresentado nesta publicação.

Ainda cabe dizer que este trabalho reflete os esforços investigativos de uma pesquisa madura, marcada pelo encontro, discussão e reflexão de alguns profissionais que têm se dedicado com afinco a esta temática.

Esperamos que esse comprometimento com a pesquisa resulte em outro livro, que dê continuidade a este, para que seja possível contar a história universal das joias até o nosso tempo.

Uma profícua leitura!

Prof. Flavi Ferreira Lisboa Filho
Programa de Pós-Graduação em Comunicação (POSCOM)
Universidade Federal de Santa Maria (UFSM)

SUMÁRIO

INTRODUÇÃO 13

CAPÍTULO IV
AS JOIAS DO ANTIGO EGITO 15

CAPÍTULO V
**AS JOIAS DO MUNDO EGEU PRÉ-HELÊNICO-CÍCLADES,
CRETA, MICENAS E TRÓIA** 57
    1. CÍCLADES 57
    2. CRETA 64
    3. MICENAS 78
    4. TROIA 93

CAPÍTULO VI
AS JOIAS FENÍCIAS NO MUNDO ANTIGO 101

CAPÍTULO VII
AS JOIAS DA GRÉCIA ANTIGA 121
    1. ORIGENS 121
    2. JOIAS GREGAS DO PERÍODO PRÉ-HOMÉRICO – SÉCULOS 12-7 a.C. 123
    3. JOIAS GREGAS DO PERÍODO ARCAICO – SÉCULOS 7-5 a.C. 129
    4. JOIAS GREGAS DO PERÍODO CLÁSSICO – SÉCULOS 5-4 a.C. 135
    5. JOIAS GREGAS DO PERÍODO HELENÍSTICO – 330-27 a.C. 146
    6. AS COLÔNIAS GREGAS NA RÚSSIA MERIDIONAL – 700-100 a.C. 161
    7. COLÔNIA GREGA NO SUL DA ITÁLIA 171

CAPÍTULO VIII
AS JOIAS DOS ETRUSCOS 183

CAPÍTULO IX
O MUNDO ROMANO 219
    1. A FUNDAÇÃO DE ROMA E O PERÍODO MONÁRQUICO – 753-509 a.C. ... 219
    2. PERÍODO REPUBLICANO – 509 a.C. - 27 d.C. 225
    3. PERÍODO IMPERIAL – 27 a.C. – 476 D.C. 234

CAPÍTULO X
O MUNDO CRISTÃO...277
1. AS JOIAS CRISTÃS PRIMITIVAS - BASES HISTÓRICAS GERAIS............277
1.1 ROMA OCIDENTAL...277

CAPÍTULO XI
O MUNDO BIZANTINO..301
1. O IMPÉRIO ROMANO DO ORIENTE- IMPÉRIO BIZANTINO.............301

CONCLUSÃO...351

REFERÊNCIAS...353

INTRODUÇÃO

Para iniciar uma investigação histórica sobre os adornos, é fundamental que se entenda o seu contexto de criação, produção e transformações. Para tanto, nos valemos da obra *Historia Universal de las Joyas* de Marguerita Wagner de Kertsz (1947), entre outras que são referenciadas ao longo dos textos que compõe este livro. Como se trata de uma análise dos adornos desde a Pré-História, constantes no Volume I, buscamos subsídios na Arqueologia e na Antropologia para dar conta da significação das imagens disponibilizadas em museus que datam de um período anterior à própria escrita.

Considerando o viés histórico da evolução dos adornos, esta pesquisa se ampara num processo contínuo de interpretar e repensar os diferentes períodos em que os estudiosos estabelecem como "linha do tempo". Trazer à baila o passado da história universal dos adornos na humanidade e escrevê-la no presente pede resposta para o seguinte questionamento: repensar o histórico dos adornos para quê? Na tentativa de responder, podemos dizer que para contribuir no entendimento da linguagem do Design nas diferentes áreas em que atua e, de modo especial, com o design de joias agregando valor aos projetos contemporâneos.

A matéria aqui apresentada é resultado de uma investigação profunda, iniciada com o projeto "História Universal das Joias Através da Arte e da Cultura" do Grupo de Pesquisa "História, Estética e Cultura dos Objetos", registrado na Universidade Franciscana de Santa Maria, RS, e no CNPq.

Cabe enfatizar que se trata de uma abordagem direcionada aos adornos e às joias, que, apesar dos estudos existentes, não possui uma sistematização em uma obra específica. Os conhecimentos sobre o tema estão dispersos e, por vezes, dão conta de um período muito específico. Ainda, entre as muitas imagens de joias analisadas no decorrer da pesquisa, optou-se pela observação estética, cultural e social dos materiais descobertos e utilizados, além das técnicas de fabricação de cada período, no sentido de conseguir identificar a evolução da joia e do design.

Propomos que o design de joias deve começar a ser compreendido e estudado a partir da análise da evolução dos adornos na humanidade, dos materiais, das técnicas, por meio da estética e da cultura. Portanto, o objetivo deste estudo é o de contribuir com a pesquisa na área e na formação dos designers em joias e áreas afins. A metodologia utilizada baseia-se na tradução livre da obra referenciada anteriormente, acrescida da análise estética e técnica de imagens obtidas em sites de museus. Cabe ressaltar que nos volumes desenvolvidos a obra referenciada serviu de base para a presente investigação, cujos dados foram ampliados com um novo olhar direcionado ao design contemporâneo.

Em continuidade à pesquisa que fomentou o livro *A Joia no Percurso do Tempo Volume I*, que versa sobre os adornos da Pré-História, os conteúdos aqui disponibilizados, no Volume II, tratam dos adornos e das joias no período subsequente, apresentados em capítulos, do quarto ao décimo primeiro, já que os anteriores estão contemplados no Volume I.

O Capítulo IV traz os adornos e joias das civilizações do Oriente Próximo, do Egito; o Capítulo V trata sobre as joias e adornos do mundo Egeu Pré-helenístico: Cíclades–Creta–Micenas–Tróia. O Capítulo VI tematiza sobre as joias Fenícias no Mundo Antigo; o Capítulo VII dedica-se às joias do Classicismo Grego; o Capítulo VIII trata das joias e adornos dos etruscos; o Capítulo IX traz joias e adornos do Mundo Romano; o Capítulo X trata das joias Cristãs Primitivas — bases históricas gerais da Roma Ocidental; e o Capítulo XI discorre sobre o Império Romano do Oriente — Império Bizantino.

A pesquisa se ampara em resultados de investigações iniciadas sob o protocolo investigativo do projeto "História Universal das Joias Através da Arte e da Cultura", vinculado ao Grupo de Pesquisa História, Estética e Cultura dos Objetos da Universidade Franciscana – Santa Maria/RS. Nesse processo minucioso de interpretar e repensar os diferentes períodos da joalheria, deu-se início aos estudos desde o homem das cavernas às contínuas transformações.

Esta pesquisa objetiva contribuir com o ensino do design de joias, de acessórios e de moda por meio de sua linguagem simbólica em diferentes campos de criação e desenvolvimento de projetos.

Os textos apresentados, aflorados pelo árduo processo de investigação, revelam não de forma sistêmica, mas reflexiva, as temáticas dos adornos e acessórios usados por diferentes civilizações aqui estudadas, que nos possibilitam novas interpretações e (re)significações a cada novo projeto de design.

As autoras

CAPÍTULO IV

AS JOIAS DO ANTIGO EGITO

Figura 1 – Localização geográfica do Egito

Fonte: Galeria *Google* (2021)

Numa abordagem genérica enfatizada por diversos historiadores, podemos aceitar que o Período Pré-literário na história do homem marcou o declínio da cultura neolítica. Gradualmente foi substituído por padrões culturais mais complexos baseados no conhecimento da escrita. Quando, lentamente, os instrumentos de pedra foram sendo substituídos pelo bronze e outros metais, a religião, o estado e instituições desenvolveram-se em mais alto grau, o mesmo ocorrendo com a indústria, o comércio, a ciência e a arte. O Período Pré-dinástico no antigo Egito, situado historicamente entre quatro mil a três mil e duzentos anos a.C., foi seguido por um estado unificado e duradouro no vale do Nilo. Esse período foi marcado, segundo Burns (2005, p. 44),

> [...] por notáveis progressos nas artes e ofícios e até mesmo em algumas ciências. Instrumentos, armas e ornamentos eram habilmente confeccionados de pedra, cobre e ouro. Descobriram-se novos processos de acabamento, vidragem e decoração dos artefatos de cerâmica, o que habilitou os egípcios desse período a fazer vasilhas de utilidade e excelência artística não inferior às de quaisquer outras produzidas pelos seus descendentes de época mais avançada.

Kertsz (1947), por outro lado, elucida que nenhum povo da Antiguidade conheceu tão bem como o Egito os artefatos para os mais diferentes aspectos da vida diária. Graças às obras de arte conservadas, não existe outro povo que nos apresente a visão de uma continuidade cultural semelhante. Uma vez encontrados os temas de sua arte e a solução para estes, os egípcios os mantêm através de três mil anos, e seu estilo é tão completo e fechado que somente pode ser enriquecido pela arte grega clássica.

Burns (2005) enfatiza que os egípcios foram o primeiro povo a ter uma concepção da arte com fins outros que não os utilitários, e estabeleceram os princípios arquitetônicos destinados a serem empregados futuramente, como a coluna, a colunata, o obelisco e outros elementos. Nas ruínas desta civilização, encontraram-se muitos adornos, pois poucos povos da Antiguidade possuíam tantas joias como o egípcio, e nenhum outro lhes atribuía um papel de tanta importância, até o além da morte.

A crença geral tão antiga de que o morto precisava em sua existência do além-túmulo de tudo quanto havia alegrado o seu coração durante a vida terrena determinou que os diferentes sistemas religiosos que professaram e praticaram fossem voltados ao culto dos mortos. Desse modo, a temática mortuária ocupa grande parte da arte egípcia que, além de pinturas, escultura, mobiliário, adornos/joias e outros, acompanhava a sepultura tanto de mulheres como de homens. Tratava-se de objetos diversos de cunho mágico/religioso, as composições se inspiravam no sol, na fauna do Nilo, nas flores e nas plantas.

A lista dos materiais também é longa e variada. Cerâmica fina policromada, cristal azul, que os egípcios conheciam ainda antes que os fenícios, e pastas de vidro fundido com variadas cores integravam os principais materiais do enfeite simples.

A Núbia era rica em jazidas auríferas e as serras do deserto proporcionavam minerais como a ardósia, a obsidiana e uma serpentina de cor verde. Além disso, os joalheiros egípcios dispunham de diferentes espécies de gemas, como diamantes, ametistas, turquesas, rubis, jaspes, cornalinas e outras. Habilidosos na arte de talhar, as pedras eram cinzeladas em grânulos ou cortadas em diferentes formas a fim de obter dimensões desejadas para embutimento policromo. Os substitutos artificiais foram usados em muitos casos, feitos de vidro colorido ou de faiança — uma composição vitrificada colorida que se assemelha a uma pedra.

No trabalho com metais, sabiam realçar a beleza por procedimentos técnicos, como bater e fundir. Com o passar do tempo, os metais passaram a ser fundidos, modelados e depois incrustados com gemas e filetes de metal. Aprimoraram-se as técnicas de acabamento, como gravura, cinzelagem, embutimento por pressão, emprego de granulação e filigrana (GOLA, 2008).

Phillips (2010) relata que o trabalho dos artesões e joalheiros egípcios foi dominado pelo uso de dispositivos e amuletos diversos. O repertório de motivos possíveis era limitado, mas os objetos tinham um significado mágico ou religioso maior do que o efeito decorativo. Para Vasques (2005), os animais mais representados nos objetos egípcios são a serpente *uraeus,* o escaravelho, o abutre e o falcão. Representações de chacal também são comuns (Tebas Ocidental). Outros elementos egípcios de destaque são representações de símbolos, que também funcionavam como amuletos, como o pilar *djed*, o nó *tiet*, o olho *udjat* e o disco solar.

Outros motivos incluem figuras das várias divindades, bem como o simbolismo da cor, que era visto como uma espécie de linguagem universal. A joia egípcia era intensamente colorida, e projetada em uma paleta pequena de materiais vívidos, tipicamente de lápis lazúli, de turquesa, de feldspato verde e de cornalina, tudo localmente disponível, exceto o lápis lazúli, que era importado. De acordo com o *Livro dos Mortos*, o azul representava o céu noturno, o verde a ressurreição, o vermelho a energia da vida.

As composições decorativas muitas vezes se inspiravam em modelos arquitetônicos ou geométricos, apresentando simetria, repetição de formas, sendo o conjunto elegante, harmonioso e de grande clareza. O efeito que produziam as joias correspondia aos gestos de finura superior dos egípcios. As partes dos desenhos lineares ocupavam um lugar importante com os motivos originados na rica fauna do Nilo. Também as plantas e flores que o Egito venerava em seu significado simbólico, e as que formavam parte essencial de sua paisagem, tal como o papiro, a flor de lótus e o lírio, oferecem, em transformações e estilizações, abundantes motivos para a ornamentação das joias menores.

Os adornos corporais apresentavam significados e uma simbologia que diferenciava as joias populares das oficiais. As joias populares serviam primeiramente como simples enfeite estético e, por fim, como proteção contra os males. Já as joias do rei, a quem se adorava como a um deus, as da família real, dos grandes sacerdotes e das castas privilegiadas de funcionários estavam destinadas a tributar homenagem aos deuses pelo seu conteúdo e formas simbólicas, afirmando e servindo ao mesmo tempo ao próprio culto. Desse modo, somente os enfeites das classes modestas estavam livres de todo o convencionalismo.

Kertsz (1947) menciona que o adorno popular não se diferenciava muito em suas formas das criações dos demais povos contemporâneos. Somente revelava a tendência a permanecer, o quanto possível, firmes e estáticos, tal como nas joias oficiais. Os egípcios preferiam, por exemplo, colares compostos de inumeráveis elos isolados, que se ajustassem ao pescoço como uma gargantilha. Muitas vezes, as cadeias se combinavam de tal maneira que discos chatos alternavam com pontas largas e finas, ou os elos orientados em um sentido, alternavam com outros que os cruzavam perpendicularmente, como para quebrar a mobilidade e flexibilidade da cadeia. Nos tornozelos e nos punhos usavam argolas e pulseiras de aros rígidos. Muitos eram os brincos, e entre os homens não faltavam os anéis, que frequentemente eram com pedras giratórias, predominando, a partir da quarta dinastia, o fecho em forma de escaravelho, símbolo da divindade solar.

A autora supracitada explica, assim, porque os ourives, artistas, arquitetos e escultores do império dos faraós deviam ater-se a determinados tipos e fórmulas que haviam sido declarados como sagrados e canônicos. Os estudos elucidam que na arte egípcia as transformações e originalidades individuais não ocorriam com frequência, com exceção da forma e dos detalhes menos importantes. Por exemplo, o presidente do antigo senado egípcio usava, em sua qualidade de juiz supremo, sempre o mesmo colar de ouro e pedras preciosas que possuía uma figura humana sem olhos, como emblema da justiça cega e da verdade. Quando o magistrado tocava à figura com a mão, permanecia a sessão do tribunal clausurada, tendo vencido o litígio a pessoa em direção a qual a figura era girada.

Influências externas contribuíram para a difusão do brinco, um enfeite que provavelmente pertencia, o mesmo que as joias de cabeça e de peito, aos enfeites oficiais, servindo como distintivo do nível social e da categoria do portador. Posto que a roupagem egípcia estivesse totalmente costurada, não faziam falta prendedores, broches nem fivelas. Ao contrário, a quantidade de amuletos era verdadeiramente significativa, um fato que nos revela que a religião oficial sobrevivia às crenças supersticiosas.

Essa perseverança em determinados temas pré-fixados e a constância com que estes eram executados apontam o caráter hermético e representativo dos enfeites egípcios, ou seja, seu caráter nacional. Destaca-se também que as joias egípcias, ligadas inseparavelmente às crenças individuais do portador, não podiam se adaptar tematicamente a uma ideologia diferente, porque não serviam simplesmente a finalidades estéticas, mas a uma necessidade religiosa.

Desse modo, para contemplarmos toda a riqueza cultural e artística dos enfeites egípcios, precisamos ter em mente os olhos daqueles para os quais foram criados, por isso, analisando, não se poderá menos que maravilhar-se ante a riqueza e a profundidade de sua expressão simbólica.

Dentre as inúmeras joias, iniciaremos ilustrando os quatro braceletes (Figura 2) descobertos em 1901 na tumba de Djer (1ª Dinastia), situado no cemitério real de Abydos. Os braceletes apresentam-se originais em forma, com cores alternadas que combinam numerosos e variados padrões. As peças exibem a grande maestria técnica dos artesãos no trabalho com os materiais típicos da joalheria egípcia.

Figura 2 – Braceletes da Tumba de Djer. Composto de ouro, lápis-lazúli, turquesa e Ametista. 1ª Dinastia (2920- 2770 a.C.), reinado de Djer. Época Arcaica — Período Tinita. Acervo Museu do Cairo

Fonte: Tiradritti (2000, p. 36)

De acordo com Tiradritti (2000), o primeiro é feito de 27 pequenas placas do falcão (símbolo do deus Hórus), empoleirado sobre o motivo do *serekb*, que representa a planta e a fachada de um palácio real. As placas são feitas de ouro e turquesa e cada uma delas é perfurada por orifícios que as atravessam, para permitir que os cordões sejam inseridos. O segundo bracelete consiste de várias contas unidas, que formam três partes idênticas. Em cada um dos lados existem contas de ouro e turquesa. O bracelete é fechado por um botão de ouro inserido entre duas argolas, uma em cada extremidade. O terceiro bracelete tem 12 contas no formato de ampulhetas, por sua vez, separados por turquesas no formato de losangos. Possui também contas de ouro, ametista e uma pasta vítrea marrom. No entanto, as contas não são perfuradas, mas sim unidas por um fio que passa ao redor do sulco central e é fixado por uma argola de ouro. As contas de turquesa em forma de losango possuem revestimentos de folha de ouro em suas pontas, são perfuradas e permitem a passagem do fio. O quarto e último bracelete é o menor do grupo. É composto de duas partes que, quando encontradas, ainda estavam unidas por uma trança de fios de ouro e pelos, possivelmente da cauda de uma girafa. No centro, há uma roseta de ouro, ladeada contas de turquesa que estão separadas por argolas e esferas de ouro. Nas extremidades, unem-se a um lápis-lazúli.

No Antigo Império, há registros de estátuas de Quéfren, de Miquerinos, de Rahotep, de Nofret, de Ka-aper, do anão Seneb e sua família. Além destas, escavações foram feitas na tumba de Hetepheres, mãe de Quéops.

Conforme Morgan Moroney, do *American Research Center in Egypt*, Washington St, 2021, da *Johns Hopkins University,* num artigo sobre joias egípcias intitulado: *"Egyptian Jewelry: A Window into Ancient Culture"* (Joias Egípcias: Uma Janela para a Cultura Antiga), faz uma abordagem muito clara e completa sobre os costumes dos antigos egípcios. Destaca o autor que o Egito Antigo é frequentemente descrito como uma sociedade estratificada. No entanto, um elemento disponível para todo egípcio eram as joias. Da época pré-dinástica até a época romana, as joias eram feitas, usadas, oferecidas, dotadas, enterradas, roubadas, apreciadas e perdidas entre os gêneros, gerações e classes. Os egípcios costumavam se adornar com uma grande variedade de enfeites, como anéis, brincos, pulseiras, peitorais, colares, coroas, cintos e amuletos. Para os estudiosos essas peças costumam ser banalizadas como puramente estéticas, em vez de informativas, modificando o potencial e a importância do Design de joias. Em vez de serem descartadas, as joias deveriam ser usadas como objetos acadêmicos para melhor compreender o Egito antigo.

Práticas costumeiras de sepultamento, bem como rituais, habilidades de confecção e disponibilidade de recursos e materiais são apenas alguns caminhos a serem explorados por meio de joias. Esse estudo, por sua vez, pode fornecer informações essenciais sobre uma variedade de aspectos, incluindo comércio, gênero, classe, economia, poder militar e autoridade política (MORONEY, 2022).

Os egípcios costumavam usar joias durante a vida, e quase todos foram enterrados com algum tipo de adorno. Os materiais escolhidos e a qualidade do acabamento geralmente indicavam o status do proprietário ou usuário. As máscaras de ouro e os peitorais incrustados de pedras preciosas, assim como as diferentes técnicas e processos de fabricação dos reis da 21ª e da 22ª Dinastias de Tanis (1069-945 a.C.), e os cintos e pulseiras de princesas do Reino Médio eram de qualidade diferente das contas de argila de um indivíduo pobre. Algum objeto mais simples como conta de cornalina em forma de barril, também eram comuns em sepulturas de elite.

As joias e/ou bijuterias, independentemente da qualidade, eram objetos de exibição, proteção e poder. A maioria das joias encontradas nas escavações vem de tumbas ou de alguns depósitos de fundação de templos. Elas nos fornecem preciosas informações da cultura da época. Na verdade, alguns tipos de joias são conhecidos apenas por representações em estátuas e relevos. Algumas oficinas de joalheria egípcia foram desveladas com as escavações, mas a maior parte do que sabemos sobre artesãos antigos e suas técnicas vêm de cenas de tumbas. As joias eram decorativas e possuíam significados. Uma joia pode revelar muito, especialmente se o contexto arqueológico for conhecido. Seu material — cerâmica, metal, certas pedras — pode ser potencialmente proveniente e sua origem assim entendida. A investigação científica permite análises composicionais e comparações. Até mesmo a pedreira exata de pedras preciosas ou a localização exata da argila do Nilo às vezes podem ser identificadas. O exame de uma conta ao microscópio também pode fornecer pistas sobre sua composição e uso. Por exemplo, objetos de vidro costumam produzir bolhas visíveis; se o brinco de uma conta mostra sinais de desgaste, provavelmente foi usado e exibido antes de ser colocado no corpo do indivíduo morto. Algumas joias eram feitas exclusivamente para enterros, e braceletes e outros adornos foram encontrados simplesmente colocados em múmias, sem serem amarrados.

As joias frequentemente tinham poderes para seu usuário — tanto vivo quanto morto. A cor e o material eram significativos, protegendo os vivos de doenças e perigos e, envoltos em bandagens de múmia, protegendo o falecido por toda a eternidade. O *Livro dos Mortos*, o famoso documento funerário do Novo Reino, prescreve materiais específicos para certos amuletos e frequentemente detalha onde devem ser colocados no corpo. O amuleto do escaravelho em formato de coração, por exemplo, foi criado para ajudar o falecido na pesagem do ritual do coração.

Os reis egípcios concediam favores e honras militares por meio de joias. Embora os reis geralmente concedessem moscas de ouro e colares durante os tempos de prosperidade ou vitória, os tipos de joias também podem revelar informações sobre situações políticas e econômicas menos estáveis. As joias eram pequenas, transportáveis, geralmente valiosas e, portanto, costumavam ser o primeiro item a ser roubado durante roubos de túmulos, principalmente na Antiguidade. Em vários graus ao longo da história egípcia, adornos de metal em múmias e em conjuntos foram coletados ilegalmente para serem derretidos e remodelados. Registros antigos, como o papiro de Amherst do final do Novo Império, detalham os crimes de ladrões de tumbas da 20ª dinastia em Tebas. Com base nesses e em outros textos, parece que os roubos de joias aumentaram e se tornaram mais estratégicos à medida que a centralização política diminuiu no final do Novo Império.

As joias podem até contrariar a sabedoria convencional. No Terceiro Período Intermediário (1069-664 a.C.), contas espaçadoras de faiança com aberturas incluem designs complexos, que demonstram habilidade requintada. Elas foram feitas durante um período tradicionalmente considerado em declínio e até mesmo numa sociedade politicamente caótica. Mas essas contas sugerem uma narrativa diferente. Seus temas reais e religiosos já eram reservados para as paredes do templo, e essa mudança de função demonstra uma transformação nas crenças religiosas — ou pelo menos no decoro religioso. Ao demonstrar as habilidades sofisticadas dos artesãos, essas se constituem em mais uma evidência da necessidade de estudar e descrever esse período complicado da história egípcia. Em todo o Egito Antigo, as joias eram oferecidas em templos, enterradas em tumbas, roubadas de múmias, apresentadas como presentes e recompensas e usadas no templo e na tumba, bem como no mercado. Pequenas, às vezes valiosas, e frequentemente complexas, as joias apresentam maneiras íntimas e importantes de estudar a cultura egípcia (MORONEY, 2022).

Dentre as inumeráveis tipologias e designs de peças, destacamos um número significativo para que o leitor possa ter uma visão clara sobre os costumes egípcios. Assim, a montagem funerária da rainha Hetepheres I era particularmente rica e testemunha o excepcional mobiliário das tumbas reais do Antigo Império. Entre os numerosos objetos, estava este porta-joias (Figuras 3 e 4) de madeira dourada. A superfície interna e externa do estojo é coberta com folhas de ouro e na tampa há um puxador de marfim colocado no centro. Essa caixa guardava duas fileiras de dez pulseiras feitas de folha encurvada de prata com incrustações de gemas coloridas. As borboletas estilizadas na superfície da joia são separadas umas das outras por um pequeno disco de cornalina vermelha. Os corpos dos insetos e partes de suas asas são incrustados com lápis-lazúli. As cabeças e as asas são feitas de turquesa, enquanto as caudas são de cornalina.

Figuras 3 e 4 – Porta-joias com joia da Tumba de Hetepheres. As pulseiras são de prata incrustrada com cornalina, lápis-lazúli e turquesa. Tumba de Hetepheres I. 4ª Dinastia, reinado de Esnofru (2575- 2551 a.C.).

Fonte: Tiradritti (2000, p. 65)

Do Médio Império há registros da estátua de Mentuhotep, os modelos da divisão do exército de Mesehti, os modelos de Meketre, as estatuas de Senusret III e de Amenemhet III, e as joias das princesas Khnumet, Sit-Hathor, Sithathoriunet, Mereret, Weret, Ita, Ita-weret e Neferuptah.

As Figuras 5 e 6 (detalhe) mostram o diadema da princesa Khnumet. A peça apresenta a técnica de esmalte *cloasonado*, com pedras incrustadas no suporte produzido de ouro. Essa joia foi originalmente ornada com dois elementos decorativos, um na parte frontal e outro na posterior. O primeiro tem a forma que imita os galhos de uma árvore, aos quais são unidas folhas e flores de ouro compostas de contas de cornalina, lápis-lazúli, turquesa e ouro, emolduradas por prata. O segundo elemento decorativo representa a deusa abutre Nekhbet, com as asas abertas e os hieróglifos *sben* que simbolizam a eternidade, em suas garras. As costas e as longas asas encurvadas do abutre são formadas por uma única peça de ouro entalhado que imita sua plumagem, enquanto a cabeça, o corpo e as pernas foram executados separadamente e depois soldadas ao elemento principal (TIRADRITTI, 2000).

Figuras 5 e 6 – Diadema da Princesa Khnumet e detalhe da rosácea. Peça composta de prata, ouro, cornalina, lápis-lazúli e turquesa. Dahchur, complexo funerário de Amenemhet II, Tumba de Khnumet. 12ª Dinastia, reinado de Amenemhet II (1929-1892 a.C.)

Fonte: Tiradritti (2000, p. 138)

Uma peça de grande importância que está relacionada à tradição funerária egípcia é o colar *Usekh* (Figura 7), que também significa "grande colar". Esse adorno era feito de variadas formas e materiais e frequentemente possuía as extremidades em forma de falcão. Ele cobria o peitoral da múmia ou era representado sobre algum suporte funerário, como cartonagens, máscaras e caixões. O capítulo 158 do *Livro dos Mortos* refere-se ao encantamento para o colar de ouro (*Usek*), que o morto deveria portar sobre o pescoço no dia do enterro (VASQUES, 2005).

O colar *Usekh*, apresentado na Figura 7, pertenceu à princesa Khnumet e foi descoberto em fragmentos, e seus vários componentes foram montados pelo descobridor. Coroado por fileiras de contas de ouro, o colar é composto de pingentes separados por cordões, criando um delicado efeito de crochê. Algumas fileiras são formadas por uma sucessão de três hieróglifos executados em ouro: *ankh*, *was* e *djed*, que simbolizam respectivamente "vida", "poder" e "estabilidade". Entre tantos detalhes, há duas cabeças de falcão em ouro entalhado com detalhes em cornalina e feldspato que estão anexadas às extremidades do colar, em que o bico e os olhos escuros são cercados de lápis-lazúli, destacando a cor da plumagem do falcão (TIRADRITTI, 2000).

Figura 7 – Colar da Princesa Khnumet. Composto de ouro, lápis-lazúli, cornalina, granada e feldspato. Dahchur, complexo funerário de Amenemhet II, Tumba de Khnumet. 12ª Dinastia, reinado de Amenemhat II (1929-1892 a.C.)

Fonte: Eudonev (2021)

Outro Colar *Usekh* (Figura 8) foi encontrado no túmulo da princesa Neferuptah, filha de Amenemhat III, decorando seu peito. Esta peça foi encontrada na escavação de 1956, em Hawara — pirâmide de Neferuptah.

Figura 8 – Colar Usekh da princesa Neferuptah. Composto de ouro, cornalina, feldspato e pasta vítrea. 12ª Dinastia, Amenemhat III (1844-1791 a.C.). Acervo Museu Egípcio do Cairo

Fonte: *Tour Egypt* (2013)

O peitoral (Figura 9) estava no túmulo da princesa Sithathoriunet. Com o peitoral e outras joias foram encontrados vasos, espelhos e materiais cosméticos. Como nesse período as joias usadas por mulheres reais não significavam apenas um adorno, mas também, conceitos e mitos simbolicamente associados à realeza egípcia, essa peça apresenta o nome de Senwosret II no peitoral. Essa peça é um excelente exemplo da habilidade técnica e artística dos joalheiros do Reino Médio. Vale lembrar que o Alto e o Baixo Egito foram reunidos por Mentuhotep II, que estabelece a capital em Tebas. O Egito é brevemente governado por dinastias concorrentes do oeste da Ásia, mas a reunificação ocorre novamente sob Ahmose I. Hatshepsut, a governante feminina mais poderosa da história faraônica, constrói seu templo funerário único no oeste de Tebas. Após o reinado de Ramsés III, o poder do Egito declina gradualmente, levando ao Terceiro Período Intermediário.

Este peitoral na técnica cloisonné é incrustado com pedras semipreciosas cuidadosamente cortadas. O design heráldico está repleto de simbolismo. As linhas em ziguezague na barra da base representam as águas das quais emergiu a colina primordial. Cada um dos falcões, símbolos do deus sol, contém um hieróglifo circular que significa "circundado", declarando assim o poder supremo da divindade solar sobre o universo. Flanqueando o nome do rei estão dois hieróglifos *ankh* (que significam "vida") suspensos em cobras cujas caudas são enroladas em torno do disco solar nas cabeças dos falcões. Essas cobras representam Nekhbet e Udjo, as tradicionais deusas protetoras do rei.

Assim, a vida e a existência do rei no tempo são descritas como parte de um universo criado e sustentado pelo deus sol supremo. As joias usadas pelas mulheres reais durante o Médio Império não eram simplesmente para adorno ou indicação de status, mas também simbolizavam conceitos e mitos em torno da realeza egípcia. As joias imbuíam uma mulher real de poderes sobre-humanos e, assim, permitiam que ela apoiasse o rei em seu papel de fiador da ordem divina na terra. Foi essencialmente o rei que se beneficiou dos poderes mágicos inerentes às joias usadas pelas mulheres de sua família, o que explica por que seu nome, e não o da princesa, aparece nos desenhos. Como o túmulo da princesa ficava ao lado da pirâmide de Senwosret, os estudiosos especulam que ela seria sua filha. Outros itens na tumba levam o nome de Amenemhat III, sugerindo que a princesa viveu durante os reinados de três dos governantes mais poderosos da 12ª Dinastia: Senwosret II, Senwosret III e Amenemhat III.

Figuras 9 e 10 – Peitoral da Princesa Sithathoriunet e detalhe. Composta de ouro, cornalina, feldspato, granada e turquesa. Apresenta a técnica de *cloisonné*. Reino Médio, 12ª Dinastia, reinado de Senwosret II, Amenemhat III (1887-1813 a.C.)

Fonte: *The Metropolitan Museum of Art, NY* (2021)

Na tumba da princesa Sithathoriunet, quando descoberta, continha um diadema (Figura 11) em forma de um *uraeus*, com uma faixa larga de ouro decorado com uma cobra e rosetas reais. Essa peça teria sido usada sobre uma peruca feita com dezenas de longas tranças realizadas em pequenos ganchos de ouro. A cabeça da cobra é feita de lápis-lazúli e os olhos de granadas. As rosetas são incrustadas com lápis-lazúli, cornalina e faiança verde na imitação de feldspato e turquesa.

Figura 11 – Diadema de ouro de Sithathoriunet. 12ª Dinastia. Complexo funerário de Senusret II. Acervo Museu Egípcio do Cairo

Fonte: Philips, 2010, p. 15

Quando o túmulo do poço da princesa Sithathoriunet, em 1914, foi localizado no complexo funerário de Senusret II, os pesquisadores Flinders Petrie e Guy Brunton encontraram, além de seu sarcófago de granito vermelho, um conjunto de jarros canópicos, que acompanhavam cada sepultamento para guardar os órgãos internos. Então eles descobriram um nicho na parede que havia sido rebocado. Dentro havia cinco caixas contendo joias de Sithathoriunet, um espelho, navalhas e potes para cosméticos. A peça premiada nessa coleção é um diadema em forma de *uraeus*, uma faixa larga de ouro decorada com a cobra real e rosetas. Ela também tem duas plumas de ouro e três conjuntos de fitas de ouro destacáveis. Teria sido usado sobre uma peruca composta de dezenas de longas tranças presas em pequenos fechos de ouro. A cabeça da cobra é feita de lápis-lazúli e os olhos de granadas incrustados em aros dourados. As rosetas são incrustadas com lápis-lazúli, cornalina e faiança verde em imitação de feldspato e turquesa.

Figura 12 – Colar largo de Senebtisi, Reino Médio, Dinastia 12, final-início de 13 (ca. 1850–1775 aC), do Egito, região de Menfita, Lisht Norte, Tumba de Senwosret (758), Poço 763, sepultamento de Senebtisi, escavações de MMA, 1906–07, faiança, ouro, cornalina, turquesa, cabeças de falcão e pingentes de folhas originalmente em gesso dourado, restaurados em prata dourada, olhos originalmente dourados, contas restauradas em gesso dourado. Acervo The Metropolitan Museum of Art

Fonte: Julia Friedman, 2019. Disponível em: https://hyperallergic.com/483587/jewelry--the-body-transformed-metropolitan-museum-of-art/. Acesso em: Set. 2021

O colar citado foi confeccionado com faiança, ouro, cornalina e turquesa; cabeças de falcão e pingentes de folha originalmente em gesso dourado e restaurados em prata dourada; e olhos originalmente com contas douradas restauradas em gesso.

Concedidas ao governante pelos deuses em textos e representações, no antigo Egito as coroas simbolizavam a conexão entre o governo terreno e o divino. Pode-se dizer que a maioria das coroas pertencia ao deus do sol Rá ou a alguma outra divindade, mas concedidas por ele ao rei. Os adornos com materiais preciosos ou suas cores, em particular o brilho do ouro e da prata, forneciam mais um elo com deuses associados ao esplendor.

Figura 13 – Colar egípcio, Novo Império, 18ª Din., 1550–1295 a.C. Colar de ouro e cornalina composto por 29 moscas ocas de ouro alternadas com contas esféricas de cornalina e contas tubulares de folha de ouro. Colares de enfeites de moscas, ocasionalmente oferecidos a soldados corajosos, podem ter sido usados como talismãs para afastar insetos

Fonte: *Museum of Fine Arts, Boston* (2021)

Do Novo Império é possível encontrar as joias de Ahhotep (o Império Novo, viu um grande número de mulheres no poder. A mãe de Ahmose I, a rainha Ahhotep I (1570-1530 a.C.), debelou uma rebelião de simpatizantes dos Hicsos, enquanto o filho se encontrava numa campanha contra os Núbios, no sul. São destaque, ainda, as estátuas de Hatchepsut, Senenmut, Tutmés III e Amenófis III, os artefatos de Yuya e Tuyu, as estátuas do arquiteto Amenófis, filho de Hapu, de Akhenaton e de Nerfetiti e as esculturas de Ramsés II e de Nakhtmin e sua esposa, além dos tesouros de Tutancâmon. No Novo Império as joias atingiram verdadeiros requintes técnicos e estéticos, cuja simbologia perpassava a ideologia política e religiosa. Em cada peça o leitor é levado a buscar seus significados e desvelá-los (TIRADRITTI, 2000).

A mais rica, a mais deslumbrante de todas as sepulturas descobertas, a que de longe supera as demais, é a tumba de Tutancâmon (1336-1327 a.C.), que com os seus objetos de inestimável valor artístico e material, pode nos dar uma ideia das imensas fortunas de que dispunha um faraó como este. Seu reinado foi de curta duração e não se distinguiu por nenhuma proeza sobressalente. Sobre o corpo do soberano havia diversos adornos corporais e outros preciosos adereços de "reserva".

Civita (1970) corrobora esclarecendo que em 1922, quando Howard Carter descobriu o túmulo de Tutancâmon, este, estava repleto de tesouros.

> Só na antecâmara amontoavam-se de seiscentos a setecentas peças, entre as quais duas estátuas de quase dois metros, representando o Faraó adolescente, um rico trono, vasos e lâmpadas de alabastro, carruagens, esquifes e arcas, transbordando de roupas e objetos incomparavelmente ricos. A múmia real estava protegida por três sarcófagos: o primeiro de madeira dourada, o segundo também em madeira com preciosas incrustações de vidro e o terceiro de ouro maciço com aplicações de lápis lazúli, cornalinas e turquesas. As obras do período do jovem rei são, sem dúvida, influenciadas pelos meios de representação utilizados no reinado de Aquenaton. O brusco rompimento com as convenções, o realismo que transformava em caricaturas os retratos, foram revoluções artísticas que sobreviveram, se bem que atenuadas, à época de Tel-el-Amarna. Entretanto, de tudo o que até esta data foi encontrado da civilização egípcia em seu apogeu, nada existe que se iguale à tumba de Tutancâmon em riqueza de objetos e em profusão de ouro, que testemunham uma época na qual o Egito aderiu totalmente ao gosto por uma faustosidade tipicamente oriental. (CIVITA, 1970, p. 92-94).

Em James encontra-se que:

> [...] tecnicamente, algumas das peças não são da melhor qualidade que se podia obter no Egito em comparação com as peças reais do Império Médio. Quanto ao desenho, por sua vez, não há como não se maravilhar diante da notável inventividade demonstrada pelos fabricantes de joalheria. Os peitorais apresentam uma variedade de motivos e de usos dos simbolismos divinos que faz pensar que eram mestres da joalheria os que trabalhavam nos ateliês reais. (JAMES, 2005, p. 200).

Em outra passagem o mesmo autor comenta:

> Não há duas peças que sejam iguais, e no conjunto se observa uma notável gama de técnicas de ourivesaria, algumas das quais não se redescobriram, depois da antiguidade clássica, até o Renascimento. Estes antigos artesãos podiam bater o ouro, fazer folheado de ouro da melhor qualidade, construir alvéolos para incrustar pedras, fazer fio de ouro, usar soldagens e aplicar granulados. Podiam fazer cenas e desenhos

feitos com o *repoussé* e o cinzelado, mas não com a gravura. (JAMES, 2005, p. 200, grifo nosso).

O que nos instiga a pensar a arte simbólica egípcia sob o manto da ideologia parte do pressuposto de que fora criada intencionalmente para transmitir algo a alguém, ou seja, carregada de significados para além da vida terrena. Toda a inspiração e criações artisticamente elaboradas serviam de bagagem para o morto levar consigo para a sua morada definitiva. Na Figura 14, pode-se observar um precioso trabalho de ourivesaria.

Figura 14 – Pulseira, Reino Médio egípcio, datada de 1878–1805 a.C. Dez unidades de contas triplex, tendo três pingentes nos entremeios. Estes pingentes de ouro, cornalina e lápis-lazúli foram colocados entre as conchas. Esta pulseira está relacionada estilisticamente com joias encontradas por Jacques de Morgan na década de 1890 na pirâmide de Senwosret III em Dahshur

Fonte: rawpixel. Disponível em: https://www.rawpixel.com/image/9329714/jewelry-elements. Acesso em: Set. 2021

Alguns itens encontrados por Howard Carter em 1922, como peitorais, brincos, pulseiras, tornozeleiras, braceletes, entre outros, são apresentados a seguir.

Peitorais fixados a colares, decorados com figuras de divindades e símbolos que foram associados a eles, representam o estilo habitual das joias pertencentes a Tutancâmon. Neste exemplo, o peitoral sob a forma de um escaravelho (Figura 15) possui uma série de elementos iconográficos de grande valor simbólico.

Figura 15 – Peitoral sob a forma de um escaravelho alado. Composto de ouro, cornalina, turquesa, feldspato verde, lápis-lazúli e calcita. 18º reinado da dinastia Tutancâmon (1333-1323 a.C.). Acervo Museu Egípcio do Cairo

Fonte: *Tutankhamun's Treasures - The Ancient Egypt* (2021)

A Figura 16 destaca um peitoral de Tutankamon em que o tema central é o escaravelho, que serve como o corpo de um falcão com as asas estendidas. No simbolismo egípcio, o deus-sol poderia ser representado tanto como um escaravelho, como um falcão. Formas compostas de dois símbolos eram comuns na iconografia egípcia como uma maneira de indicar duas concepções originalmente separadas que foram fundidas com o passar do tempo. O elemento central, o escaravelho, é feito de calcedônia translúcida amarela esverdeada que simboliza o sol ao amanhecer. Acima do escaravelho alado, a lua é representada pelo olho de Hórus. Na base do peitoral há uma espécie de franja na forma de flores de lótus na cor azul e flores de papiro.

Figura 16 – Peitoral de Tutancâmon decorado com símbolos do sol e da lua. Composto de ouro, detalhes em prata, cornalina, lápis-lazúli, calcita, obsidiana, turquesa vermelha, azul e vidro preto, branco e verde

Fonte: Philips, 2010, p. 18

O centro desse peitoral é adornado com um escaravelho de vidro verde raro, definido sobre o corpo de um falcão, que simboliza o sol. As patas dianteiras e asas dessa criatura composta apoiam um barco celeste, contendo o olho esquerdo de Horus — o emblema da lua — coroado por um disco de lua de prata com um crescente em ouro. O faraó Tutancâmon é retratado no disco ladeado pelo deus lua Thoth e pelo deus sol Ra-Horakhty em uma pose de proteção. Com flores e botões de plantas de papiro e lótus, os emblemas do Alto e Baixo Egito, formam a base do peitoral. Esse peitoral é um símbolo religioso importante, muito rico em sinais visíveis e ocultos, que constitui um testemunho excelente da habilidade do joalheiro egípcio, que tinha atingido um nível elevado para expressar conceitos religiosos e desempenhar o papel de amuletos.

Dentre uma série de artigos encontrados, esse brinco de ouro (Figura 17) é caracterizado por *cloisonné* e outras técnicas. O fecho é o mesmo que para a maioria dos brincos, que consistem de um elemento vertical que passa através do lóbulo perfurado e se encaixa em um tubo. Suspensos estão as figuras de pássaros com asas de falcão. As asas curvadas para dentro encontram-se no topo para formar um círculo completo que segura o sinal *Shen* para o infinito. As cabeças são feitas de vidro azul translúcido e os corpos e as asas são incrustadas com quartzo, calcita e faiança de várias cores.

Figura 17 – Brincos de Ouro de Tutancâmon, com *cloisonné* e outras técnicas

Fonte: *Tour Egypt* (2013)

Na Figura 18, esta peça foi denominada como "o coração de Hatnefer". Feita de ouro, contém um escaravelho com um acabamento perfeito.

Figura 18 – Corrente com pingente, de Hatnefer

Fonte: artsy. Disponível em: https://www.artsy.net/artwork/unknown-egyptian-heart-
-scarab-of-hatnefer. Acesso em: out.2021

Essa peça é um exemplo característico de equipamento funerário e é comparável aos feitos para a realeza contemporânea. A requintada corrente é feita de fio de ouro, trançada com elo quádruplo. A base do escaravelho contém uma gravação com uma versão do *Livro dos Mortos*, Capítulo 30A, em que a falecida se dirige ao próprio coração, exortando-o a não testemunhar contra Hatnefer durante o julgamento final na vida após a morte. Na linha superior, o nome de Hatnefer foi inserido sobre um texto apagado, indicando que o escaravelho não foi feito originalmente para ela. Os escaravelhos de coração eram amuletos muito populares. Para os antigos egípcios, o coração não era apenas o centro da vida, mas também do pensamento, da memória e dos valores morais. Se o falecido tivesse vivido uma vida justa ele ou ela teria permissão para viver na vida após a morte. Amuletos especiais foram usados para garantir um julgamento positivo, por isso os egípcios temiam uma sentença negativa. A tumba de Hatnefer foi descoberta pela Expedição Egípcia do Museu em 1936, e o escaravelho do coração de Hatnefer, a máscara de múmia, a caixa canópica, dois anéis e dois escaravelhos chegaram ao museu na divisão de achados.

A pulseira a seguir (Figura 19) pertence à classe ornamental, em que nada em sua decoração tem algum amuleto ou significado mágico reconhecível. A pulseira, rígida, apresenta na base quatro tubos de ouro ligados em conjunto, que representam as hastes das flores, no final da dobradiça há papiros e lírios intercalados, além de uma turquesa fixada na parte superior.

Figura 19 – Pulseira rígida de ouro com técnica de granulação e pedra turquesa. Acervo Museu Egípcio do Cairo

Fonte: *Ancient Treasures* (2013)

A pulseira (Figura 20) tem como característica central um escaravelho de ouro com lápis-lazúli incrustado. Dois ornamentos idênticos ladeiam o escaravelho, cada um composto por um fruto apoiado por dois botões de papoula, com margaridas em ouro preenchendo os interstícios entre as hastes e as gemas. Tanto a charneira como o fecho são feitos de dentes cilíndricos mantidos juntos por meio de pinos de ouro, sendo um eixo de articulação fixo e outro móvel. Deve-se enfatizar o acabamento primoroso da peça.

Figura 20 – Pulseira de Tutancâmon. Composta de ouro, lápis-lazúli, turquesa, quartzo e cornalina

Fonte: the-ancient-pharaohs, 2013. Disponível em: https://the-ancient-pharaohs.blogspot.com/2010/12/tutankhamuns-treasures.html. Acesso em: ago. 2023

As pulseiras egípcias eram confeccionadas com puro ouro ou incrustadas de gemas de diversos tipos e muito coloridas. Os egípcios apreciavam misturar grossas camadas de ouro com pedras, o que conferia às peças requinte e beleza. No Reino Médio davam preferência à mistura de ouro e prata, tendo muitos símbolos com temas da flora e da fauna. O escaravelho de Kefen, por exemplo, merece atenção especial. A arte da joalheria, originada no Reino Antigo e chegando ao reinado de Cleópatra, foi capaz de absorver o que há de melhor na riqueza espiritual e cultural daqueles séculos.

Figura 21 – Anel com a técnica de cabochon onde está inscrito o símbolo da vida, de 1492–1473 a.C. Novo Império, reinado de Tutmósis II

Fonte: *The Metropolitan Museum of Art, New York* (2021)

A partir do Médio Império até a segunda metade da 18ª Dinastia, os anéis consistiam geralmente de um laço de corda ou de metal e uma luneta giratória e, muitas vezes, um escaravelho. Anéis com o *loop* e moldura em uma única peça, feita de metal, pedras semipreciosas, ou faiança, eram raros até o Período de Amarna, quando eles parecem ter se tornado moda. Quinze anéis, alguns com molduras de giro, foram encontrados na múmia de Tutancâmon. Um destes anéis é ilustrado aqui (Figura 22).

Figura 22 – Um dos quinze anéis, encontrados na Tumba de Tutancâmon

Fonte: *The Metropolitan Museum of Art, New York* (2021). Disponível em: https://www.metmuseum.org/art/collection/search/549200. Acesso em set. 2021

Anel-sinete em ouro com o nome do trono de Tutancâmon 1336-1327 a.C. Novo reino. Este anel apresenta inscrições no centro com o prenome de Tutankhamon, Neb-kheperu-re; em ambos os lados, o rei é referido como "amado de Amon, senhor da eternidade." O disco solar na palavra "eternidade" aparece com o sinal pendente para "vida", que era uma escrita comum do sinal durante o reinado de Akhenaton.

Os ornamentos da tumba de Tutancâmon são típicos de todas as joias egípcias. A perpetuação de princípios iconográficos e cromáticos deu às joias do antigo Egito — que por muito tempo permaneceram inalteradas apesar do contato com outras civilizações — uma magnífica e sólida homogeneidade, infundida e enriquecida por mágicas crenças religiosas. A ornamentação é composta em grande parte por símbolos que possuem nome e significado precisos, com uma forma de expressão intimamente ligada à simbologia da escrita hieroglífica. O escaravelho, a flor de lótus, o nó de Ísis, o olho de Hórus, o falcão, a serpente, o abutre e a esfinge são todos símbolos de motivos ligados a cultos religiosos como o culto dos faraós e deuses e o culto dos mortos. Na joalheria egípcia o uso de ouro é predominante, e geralmente é complementado pelo uso das três cores de cornalina, turquesa e lápis-lazúli ou de pastas vítreas que as imitam. Embora houvesse um repertório de motivos decorativos bastante limitado em toda joalheria egípcia, os artistas-artesãos criaram uma grande variedade de composições, baseadas principalmente na simetria estrita, ou nas joias feitas de missangas, na repetição rítmica de formas e cores.

Das Figuras 23 a 30 há uma série de joias com diferentes formas, as quais demonstram a capacidade inventiva dos ourives egípcios.

Figura 23 – Pulseira flexível representando rei Tutancâmon. Composta por nove fileiras de ouro, faiança e contas de vidro, presas por seis espaçadores de ouro para manter as linhas na posição. Na base, encontra-se o olho *udjat*, que com exceção do escaravelho, foi o amuleto mais popular no antigo Egito

Fonte: *Tour Egypt* (2013)

Figura 24 – Colar proveniente de Abydos, da 18 ª Dinastia

Fonte: Marc Gabolde, 2017. IN: Paul Valéry University, Montpellier 3. França. Disponível em: https://www.researchgate.net/publication/329916529_An_18th-Dynasty_gold_necklace_for_sale_Comparisons_with_Tutankhamun's_jewellery. Acesso em: abr. 2024

Este grande colar vem das escavações de William Matthew Flinders Petrie em Abydos. Ele é composto de várias linhas de pequenas pérolas em vidro branco, vermelho, verde, amarelo e preto, que são separadas por tiras de marfim curtas.

Figura 25 – Amuleto "Scarebeus Sacer" ou escaravelho sagrado, cercado por ouro, prata, pedras preciosas, vidro e esmalte. Peitoral de Tutancâmon com friso em forma de lótus. Acervo Museu Egípcio do Cairo

Fonte: arquivo *Starnews* (2001, p. 110)

Figuras 26 e 27 – Colar com Ornamento Peitoral no Formato de um Barco Solar. Composto de ouro, prata, pedras e pasta vítrea. 18ª Dinastia, reinado de Tutancâmon (1333-1323 a.C.). O motivo central representa o nascer do sol. O escaravelho de ouro e lápis-lazúli, segura em suas patas o disco solar e o hieróglifo *shen* "infinito". O hieróglifo *pet* "céu" acima é feito de lápis-lazúli com várias estrelas douradas incrustadas

Fonte: Zaki (2008)

Figura 28 – Colar com peitoral de Udjat. Composto de ouro, incrustado em sua maior parte com vidro policromado, cornalina e lápis-lazúli. peitoral de Tutancâmon, preso pelo triplo colar composto de contas de ouro e faiança vermelho e azul. Acervo Museu Egípcio do Cairo

Fonte: arquivo *Starnews* (2001, p. 110)

Figura 29 – Pulseira. Composto de ouro, lápis-lazúli, cornalina, pasta vítrea verde e azul e calcita. 18ªDinastia, reinado de Tutancâmon (1333-1323 a.C.). O grande elemento desta pulseira é o escaravelho de lápis-lazúli

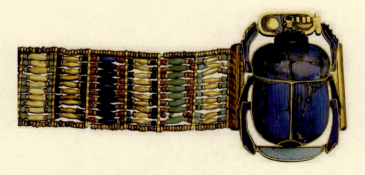

Fonte: Tiradritti (2000, p. 242)

Figura 30 – Colar de Tutankamon. a execução técnica é impecável no ajuste das pedras, assim como nas cores e tons empregados, observando uma perfeita simetria

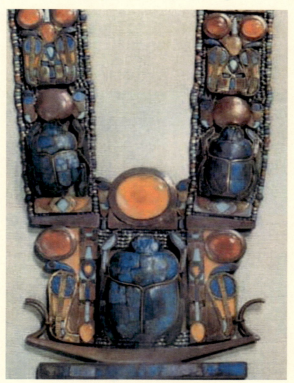

Fonte: Zaki (2008)

Figura 31 – Brincos de Tutancâmon. Peça com influência estrangeira, provavelmente da Nubia, mas distingue-se pela técnica de granulação do ouro. Além das contas de ouro e resina negra, apresenta materiais desconhecidos

Fonte: Zaki (2008)

Cabe ressaltar, que mais ou menos há dois decênios, depois do sensacional descobrimento dos tesouros da tumba de Tutancâmon, os ourives de vanguarda copiaram as joias, lançando-as à circulação, estas perduraram por um breve tempo, porque os seus motivos nada diziam à geração atual.

Figura 32 – Colar de Nefer, 1504–1450 a. C.

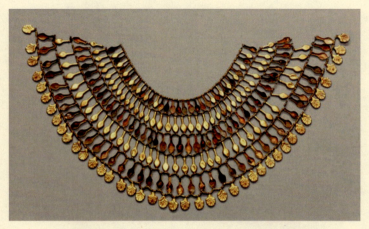

Fonte: Waufen. Disponível em: https://www.waufen.com.br/blog/historia-das-joias/. Acesso em: abr. 2024

Além das joias, sandálias de ouro (Figura 33) também fazem parte do tesouro de Tutancâmon encontrado por Carter e sua equipe. James (2005) comenta que foram encontrados 200 pares de sandálias do mais puro ouro e esmerado acabamento técnico, em que se destacavam formas diversas e belas. Um dos pares a seguir.

Figura 33 – Sandálias de ouro do faraó Tutancâmon. Sandálias feitas de madeira cobertas por um verniz de marchetaria, couro e folha de ouro

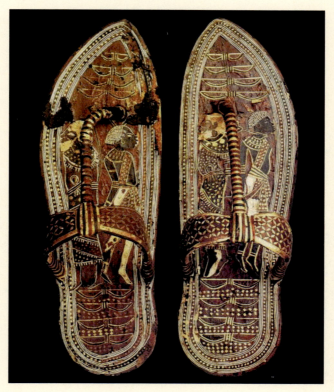

Fonte: Zaki (2008)

Mey Zaki (2008) menciona que sandálias eram chamadas *thebet* pelos antigos egípcios e compreendia uma sola e uma cinta fina, que passava entre os dedos dos pés grandes. As sandálias eram às vezes chatas, às vezes com uma extremidade curva, para os vivos eram geralmente fabricadas de couro, mas para os mortos, eram tecidas a partir de folhas de palmeiras ou caules de papiro. Por vezes, forradas com tecidos em que os egípcios gostavam de ter seus inimigos reproduzidos, para que pudessem ter a satisfação de caminhar sobre eles.

A pesquisa nos mostra que, embora as sandálias fossem conhecidas durante o Período Pré-dinástico, os antigos homens egípcios só as usavam em visitas, e nunca as mulheres. As sandálias do Império Antigo raramente eram usadas, reis e dignitários andavam descalços e só calçavam sandálias se estivessem apresentando-se ao deus. Durante o Reino Médio, somente os pobres não tinham sandálias, algo que foi considerado como um sinal de discriminação. O povo fabricava suas sandálias e as colocava apenas depois de ter alcançado o objetivo de sua caminhada. No Reino Novo, o uso de sandálias havia se espalhado por toda a parte, mas os costumes proibiam de usá-las na presença de pessoas de categoria superior. Havia também sandálias para serviços religiosos, que representavam símbolos de proteção estabelecidos nos textos piramidais, nos sarcófagos e no *Livro dos Mortos*. No final da 18ª Dinastia começaram a aparecer estátuas calçadas com sandálias.

Os antigos egípcios apreciavam usar grandes peitorais em sinal de poder e grandeza. A Figura 34 destaca um peitoral executado com nobreza de detalhes, de aparência fina e elegante.

Figura 34 – Colar de ouro e cornalina, de Tutmosis III (18ª Dinastia, de 1479-1425 a.C.)

Fonte: Lucas Ferreira, 2020. Disponível em: https://antigoegito.org/conhecendo-o-egito-presente-de-thutmose-iii/. Acesso em: 10 abr. 2024

Do final do Novo Império, são duas pulseiras (Figura 35) que seguem a tradição muito sofisticada da ourivesaria egípcia. Essas pulseiras apresentam os emblemas de Ramsés II inscritos ao lado dos fechos, o que sugere que se tratava de uma oferenda feita pelo rei para a deidade local, a deusa Bastet. As pulseiras são compostas por duas partes maciças de ouro, unidas por uma dobradiça. A decoração é executada na técnica de granulação e consiste principalmente em motivos geométricos. Na parte superior há um pato ou um ganso, cujo corpo é de lápis-lazúli esculpido, enquanto a cauda é de ouro.

Figura 35 – Braceletes de Ramsés II. Composto por ouro e lápis-lazúli. Descoberto em 1906, pertence à 19ª Dinastia, Ramesés II (1290-1224 a.C.). Acervo Museu Egípcio do Cairo

Fonte: Tiradritti (2000, p. 260)

Há, ainda, os tesouros entre 1939 e 1940 em Tânis, sendo mais de 600 itens. O esplendor das obras-primas de Tânis (procedente da 21ª Dinastia) inspira uma comparação com os tesouros de Tutancâmon ("Era do Ouro" do Novo Império). Para Tiradritti (2000), a qualidade técnica e escultural dos vasos de ouro e de prata e as joias dos túmulos de Psusenes I, de Amenemope e do general Undjebauendjed são equiparados às mobílias funerárias de Tutancâmon.

Figura 36 – Anel com escaravelho e inscrição do nome da raínha Hatshepsut (Maatkare) 1479–1458 a.C.

Fonte: *The Metropolitan Museum of Art, New York* (2021)

A capela funerária de Amun, Henettawy, que morreu por volta de 1000 a.C., em torno de 20 anos é um importante registro da época. Ela foi enterrada em uma tumba localizada fora do templo do faraó Hatshepsut, do Novo Reino. Esta tumba pode ter sido originalmente o local de descanso de um dos oficiais de Hatshepsut, Minmose, parte de cujo caixão foi encontrado nos destroços. Henettawy parece ter sido enterrada às pressas, pois ela nem mesmo tinha sido embalsamada, mas estava simplesmente envolta em camadas de bandagens de linho, e não tinha mobília funerária além de seus caixões aninhados. Dois anéis foram encontrados na mão esquerda de Henettawy. Seus engastes têm a forma de escaravelhos sagrados, associados ao sol nascente e à regeneração. Um dos escaravelhos contém, na parte inferior, o nome de Hatshepsut, Maatkare, flanqueado por duas plumas de avestruz que simbolizam Maat, a ordem adequada do cosmos. No outro, está inscrito na parte inferior o nome do deus sol Amon-Rá, em cujo culto Henettawy serviu como músico. Os dois escaravelhos datam do início da 18ª Dinastia e são semelhantes aos exemplos encontrados nas proximidades dos depósitos de fundação do templo de Hatshepsut. Portanto, Henettawy estava usando escaravelhos do mesmo período da tumba que aparentemente foi reutilizada para seu enterro. Não está claro se esses escaravelhos entraram em sua posse durante sua vida ou foram encontrados na tumba mais antiga, construída anos antes de sua morte, durante os preparativos para seu enterro.

Numerosas joias foram encontradas com a múmia Psusenes I e este é um dos muitos peitorais (Figura 37). A técnica de embutimento mostra pedras de várias cores fixas a uma base de ouro. No centro da peça há um escaravelho esculpido em lápis-lazúli. Suas asas estendidas são incrustadas com pedras semipreciosas policromadas. Para ambos os lados, são as deusas Isis e Nephthys.

Figura 37 – Colar de Psusenes I. Composto de ouro, cornalina, lápis-lazúli, feldspato e jaspe vermelho. Acervo Antiquity Museum. Primeiro Período Intermediário (1040-992 a.C.), Tânis. Acervo Museu Egípcio do Cairo

Fonte: *The Culture Concept Circle* (2021)

Figura 38 – Colar de Psusenes I (1039–991 a.C. Foi descoberto ao redor do pescoço da múmia do rei Psusennes I, um dos reis da 21ª dinastia do Egito. Este colar é um dos três do faraó Psusennes I. Este colar é feito quase inteiramente de ouro e consiste em quatorze correntes, cada uma das quais terminando em uma conta de flor de lótus. O topo da gola consiste em cinco fileiras concêntricas compostas por milhares de discos de ouro finos enfiados lado a lado

Fonte: *Ministry of Antiquities - Egypt* (2019)

Pulseiras, anéis, colares, brincos e peitorais eram amuletos dotados de um poder mágico, por meio de seus emblemas de vida, força e eternidade. Os joalheiros egípcios produziam suas obras em ouro, prata, turquesa, lápis-lazúli, cornalina e muitas outras pedras. Eles também usaram materiais como a composição esmaltada e o vidro, imitando o que chamamos de pedras semipreciosas. Estes emitiam alguns dos efeitos mais característicos e agradáveis, escolhidos não tanto por seu valor intrínseco, mas por outra característica que os tornava inestimáveis no esquema das coisas: a cor.

Na Figura 39, é possível visualizar outro exemplo do tesouro de Tânis.

Figura 39 – Um colar com um pingente representando um falcão encontrado na tumba do rei Tutancâmon, que reinou por volta de 1336-1327 a.C. durante a 18ª dinastia. É feito de ouro incrustado com cornalina, calcedônia e pasta de vidro colorida. Localizado no Museu Egípcio, Cairo, Egito. Foto via Min do Egito de Turismo e Antiguidades

Fonte: antigoegito.org, 2020. Disponível em: https://antigoegito.org/vestuarios-cosme-ticos-e-joias/.Acesso em ago. 2023. Acesso em: ago. 2023

Esse objeto, parte da coleção particular de Howard Carter, é muito semelhante aos colares encontrados na tumba de Tutancâmon. A peça central é uma peça quase rodada de faiança policromada, feita a partir de dois elementos florais, repetidos em uma linha e mantidos no lugar por um clipe triangular decorado com uma flor de lótus semiaberta.

Figuras 40 e 41 – Anel de Ramsés II, 19ª Dinastia, 1279-1213 a.C. Ouro, cornalina e técnica cloissoné

Fonte: techniquesorfevrerie.
Disponível em: https://techniquesorfevrerie.files.wordpress.com/2015/03/imgres.jpg.
Acesso em: abr. 2024

Esse anel, formado por três aros é fechado por duas grandes flores de lótus, é decorado com um par de minúsculos cavalos tratados em círculo, saltitando entre pétalas de flores incrustadas com pedras coloridas. Sem inscrição que permita identificar o dono deste anel, costuma-se datar pela originalidade da sua decoração e pela riqueza das suas incrustações da época de Ramsés, e em particular de Ramsés II. Esse texto é o relato ficcional da batalha em que Ramsés II e o exército hitita se enfrentaram, nas margens do Orontes, no ano cinco de seu reinado, no nono dia do terceiro mês de verão. Esse brilhante episódio do reinado de Ramsés II é conhecido por nove versões gravadas nas paredes dos grandes templos, em particular de Abu Simbel, e em dois papiros. Diz-se, em particular, que o rei devia sua salvação e vitória aos seus corajosos cavalos, cujos nomes são até mencionados: "Vitória em Tebas" e "Mut está satisfeito".

Figura 42 – Escaravelhos com a inscrição "Hatshepsut, Unidos com Amun" Período: Novo Reino 18ª Dinastia: reinado conjunto de Hatshepsut e Tutmose III. Data: 1479–1458 a.C.

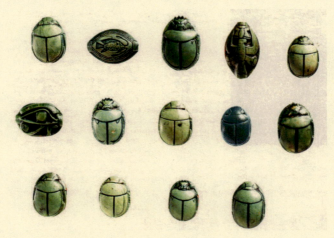

Fonte: Laura Moreira, 2024. Disponível em: https://www.lauraeartes.com/2023/01/grupo-selecionado-de-escaravelhos-e.html. Acesso em: abr. 2024

Figura 43 – Verso dos amuletos da Figura 43. Escaravelhos com a inscrição "Hatshepsut, Unidos com Amun" Período: Novo Reino 18ª Dinastia: reinado conjunto de Hatshepsut e Tutmose III. Data: 1479–1458 a.C.

Fonte: Laura Moreira, 2024. Disponível em: https://www.lauraeartes.com/2023/01/grupo-selecionado-de-escaravelhos-e.html. Acesso em: abr. 2024

Figura 44 – Pulseira de Sheshonq II. Composta de ouro, lápis-lazúli, cornalina e faiança branca. 22ª Dinastia. Reinado de Sheshonq I (945-924 a.C.). Localização: Tanis, Túmulo de Psusennes I, Câmara de Sheshonq II. Acervo Museu Egípcio do Cairo

Fonte: *Tour Egypt* (2013)

Junto da Pulseira de Sheshonq II (Figura 44), sete pulseiras foram encontradas e colocadas em torno dos pulsos deste faraó, formando pares em cada braço. Desse modo, existe um duplo desta pulseira rígida, a qual é composta por dois semicírculos de ouro ligados por dobradiças. Obviamente, as decorações são dominadas pela imagem de um olho *wedjat*.

Figura 45 – Peitoral com a Barca Solar. Composto de ouro, lápis-lazúli e pasta de vidro. Tanis, Tumba de Psusennes I, Sheshonk II. 22ª Dinantia, reinado de Sheshonk I (945-924 a.C.). Acervo Museu Egípcio do Cairo

Fonte: *Tour Egypt* (2013)

No Museu do Louvre encontra-se o anel que pertenceu a Ramsés II e que surpreende os estudiosos pela sua beleza. Executado em ouro com incrustação de gemas, na técnica cabochão e granulação, caracteriza-se por ser um excelente exemplar do Novo Império.

Figura 46 – Anel do Sacerdote Sienamun 664–525 a.C. Período tardio

Fonte: *The Metropolitan Museum of Art, New York* (2021)

Figura 47 – Vista frontal e lateral de anel de lótus egípcio decorado com flores de lótus e baguetes. Feito de ouro, lápis-lazúli, turquesa e cornalina. Novo Reino, ca. 1550-1292 a.c. Acervo Musée du Louvre, Fr

Fonte: egyptophile. Disponível em: https://egyptophile.blogspot.com/2022/01/la-bague--aux-lotus-du-louvre-chef-duvre.html. Acesso em: abr. 2024.

Esses amuletos foram encontrados em número de 23 escaravelhos no caixão de uma jovem que foi enterrada na tumba de Hatnefer. Na base, consta um hieróglifo *ankh*, que significa vida.

A superfície lisa e o estilo de decoração dessas peças são simples. À esquerda, a peça é de marfim e tem uma superfície exterior em pregas e um perfil triangular. Em ambos os lados há a inserção de um bronze ou uma placa de cobre inscrito em ouro e fixada com rebites. A peça de pedra à direita, é feita de calcário e foi encontrada quebrada. A sua superfície exterior é esférica com uma estreita reborda em ambas as extremidades. Ao longo do eixo central, há a inserção de uma fileira de pequenas peças de lápis-lazúli cercadas por fio de ouro. Não possui nenhum simbolismo ou outra prova de sua propriedade real. O tipo, apenas conhecido pelo nome *mesketu*, é mencionado em textos históricos como uma das peças dadas aos soldados e funcionários como forma de recompensa por serviços diferenciados.

Figura 48 – Duas pulseiras do Túmulo de Tutancâmon Novo Reino Egípcio, 18ª Dinastia Museu Nacional Egípcio Cairo- Egito. Foto Boltin Biblioteca de Imagens

Fonte: *Egyptian Artifacts giclee-prints Art* (2021)

Segundo Tiradritti (2000), no decorrer do século 19 e 20, foram feitas grandes descobertas na exploração arqueológica do Egito. Por causa de seus fabulosos tesouros artísticos, não há dúvidas de que a Tumba de Tutancâmon, encontrada por Howard Carter em 1922, obscureceu todos os outros achados. No entanto, devemos observar que estes não nos oferecem algum sinal sobre os eventos que marcaram a vida desse jovem faraó e as circunstâncias sob as quais ele reinou. Assim, outras escavações acabaram dando contribuições mais úteis à reconstrução da História do Egito Antigo.

Devido às escavações e às pesquisas arqueológicas que trouxeram à luz muitas dessas obras, extraímos hoje para o presente trabalho um recorte desse patrimônio cultural pelo viés dos adornos encontrados nos materiais e técnicas utilizadas na ourivesaria. Diante de tanta beleza, a arte egípcia nos remete a um mundo com representações repletas de significados e uma simbologia com forte sentido de nacionalidade.

Quanto à religião funerária, adaptações aos novos tempos também foram necessárias. As transformações verificadas, no contexto funerário, já a partir do Período Tardio (525-343 a.C.), buscavam adaptar os costumes funerários às novas condições econômicas do país. As dificuldades financeiras para conseguir produtos importados e o custo elevado dos sepultamentos levaram à concentração dos elementos funerários na múmia e seus envoltórios (máscaras ou retratos funerários, mortalhas, cartonagens, caixões etc.). No período greco-romano, a prática da mumificação estendeu-se para o conjunto da sociedade. Observa-se, assim, uma sobrecarga nas necrópoles, com a reutilização maciça de tumbas antigas (VASQUES, 2005).

A influência estrangeira aumentou cada vez mais durante as últimas dinastias e com a chegada dos gregos. Como todas as outras formas de expressão artística, apesar dos três séculos da dinastia ptolomaica até 30 a.C., a grande tradição artística da joalheria egípcia morreu lentamente, com a introdução primeiro do helenismo e depois dos romanos.

CAPÍTULO V

AS JOIAS DO MUNDO EGEU PRÉ-HELÊNICO- CÍCLADES, CRETA, MICENAS E TRÓIA

Antes de 1870, nada se conhecia ainda sobre o surgimento de três grandes civilizações: a civilização cicládica, do começo da Idade do Bronze, a civilização minoica ou cretense, que se desenvolveu na Ilha de Creta entre 2700 e 1450 a.C., e por último, a civilização micênica, que se refere à cultura dos Aqueus, povo que se estabeleceu na costa sudoeste da Grécia aproximadamente entre 1600 e 1100 a.C., no período final da Idade do Bronze. Deve-se a Heinrich Schliemann, Arthur Evans e a outros pesquisadores o desvelamento da cultura e dos saberes dos povos que ali habitaram. O percurso feito por essas culturas pode ser observado no mapa da Figura 49.

1. CÍCLADES

Figura 49 – Mapa das Ilhas Cíclades no Mar Egeu

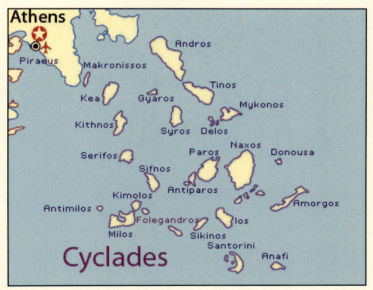

Fonte: Galeria *Google* (2012)

As Cíclades são um grupo de pequenas ilhas no centro-sul do Mar Egeu, formando uma ponte de terra entre a Grécia Continental e a Ásia Menor. Naxos é a maior, com uma área de 428 quilômetros quadrados. O nome Cíclades foi usado por Heródoto, Tucídides e vários outros autores antigos. De acordo com Estrabão, as Cíclades incluíam Keos, Kythnos, Seriphos, Melos, Siphnos, Kimolos, Paros, Naxos, Syros, Mykonos, Tenos e Andros, que formaram um círculo ao redor da ilha sagrada de Delos. Thera, Ios, Sikinos, Pholegandros, Amorgos, Anaphi e algumas modernas foram incluídas na parte sul. Devemos lembrar, no entanto, que o primeiro uso registrado do termo Cyclades data do século 5 a.C. Se no 3º milênio a.C. os habitantes das Cíclades usaram os mesmos nomes, ou nomes semelhantes, para suas ilhas é desconhecido (CHERRY; DAVIS, 1982).

As Cíclades são os picos das montanhas do Aegais, uma massa de terra que foi submersa em tempos geológicos, cerca de cinco milhões de anos atrás. Várias das ilhas, especialmente aquelas localizadas a sudoeste da Ática e Eubeia, são ricas em rochas cristalinas, como o granito e xisto. Por outro lado, as ilhas do Sul (Melos, Kimolos, Thera), que estão localizadas ao longo do arco de vulcões ao sul, são ricas em rochas vulcânicas, como o andesito e obsidiana. Outras fontes de riquezas minerais incluem depósitos de cobre sobre Kythnos, e chumbo e prata, amplamente utilizados e esgotados na Antiguidade, em Siphnos. As Cíclades têm limitados recursos hídricos, uma gama restrita de flora e fauna, e pouca terra agrícola. O clima é seco, com períodos prolongados de sol e pouca chuva. Contudo, os fortes ventos que prevalecem durante a maior parte do ano, especialmente no verão, ajudam a regular a temperatura e favorecer a navegação costeira.

Os primeiros vestígios de atividade humana nas Cíclades datam do 7º milênio a.C. e vêm de Melos, que parece ter sido visitada por pessoas da Grécia Continental em busca de obsidiana de alta qualidade. Essa rocha vulcânica dura foi amplamente utilizada em todo o Mar Egeu no período Neolítico, mas também na Idade do Bronze para a fabricação de ferramentas e armas de corte.

Assentamentos permanentes foram estabelecidos no período Neolítico Final (5.000 a.C.) em Andros, Naxos, Antiparos, Amorgos, Thera e mais algumas ilhas. Esses primeiros assentamentos eram de tamanho pequeno e seus habitantes dependiam da agricultura, criação de animais e pesca para a subsistência. No período seguinte, Cíclades Precoce (3200-2800 a.C.), todas as Ilhas Cíclades eram habitadas e tinham começado a desenvolver as relações entre si e com as costas do Mar Egeu circundantes. Desde então, a ocupação continuou quase sem interrupção.

A Idade do Bronze inicial é denominada de Cíclades Precoce e foi dividida em três fases com base em avanços e desenvolvimentos tecnológicos no padrão de assentamento: no início das Cíclades I (3200-2800 a.C.); no início das Cíclades II (2800-2300 a.C.); e no início das Cíclades III (2300-2000 a.C.). As fontes arqueológicas nos esclarecem que a cultura Cíclades influenciou a civilização minoica assim como no continente, pois no cemitério de Agio Kosmas, na Ática, foram encontrados túmulos contendo objetos cicládicos, o que poderia indicar uma irradiação de sua influência. Em 2000 a.C., as Ilhas Cíclades caíram sob a égide da civilização minoica; a partir de 1400 a.C. os micênicos controlaram a região (CHERRY; DAVIS, 1982).

O desenvolvimento das Ilhas Cíclades ocorreu graças a sua localização, pois além de serem próximas ao continente, haviam se tornado um importante cais natural. Aparentemente foi uma grande importadora e exportadora de bens, devido aos numerosos vasos do continente e de Creta encontrados nas ilhas durante as escavações. Outro fator que impulsionou o desenvolvimento da civilização cicládica foi a pequena disponibilidade de terras férteis com abundância em recursos minerais. Além desses recursos houve o crescente desenvolvimento da metalurgia no Mediterrâneo.

Devido ao contato com o Mar Egeu e com outros povos do Oriente Próximo, a arte dos povos que habitaram as Ilhas Cíclades demonstra uma cultura com características estéticas e simbólicas peculiares. Condicionados pelos modos de vida semelhantes — fruto de suas crenças e sua interpretação do mundo — desenvolveram uma arte baseada em pequenos formatos, facilmente transportáveis, como joias, armas, ferramentas, cilindros- selos e algumas poucas figurinhas e vasos.

Em Actas (2011), a primeira característica da cultura material é evidenciada pelo grande número de armas de bronze produzidas com uma liga de cobre e arsênico, enquanto a segunda é evidenciada pelas joias em âmbar, pasta vítrea e ouro. Dentre os materiais utilizados, a obsidiana permaneceu como matéria-prima dominante na produção de utensílios. Metais, obsidiana e mármore, matérias-primas únicas encontradas nas Cíclades, espalharam-se por todo o Mar Egeu. O bronze de estanho mais antigo das Cíclades foi identificado em Kastri, proveniente de Troia, ou como matéria-prima ou na forma de produtos acabados. O chumbo, a prata e o cobre, utilizados para a produção dos primeiros artefatos manufaturados do Egeu, provêm das minas localizadas nas ilhas de Sifnos, Kythnos, Sérifo e Siros.

Nas Figuras 50 a 57, há exemplos de adornos corporais com diferentes formas que comprovam a inegável influência de outras culturas na produção da arte cicládica, porém a sua singeleza também é notória em algumas peças de grande simbolismo e beleza.

Figura 50 – Colar de contas, em pedra. Início do período Cicládico, 3200-2800 a.C.

Fonte: Acervo do *National Archaeological Museum of Athens* (2021)

Figura 51 – Fíbula Cicládica de bronze, com forma espiralada, datada do Século VIII a.C.

Fonte: gr.onlinecheapdeals2023. Disponível em: https://gr.onlinecheapdeals2023.com/content?c=cycladic+jewelry&id=17. Acesso em: ago. 2023

Figura 52 – Dois braceletes de ouro da cidade de Poliochni, em Lemnos, Grécia, de meados do Terceiro milênio a.C. Um total de 26 objetos de ouro da área foi estudado pela equipe internacional de pesquisadores. (Golder, Joseph, 2022). As descobertas foram publicadas na edição de janeiro de 2023 do Journal of A Archeological Science sob o título "Portable laser ablation sheds light on Early Bronze Age gold treasures in the old world: New insights from Troy, Poliochni, and related finds". (A ablação a laser portátil lança luz sobre os tesouros de ouro da Idade do Bronze no velho mundo: novos insights de Tróia, Poliochni e descobertas relacionadas)

Fonte: ananova. Disponível em: https://ananova.news/secrets-of-ancient-trade-routes-revealed/. Acesso em 26 de março de 2024

Pulseiras requintadas de ouro de vários tipos e exemplos de técnicas de ourivesaria altamente desenvolvidas (granulação, filigrana e repoussé) foram encontradas nas Ilhas Ciclades, semelhantes às joias dos tesouros de Tróia II.

Figura 53 – Três anéis de ouro provenientes do nordeste do Mar Egeu, Poliochni, em Lemnos e Tróia, na Ásia Menor, fortes centros proto-urbanos durante a Idade do Bronze Inicial (3200-2000 a.C.)

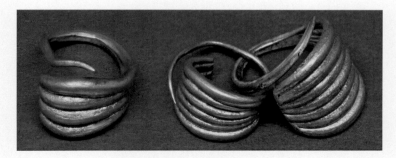

Fonte: Austrian Academy of Sciences, 2022. Disponível em: https://www.oeaw.ac.at/en/news/gold-aus-troia-poliochni-und-ur-hatte-denselben-ursprung-1-1. Acesso em: out. 2021

Figura 54 - A imagem mostra um conjunto de anéis de ouro cicládicos encontrados na cidade de Poliochni, em Lemnos, Grécia. Um total de 26 objetos de ouro da área foram estudados pela equipe internacional de pesquisadores. Os cientistas estão redesenhando as linhas das antigas rotas comerciais depois de descobrirem que ouro de 4.500 anos em tesouros encontrados em Tróia e no atual Iraque foram extraídos no mesmo lugar.

Um novo estudo mostrou que os objetos de ouro descobertos na antiga cidade grega de Tróia e a cerca de 2.400 quilómetros de distância, em Ur, na Mesopotâmia, tinham a mesma origem

Fonte: Austrian Academy of Sciences, 2022. Disponível em: https://www.oeaw.ac.at/en/news/gold-aus-troia-poliochni-und-ur-hatte-denselben-ursprung-1-1. Acesso em: out. 2021

Figura 55 – Alfinete de ouro decorado com pássaros datado de 3000 a.C. No nordeste do Mar Egeu, Poliochni em Lemnos e Tróia, na Ásia Menor tornam-se fortes centros proto-urbanos durante a Idade do Bronze Inicial (3200-2000 a.C.), devido à metalúrgica. Os "tesouros" de ouro e objetos de metal a partir destes dois locais mostram a extensão para a qual se acumulou riqueza e demonstram a criação de classes sociais

Fonte: *National Archaeological Museum of Athens* (2021)

Figura 56 – Par de alfinetes de bronze com cabeça em forma de pássaro de Kythnos. Fim da época geométrica - início dos tempos arcaicos

Fonte: epitome.xyz. Disponível em: http://epitome.xyz/join/exhibition-vanity-7000-brilliant-years-of-greek-jewelry/. Acesso em: out. 2021

Figura 57 – Um de um par de brincos descobertos em Poliochni, Lemnos, Grécia o qual se tornou um centro importante e próspero, durante a Idade do Bronze Inicial (3200-2000 a.C.). Com um aro simples possui um pendente em forma circular de onde partem fios com bolhas na extremidade

Fonte: greek-thesaurus.gr. Disponível em: https://www.greek-thesaurus.gr/images/p2/Treasure%20of%20gold%20jewellery.JPG. Acesso em: out. 2021

  Em Actas (2011), consta-se que entre todas as evidências das sociedades da Idade do Bronze as sepulturas são as que oferecem os maiores testemunhos.

  No cemitério ao sul da aldeia de Kefala, já foram encontradas mais de 40 sepulturas de grandes proporções para os tempos neolíticos. Kefala apresenta nítidas conexões com a Grécia Continental, especialmente com a Ática e a Ilha de Egina. A forma em violino de algumas das estatuetas encontradas prenuncia, inegavelmente, o estilo artístico das famosas estatuetas cicládicas.

As transformações sofridas ao longo do período do Bronze também podem ser observadas nas três regiões do Egeu: Creta, Cíclades e no continente, as quais possuíam características destoantes sobre um fundo de uniformidade cultural desde os tempos do Neolítico. Estas sociedades eram muito sofisticadas em organização, prova disso é sua cultura material requintada. As ilhas que recebem o nome Cíclades (entre elas Delos, Amorgos e Milos), são lugares de passagem para o Egeu desde a Antiguidade, ligando a Europa ao Oriente em rotas marítimas, favorecendo as trocas econômicas e culturais.

2. CRETA

A civilização cretense, também chamada minoica, deriva de seu legendário rei Minos, e é em todas as suas etapas uma das mais extraordinárias da Antiguidade. Estava concentrada na grande ilha de Creta (Figura 58), chamada por Homero de "ilha das cem cidades". Localizada no leste do Mediterrâneo, Creta era o centro de centenas de ilhas montanhosas disseminadas no mar Egeu.

Figura 58 – Mapa de localização da Ilha de Creta

Fonte: Galeria *Google* (2020)

Ao descrever joias da Grécia, deve-se começar com os minoanos. Por volta de 3000 a.C., começaram a surgir sinais de uma nova civilização na ilha de Creta. Contudo, Tharrats (1995, p. 35) menciona que:

> O início da cultura cretense ou minóica é hoje datado pelos especialistas em torno do ano 2700 a.C. e considerado como fruto de uma longa evolução protagonizada pelos povoadores da ilha de Creta, desde o Neolítico, mais pela afluência de gente procedente do Egito ou da Ásia, terras com as quais os cretenses mantiveram estreitas relações.

A origem dessa nova cultura provavelmente está na Ásia Menor, uma teoria que é apoiada pelas joias produzidas pelos minoanos. As formas e técnicas usadas lembram joias sumérias. Com o passar do tempo, a civilização se desenvolveu em uma cultura única e esplêndida e suas joias tornaram-se um estilo próprio. Os minoanos eram comerciantes marítimos que mantinham contatos estreitos com os egípcios, sírios, hititas e os que viviam nas ilhas do arquipélago grego e da Grécia Continental. Suas rotas comerciais podem ter ido tão longe a oeste quanto a costa leste da Espanha. Além da troca de mercadorias, os minoanos levariam conhecimento e técnicas para onde quer que fossem. Postos comerciais foram estabelecidos e colônias ou assentamentos minoicos atuaram como um centro para inovações técnicas e culturais.

Sir Arthur Evans, arqueólogo britânico, a partir do material escavado em Cnossos, elaborou um esquema cronológico constituído por nove períodos de civilização minóica em Creta, sendo eles: minóica precoce, médio e tardio, cada um com três subdivisões. Para o arqueólogo, os registros do início de Creta minoica vêm principalmente de escavações e as obras desse período indicam que os avanços ocorreram nas joias, gravuras, trabalhos em pedra (especialmente vasos), metalurgia e cerâmica. Taças de terracota, altos pedestais e ferramentas de polimento foram usados para a decoração.

Por outro lado, Manning (1995) apresenta uma divisão dos períodos históricos, mais detalhada, a qual pode ser evidenciada no quadro que segue.

Quadro 1 – Cronologia dos períodos históricos de Creta

Periods (after Evans)	Chronology (after P. Warren, V. Hankey)	Periods (after Platon)		
Final Neolithic	3650/3500 nєp. BC			
Early Minoan I	3650/3500-3000/2900 BC	Prepalatial (3650/3500-20th c. BC)		
Early Minoan II	3000/2900-2300/2150 BC			
Early Minoan III	2300/2150-2160/2025 BC			
Middle Minoan IA	2160/1979-20th c. BC	Old Palace (19th c.-1600 BC)		
Middle Minoan IB	19th c. BC			
Middle Minoan II	19th c. B C 1700/1650 BC			
Middle Minoan IIIA	1700/1650-1640/1630 BC			
Middle Minoan IIIB	1640/1630-1600 BC			
Late Minoan IA	1600/1580-1480 BC	New Palace (1600-1390 BC)		
Late Minoan IB	1480-1425 BC			
Late Minoan II	1425-1390 BC			
Late Minoan IIIA1	1390-1370/1360 BC			
Late Minoan IIIA2	1370/1360-1340/1330 BC	Postpalatial (1390-1070 BC)		
Late Minoan IIIB	1340/1330-1190 BC			
Late Minoan IIIC	1190-1070 BC			
Sub-Minoan	1070-after 1015 BC			

Fonte: Manning (1995, p. 217)

Este quadro, a título de ilustração, elaborado pelo historiador Manning, é mais detalhado, minucioso e um tanto esclarecedor de todos os períodos porque passou a cultura cretense. O ponto central da cultura egeia foi à Ilha de Creta. Em seguida, o domínio político e cultural passou às cidades de Micenas e Tirinto na Grécia peninsular. Chama-se então esta civilização de Creto-Micênica, por continuar a recente cultura cretense, enriquecendo-a com aportes próprios e por ter Micenas como cidade hegemônica. O expoente oriental dessa civilização foi Tróia, na costa noroeste da Ásia Menor.

Devido à vantajosa situação geográfica da ilha, seus ativos habitantes se vinculavam comercialmente com os povos vizinhos e, utilizando sua numerosa frota mercante, faziam um comércio exterior florescente com os demais povos que beiravam o Mediterrâneo Oriental, especialmente com o Egito. As exportações de Creta consistiam em madeira, alimentos, tecidos, e, muito provavelmente, o azeite, assim como bens de luxo finamente trabalhados. Em troca, os minoicos importavam estanho, cobre, ouro, prata, gemas, marfim, e alguns objetos manufaturados. Para os minoicos, no entanto, suas necessidades básicas eram autossuficientes.

Tharrats (1995, p. 35) acrescenta que foi no período conhecido como minoico Médio (2000-2700 a.C.) que a civilização cretense alcançou um momento de esplendor, com as construções de Festos, Mallia, Hagia Triada e Cnossos, a julgar pela magnificência de prosperidade alcançada pelos habitantes da ilha, no seu papel de senhores do mar. Circunstâncias não muito bem conhecidas, como catástrofes naturais, invasão dos Hicsos, entre outras, causaram a decadência e destruição dos antigos palácios que, no entanto, foram reconstruídos no Período

Minoico Tardio (1700-1450 a.C.), dando-se assim uma prova da vitalidade da cultura cretense. Os novos palácios sofreram acréscimos em relação aos antigos, sobretudo no tocante ao desenvolvimento de uma decoração pictórica em afrescos que constitui alto nível da pintura no mundo antigo.

O arqueólogo alemão Ernst Pfuhl, investigando as raízes do desenvolvimento orgânico da arte grega no segundo milênio, disse na introdução de uma de suas obras: Creta irradiou, então, o resplendor digno de um conto de fadas, de uma flor maravilhosa que se abriu misteriosamente nos primórdios da cultura europeia, diante das portas do Oriente (KERTSZ, 1947).

Da segunda época do florescimento desta cultura foram desvelados grandes restos de suntuosos palácios, que concentravam o poder político e econômico, bem como a atividade artística. Construídos sem fortificações, os palácios eram providos de amplas escadarias, com grandes salas de recepção decorados com delicados relevos murais, relevos naturalistas em estuque, vastos depósitos subterrâneos para azeite e vinho e oficinas próprias, por exemplo, de cerâmica industrial e de luxo. Encontraram-se, em Creta, vasos com paredes de um milímetro de espessura, de formas elegantes e primorosamente pintadas. Fato que nos lembra as manufaturas reais da Idade Moderna, de Sèvres na França, ou de Meissen em Saxônia.

O arqueólogo Arthur Evans, nas escavações em Creta, além de ruínas dos palácios, descobriu poucas joias pessoais completas e também decorações murais bem conservadas que nos mostram a mulher cretense, magra, em contraste com o tipo corpulento da mulher na arte europeia da mesma época, e vestida com refinada elegância, ostentando poucas joias. Nenhuma das jovens mulheres que figuram nos numerosos frisos de torneios, festivais e reuniões sociais, desempenhando um papel preponderante, característico dessa cultura senhorial, leva brincos ou alfinetes de enfeite. Suas vestes eram às vezes fixadas por presilhas de ouro e delicados e leves braceletes e colares constituem todo o seu adorno. Sir Evans manifesta que sua primeira impressão ao descobrir estas pinturas murais foi a de encontrar-se frente a retratos de damas da corte de Versalhes.

Apesar dessa arte ser ainda aristocrática e cortesã, ela estava nas mãos de artistas de origem humilde, patrocinados pelos poderosos, que praticavam o diletantismo e o divertimento, num estilo delicado e elegante, um estilo cavalheiresco, que favorecia o surgimento desse tipo de arte. Comparada à arte Egípcia e Mesopotâmica, a arte Cretense é mais moderna. Esse caráter modernista talvez estivesse ligado à fabricação, tendo que produzir mais, o artista produzia obras praticamente em série, sem se preocupar com perspectivas ou sombras. Seria uma arte industrial feita principalmente para o mercado exportador, o que em nada diminui o seu valor como obra de arte. A delicada ourivesaria produzida pelo povo minoico pode ser referenciada nas obras que seguem.

Figura 59 – Joias Minoanas de 2300–2100 a.C.

Fonte: *The Metropolitan Museum of Art, New York* (2022)

  Segundo Cartwright (2012), os anéis também foram produzidos em grandes quantidades, na maioria das vezes em ouro. Eles merecem uma menção especial, pois não eram apenas decorativos, mas também usados na administração como selos. Algumas dessas peças eram de tamanho pequeno o que indica, portanto, que foram provavelmente usadas como pingentes. Embora existam anéis simples, anéis com molduras foram mais frequentemente gravados com cenas representando caças, lutas, deusas, práticas religiosas, paisagens, plantas, animais e grifos míticos. As Figuras 60, 61, 62 e 63 ilustram os hábitos dos cretenses. A técnica de repuxado, destacando as figuras ora em baixo relevo, ora em alto relevo são fascinantes pela delicadeza do desenho.

Figura 60 – Anel-sinete, Minoano, de ouro de uma escavação do cemitério micênico em Aidonia, na Grécia, datado de 1500 – 1200 a.C.

Fonte: Kaza-papageorgiou e Demakopoulou (2006, p. 49)

Figura 61 – Anel Minoano. Anel de selo de ouro minoico-micênico descoberto na Ramp House na acrópole micênica. Possível cena de "ritos de passagem" em cenário ao ar livre com sol e lua, rio, árvores, falésias, montanhas e bosques. Mulheres jovens coletando várias flores. Os anéis — selos, de ouro ou pedra, representam cenas da vida relacionadas com o culto. As imagens são consideradas fontes iconográficas essenciais para o estudo da religião

Fonte: *Libapps Libraries* (2022)

Figura 62 – Anel Minoano com cena de tourada. Idade do Bronze Tardia, 1600-1400 a.C.

Fonte: acervo do *The Archaeological Museum of Thessaloniki- Greece*. (2019)

Figura 63 – Anel Minoano com cena de tourada. Idade do Bronze Tardia, 1600-1400 a.C. Este cenário demonstra mulheres minoanas dançando vestidas com saias de babados, possivelmente a moda da época

Fonte: *The History of Ancient Greece* (2022)

No período compreendido entre 3.000-2.000 a.C., a produção de certas atividades artesanais e materiais havia se separado da população em geral, e os produtores de tais itens podem ser chamados de artesãos. A gênese de toda a classe dessas pessoas foi cimentada na sociedade minoica nos períodos Médio e Tardio e a criação de uma classe de artesãos fez com que objetos preciosos fossem trabalhados por profissionais para seu sustento. A ascensão dessa classe provavelmente estava ligada ao comércio internacional, uma vez que os produtos dos especialistas locais iam não apenas para a nobreza em Creta, mas para aqueles que podiam os pagar em todo o Mediterrâneo Oriental. É por esse motivo que em muitas peças de joalheria são percetíveis traços de culturas variadas. Kiriakidis (2012, p. 379) menciona que "Os minoicos gostavam muito de jogos de perspectiva e transformação, muitas vezes jogando com diferentes ângulos de visão. Artistas frequentemente brincavam com as múltiplas interpretações possíveis de itens iconográficos quando vistos de frente ou de perfil".

Na ilha mediterrânea de Creta, a civilização minoica se desenvolveu e seu centro estava no extremo leste da ilha em torno de Moclos, onde artesãos usavam ouro importado para fazer diademas simples, pingentes e prendedores de cabelo em forma de margaridas, com chapas finas. Pouco se sabe de joias Minoanas do período de 2000-1600 a.C., que foi devastado por terremotos, mas um dos melhores pingentes Minoanos, de duas abelhas ao redor de um favo de mel (Figura 64), vem de uma tumba da época. Sobrevivências do período Minoano Tardio (1600-1110 a.C.) mostram a adoção de novos materiais, como lápis-lazúli e faiança, novas técnicas, tais como granulação, filigrana, e a influência de motivos egípcios.

Extraordinário esse pingente em que são evidentes as técnicas confeccionadas com esmero de detalhes e com uma perfeição inusitada. Muito bela é a simetria que se observa no pingente, em que a granulação é perfeita e minuciosa, criando formas delicadas.

Figura 64 – Pendente de ouro Minoano conhecido por "Abelhas de Malia" (A. 4.6 cm e L. 4.9 cm). 1550 a.C. Descreve duas abelhas ou vespas segurando um favo de mel. Técnicas de filigrana e granulação. Período Micênico, datado de 1700 a.C. a 1550 a.C., encontrada no Antigo Palácio – cemitério de Chrysolakkos perto de Malia, em Creta. Acervo do Museu Arqueológico de Heraklion, Creta

Fonte: Philips (2010)

A partir de cerca de 1700 a.C., a civilização minoica mostra ter dominado as finas técnicas de filigrana, granulação e *repoussé*. As joias que foram desenterradas em Creta mostram fortes influências da Mesopotâmia e do Egito, mas com seu próprio design. As técnicas e o estilo minoico foram absorvidos pela Grécia Continental com a cidade de Micenas sendo a porta de entrada. A civilização micênica assumiu os estilos decorativos minoicos e gradualmente os transformou em um estilo próprio.

Figura 65 – Pingente representando um pequeno santuário tripartido de ouro repuxado do túmulo A em Micenas, provavelmente artesanato minoico e feito entre 1.600-1.500 a.C.

Fonte: *Antiquate Danti Quarian* (2019)

Quanto ao restante dos adornos corporais da civilização minoica, Cartwright (2012) menciona as mais variadas formas como diademas, colares, pulseiras, contas, tiaras, alfinetes e enfeites de cabelo, peitorais, entre outros, exemplificadas nas figuras 66 e 67.

Figura 66 – Colares e broches da civilização minoana, de 1450-1350 a.C.

Fonte: myclassroomstudents.weebly. Disponível em: http://myclassroomstudents.weebly.com/chirhoupsilonsigmaomicronchiomicron938alpha.html. Acesso em: 12 mar. 2022

Os broches, imitando cabeças de touros, executados em ouro, com colares de cornalina e ouro formam um acervo inigualável desse período histórico, que marca o grande desenvolvimento técnico que chegaram os ourives minoicos.

Figura 67 – Joias minoanas de 1450-1350 a.C. Peças de ouro das tumbas de Sellopoulos, Creta

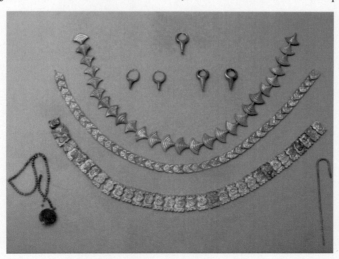

Fonte: Ribeiro Jr. (2022). Disponível em: https://greciantiga.org/img.asp?num=05375. Acesso em: 12 mar. 2022

Figura 68 – Contas e colares de ouro, procedentes do Cemitério de Archanes Phoumi, Minoano Tardio, 3000 a.C. A produção seriada, de contas para a confecção de joias é singular e rica de desenhos em formas espiraladas, imitando o sol e outros elementos da natureza. Acervo do *Heraklion, Archaeological museum*, Creta

Fonte: ime.gr. Disponível em: www.ime.gr/chronos/02/crete/en/gallery/gold_ne.html. Acesso em: ago 2023

Figura 69 – Colar de ouro encontrado em Creta. Data: 1100 a.C. Contas de ouro em relevo estavam entre as peças mais comuns do repertório dos joalheiros minoicos; peças muito semelhantes foram encontradas também em diversos túmulos micênicos da Grécia Continental

Fonte: Historiativa (2021)

Aqui também, a produção seriada de peças para a confecção de joias denota a preocupação dos ourives cretenses.

Para Cartwright (2012), as joias da civilização minoica, baseada na Idade do Bonze, demostram não só um conhecimento sofisticado na técnica de manipular metais como no desenho diferenciado, mas também uma alegria em representar vibrantemente a natureza e um amor expressivo de formas. Técnica e artisticamente, a arte minoica inicialmente foi influenciada pelo Egito e o Leste, em particular pelos babilônios via Síria, no entanto, certamente evoluiu a sua própria arte na fabricação de joias. Apesar da maioria das peças terem sido construídas a mão, era grande o repertório de técnicas, entre elas cita-se a fundição com o uso de moldes e a técnica de cera perdida, que permitiu uma produção significativa.

O mesmo autor enfatiza que os materiais utilizados na produção de joias minoicas incluíam metais como ouro, prata, bronze e bronze banhado a ouro. Pedras preciosas foram utilizadas, tais como cristal de rocha, cornalina, granada, lápis-lazúli, obsidiana e jaspe. Ametista também era popular e foi importada do Egito. Faiança, esmalte, pedra-sabão, marfim, pasta de vidro (um intermediário sintético entre faiança e vidro) também estavam à disposição dos joalheiros minoicos.

O ouro foi provavelmente importado do Egito, Anatólia ou mesmo da região da atual Romênia. Esse metal foi, portanto, um bem raro e precioso, e sem dúvida restrito aos de um estatuto econômico superior. Ele foi usado em muitas formas: espancado, gravado, em relevo, moldado, e perfurado, às vezes com selos, e em outras técnicas incluíam repuxado, filigrana e granulação. Na Figura 69, observa-se a técnica do granulado e *repoussé*, empregadas na confecção das partes do brinco anteriormente citado.

A seguir, extraordinário brinco com um símbolo no interior do círculo com dois animais e duas figuras humanas estilizadas. No entorno, folhas e flores estilizadas em delicadas lâminas de ouro.

Figura 70 – Brinco Cretense, datado de 2200 a.C. Acervo do *British Museum, Londres*

Fonte: *Antique Jewerly University* (2021)

Muitos achados referem-se a lâminas recortadas e perfuradas, o que indica que na Era Neolítica já eram usadas como acessórios.

Figura 71 – Peitoral do Tesouro de Egina saqueado por volta de 1100 a.C., no final da era micênica. Coube a George Brown descobrir o tesouro enquanto plantava vinhas em sua propriedade, mais de três mil anos depois. As joias, distintamente cretenses, datam de uma época em que a arqueologia indica que havia uma presença cretense na ilha, porém não se sabe se isso se deveu à população cretense ou à importação de bens de luxo

Fonte: parisfranz. Disponível em: https://parisfranz.wordpress.com/2014/04/25/the-aegina-treasure-remains-a-mystery/. Acesso em 18 set. 2019

Figura 72 – Pendente Minoano em ouro e cornalina, com dois pássaros na técnica *repoussé*, de 1700-1500 a.C.

Fonte: *Antique Jewelry University* (2021). Disponível em: https://www.langantiques.com/university/earrings/. Acesso em: 8 mar. 2022

Estampado em folha: fileiras de contas e desenhos em ouro, alguns com granulação (incluindo rolos, folhas, flores e frutas) foram produzidos em massa. Depois de 1400 a.C., quando a influência de Creta diminui ante o crescente poderio da Grécia Continental e a atividade comercial com o Egito, ocorre o mesmo com o excelente mercado de outros tempos, ao ser este país invadido pelos Hicsos, também Creta perde sua primazia na arte. Os palácios caíram em ruínas, seus tesouros foram roubados e os hábeis artesãos se transladaram às cortes que surgiam no continente. Somente as artes menores conservaram seu encanto, de maneira que suas tradições continuavam servindo de fonte, ainda por longo tempo, à Grécia Continental (KERTSZ, 1947).

Flores de lótus, lírios, correntes e animais feitos de ouro eram temas comuns. Desse modo, as joias da cultura Cretense denotam um esmero estético e técnico cujas influências são percebidas em toda a área do Mar Egeu. Os achados arqueológicos dessa civilização nos induzem a pensar que foi provavelmente uma das mais livres e progressistas das culturas que se desenvolveram no Oriente Próximo.

3. MICENAS

Figura 73 – Localização de Micenas e das Ilhas no Mar Egeu

Fonte: Galeria *Google* (2022)

No século 15 a.C., um grupo de invasores formado pelos aqueus, povos do norte da Península Balcânica, foi responsável pela queda de Creta e pelo advento da civilização micênica. Tanto os dórios quanto os aqueus, os eólios e os jônios, faziam parte do grupo humano linguístico denominado indo-europeu, que alcançou a Península Balcânica entre 2000 e 1200 a.C.

No continente, em meados do segundo milênio a.C., Micenas foi um dos maiores centros da civilização grega. Em contraste com os hábeis traficantes cretenses que ultrapassaram os limites de sua ilha, somente na busca de expansão comercial um forte poder se concentrou em mãos de uma aristocracia feudal e rudes chefes de tribos aqueias, como foi documentado em Ilíada de Homero. Elas não tardaram em impor-se com suas armas aos diversos povos do mundo egeu. Aniquilada Creta, a Argólida se converteu em centro cultural.

Os antigos helenos guardaram sempre a lembrança dessa época legendária chamando-a "idade heroica". Muitos esforços civilizadores lhes apareciam como realizados pelos heróis aqueus com a ajuda dos deuses. As façanhas mais notáveis inspiraram poemas e constituem o tema de parte de sua mitologia.

Os ciclópicos palácios edificados no alto das montanhas, protegidos por enormes muralhas que nos lembram os castelos feudais da Idade Média, e onde os chefes gostavam de uma vida faustosa, influenciada pela civilização cretense, ratificavam as crenças legendárias. "Os burgos mais poderosos eram Micenas e Tirinto na Argólida. Nesse sentido, fala-se não mais da cultura cretense, mas da cultura minóica, não mais da arte micênica, mas da arte heládica" (SUBIRACHS, 1995, p. 76).

Também de dimensões colossais foram os sepulcros desses príncipes guerreiros, sobretudo os subterrâneos com cúpulas, ou os de poços. Muitas tumbas encontradas intactas entre as oferendas funerárias, abundante quantidade de joias de ouro e prata primorosamente trabalhadas, sendo mais notável o "Tesouro de Atreo". A característica de destaque destas joias é a tendência em transformar as naturalistas decorações cretenses em formas mais rígidas e geométricas.

Nos últimos anos do século 13 a.C., as migrações de novas ondas de povos semibárbaros, os dórios, que partiram desde Iliria para o sul, em procura de terras mais ensolaradas, contribuíram para o nascimento da cultura grega (KERTSZ, 1947).

Subirachs (1995) cita que se encontram ali as primeiras manifestações artísticas e, entre elas, as primeiras estatuetas femininas estilizadas no final do 4º milênio a.C. aproximadamente. Também aparecem em Cnossos estatuetas esteatopígicas, com alguns traços que parecem proceder da Ásia Menor. Essa relação não é estranha, pois Creta está localizada geograficamente no coração do que seria o mundo grego, no mesmo centro de um sistema de comunicações que colocava o Oriente em relação com o Ocidente.

É, pois, importante nos apoiarmos nas reflexões de Subirachs (1995, p. 76), quando o autor enfatiza: "[...] no seio do Egeu, inicia-se o que conhecemos pelo nome de civilização ocidental". O mesmo autor destaca, ainda, que em poucos aspectos resulte tão notável a diferença existente entre as concepções orientais e a micênica como a vivência e compreensão da natureza.

Quanto à arte, esta resulta com vivacidade convincente, em que se destacam os volumes das vasilhas, dos objetos de ourivesaria e o dinamismo. Há uma inequívoca unidade orgânica nas formas, que deve muito pouco aos problemas de composição, mas que, individualmente, supõe uma estrutura (SUBIRACHS, 1995, p. 78).

O autor já citado salienta que "no túmulo de um rei micênico, de Esparta, no século XV a.C. encontramos precisamente algumas das obras mais admiráveis da ourivesaria cretense - dois objetos de ouro com cenas rústicas onde figuram touros, homens e árvores" (SUBIRACHS, 1995, p. 62).

Por volta de 1400 a.C., correntes alternadas de micênicos da Grécia Continental invadiram e conquistaram os minoicos. Alguns dos melhores exemplos do Minoano Tardio foram descobertos nas tumbas de Micenas, escavadas por Heinrich Schliemann, na década de 1870. Nesses túmulos foram encontradas muitas riquezas, o que revelam a alta posição social e o espírito marcial do falecido, como joias e vasos de ouro, um grande número de espadas decoradas e outros objetos de bronze, artefatos feitos de materiais importados, como o âmbar, lápis-lazúli e faiança. Todos eles, com um grupo pequeno de vasos de cerâmica, confirmam a importância de Micenas durante esse período, e justificam a designação de Homero sobre Micenas como sendo "rica em ouro".

De acordo com Kertsz (1947), uma das sepulturas descoberta por Heinrich Schliemann continha três homens enterrados, sendo que dois dos mortos usavam máscaras de ouro, um dos quais é conhecido como o "Máscara de Agamenon" (Figura 74). Além das máscaras, foram encontrados espadas e punhais de bronze, vasos de ouro e de prata, um ovo de avestruz *rhyton* e uma *Pyxis* de madeira. Na sepultura masculina foram encontradas menos joias em ouro que nas sepulturas femininas, mas um grande número de contas de âmbar.

Figura 74 – Máscara de Agamênon. Composta de folha de ouro com detalhes *repoussé*. Dois furos perto das orelhas indicam que a máscara foi mantida no lugar do rosto do falecido com barbante. Micenas, 1600 a.C.

Fonte: Museu Arqueológico Nacional de Atenas (2022)

Há exemplos de adornos corporais com diferentes formas que comprovam o desenvolvimento da fabricação de joias em larga escala. As diferentes tipologias e formatos indicam a criatividade inventiva dos ourives micênicos como neste colar com pingentes de dupla de pássaros.

Figuras 75 e 76 – Colar de ouro com dez folhas, sendo cada uma em forma de um par de águias antitético - um símbolo de poder. Micenas, 1600 a.C. A direita simbologia dos pássaros exemplificada neste colar é de uma beleza ímpar pelos detalhes e pela técnica da fundição com o uso de moldes

Fonte: Acervo do Museu Arqueológico Nacional de Atenas (2022)

As civilizações minoica e micênica eram conhecidas por negociar com o Egito e o Oriente Médio. Como resultado das extensas redes de comércio, eles tiveram acesso adequado ao ouro, juntamente do cobre, estanho e marfim para criar joias e objetos de decoração. Os brincos produzidos durante a Era Proto-minóica de Creta (1900-1700 a.C.) eram aros cônicos com pontas sobrepostas. Durante os períodos (1400-1150 a.C.), vemos mais aros recortados e cônicos. A introdução de um pingente cônico com arames trançados e retorcidos dá início a um novo estilo de brinco, não mais composto apenas de um aro, mas com um ornamento suspenso e móvel.

Figura 77 – Brinco de ouro, período Miceniano Tardio, cerca do século 13 a.C. Formado a partir de um pendente cônico invertido, fixo, terminando em um grande botão esférico, unindo a argola ao cone numa faixa de grânulos enrolados em espiral, ao longo de seu comprimento com fino acabamento

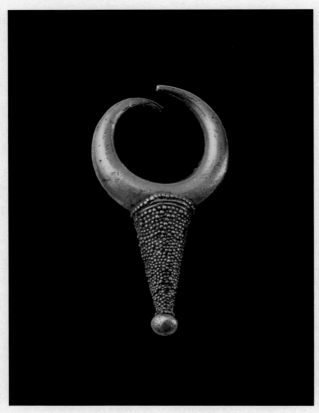

Fonte: *Antique Jewelry*

Figura 78 – Anel de ouro, Tirinto. É o maior anel micênico conhecido. Ele retrata uma procissão de daemons com cabeça de leão segurando jarras de libação e se movendo em direção a uma deusa entronizada. A deusa usa um longo chiton e levanta um vaso ritual. Atrás do trono está uma águia – símbolo de domínio. O sol e a lua são mostrados no céu

Fonte: Museu Arqueológico Nacional de Atenas (2022)

Figura 79 – Anel de Teseu. A superfície do anel retrata a popular cena minoica de saltar sobre um touro (touradas), entre um leão e uma árvore. Os anéis de vedação micênicos eram objetos pessoais de prestígio dos primeiros governantes de língua grega, os micênicos

Fonte: Museu Arqueológico Nacional de Atenas (2022)

Figura 80 – Anel Minoano do Tesouro de *Tiryns* de Micenas. Anel de ouro, escavado em 1895. Cultura Micênica – 1500 a.C. A cena retrata um ritual envolvendo figuras masculinas e femininas em um santuário. A iconografia está enraizada na arte minóica e estudiosos têm sugerido que o anel pode ter sido importado para a Grécia Continental a partir de Creta minóica e mantido como uma relíquia de família

Fonte: Museu Arqueológico Nacional de Atenas (2022)

As figuras anteriores destacam um desenho preciso com detalhes minuciosos e ênfase na moda da época e se constituem num importante documento histórico.

Figura 81 – Colar em ouro com contas de várias formas, algumas com decoração granulada, e pendente em forma de lírio

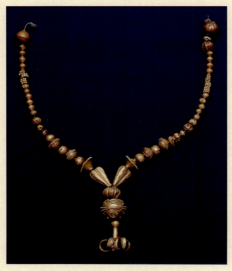

Fonte: Kaza-papageorgiou e Demakopoulou (2006, p. 106)

Figura 82 – Colar de ouro, período Micênico, século 12 a.C.

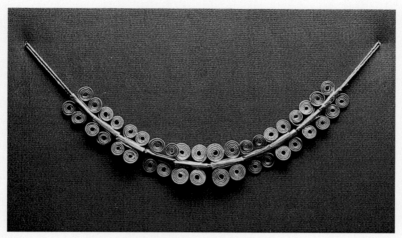

Fonte: Museu Arqueológico Nacional de Atenas (2022)

Novamente se observa que nos colares e pulseiras com formas espiraladas, símbolo do universo, era comum a utilização de moldes para a confecção dessas peças de ourivesaria. Foi desenvolvida a fabricação em larga escala de contas em forma de espirais, flores, cabeças humanas, besouros e outras formas estilizadas. Partes das formas básicas seriam estampadas em folhas de ouro em partes com o auxílio de matrizes. Em seguida, as peças eram unidas e o cordão preenchido com areia.

Figura 83 – Colar Micênico, datado do século 10 a.C.

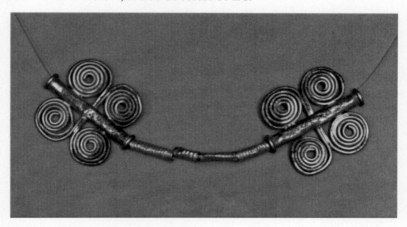

Fonte: *Museum of Cycladic Art, Athens* (2022)

Figura 84 – Anel miceniano com a representação de um cavalo puxando uma charrete.1500 a.C.

Fonte: Kaza-papageorgiou e Demakopoulou (2006, p. 70)

A produção seriada parece ser comum na fabricação de joias micênicas depois de terem descoberto a utilização de moldes de cera perdida. As imagens das Figuras 85 a 88 evidenciam a utilização dessa técnica em diferentes formatos, mas que se repetiam com riqueza de detalhes. Rosetas e formas triangulares eram tanto para serem aplicadas em brincos quanto em colares, pulseiras e pingentes.

Figura 85 – Pingente minoano, séculos 18-17 a.C. Proveniente de Aegina. Figura humana segurando dois pássaros com duas serpents e flores na parte inferior

Fonte: *World History* (2022)

Figura 86 – Colares de ouro. Período Micênico. A técnica do repuxado e do relevo foram empregadas nessas peças com maestria de detalhes. Formas modulares que se repetem com diferentes desenhos. Acervo do Museu Arqueológico Nacional de Atenas

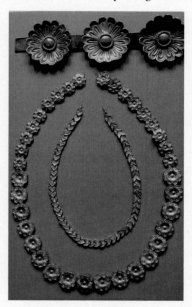

Fonte: acervo do Museu Arqueológico Nacional de Atenas (2022). Disponível em: https://www.pinterest.pt/pin/331859066293710920/. Acesso em: 8 abr. 2024

Figura 87 – Colares de ouro com rosetas e formas espiraladas. Período Micênico, 1600-1200 a.C.

Fonte: acervo do Museu Arqueológico Nacional de Atenas (2022)

A utilização de moldes para a confecção das joias era muito comum, tanto em Creta quanto em Micenas, pois a repetição idêntica das peças de ourivesaria demonstra que os ourives dominavam muito bem as técnicas de trabalhar os metais, com requintes na execução.

Figura 88 – Colares em ouro da cultura micênica. De 1600-1200 a.C.

Fonte: acervo de *National Archaeology Museum of Athens* (2022)

Figura 89 – Colar em ouro da cultura micênica. De 1600-1200 a.C. A espiral, símbolo do universo foi muito empregada tanto nos colares, quanto em fíbulas e broches

Fonte: Kaza-papageorgiou e Demakopoulou (2006, p. 85)

Figura 90 – Broche miceniano executado em ouro com relevo, segundo século a.C.

Fonte: Kaza-papageorgiou e Demakopoulou (2006, p. 91)

Figura 91 – Par de brincos micênicos, século 16 a. C. Tumba das mulheres, túmulo III, Círculo A. Executados com relevos filigranados em forma de losangos

Fonte: acervo de *National Archaeology Museum of Athens* (2022)

Figura 92 – Broches micenianos encontrados no 5º Círculo de Micenas

Fonte: *Users Stlcc* (2022)

Na figura anterior, nota-se uma grande variedade de formas de broches, executados em ouro e com diferentes desenhos gravados na superfície. Os artesãos micênicos registraram progresso nas técnicas de gravura de pedras preciosas ilustradas por selos complicados para anéis, no uso de esmaltes simples, pedras coloridas para incrustações e na arte de fazer correntes finas de fio de ouro.

Figura 93 – Brinco Micênico, século 16 a.C. A forma em espiral executada artesanalmente impressiona pela beleza e execução técnica

Fonte: *Study* (2022)

Kertsz (1947) menciona que foram encontradas mais de 700 plaquinhas de ouro, semelhantes à da Figura 92 nas tumbas micênicas. Abundam as placas redondas com decoração vegetal, de estrelas marinhas etc.

Figura 94 – Pin micênico, século 14 a.C. Pinos com um buraco no eixo como este foram encontrados na Síria e na Palestina, e em Chipre em locais da Idade do Bronze Médio e Final

Fonte: *The Metropolitan Museum of Art, New York* (2022)

Figura 95 – Colar Micênico, executado com ouro, séculos 15-14 a.C. As peças modulares se constituem em rara beleza pela perfeição técnica

Fonte: Kaza-papageorgiou e Demakopoulou (2006, p. 102)

Outros avanços significativos foram encontrados em vedações para os anéis, o uso de incrustação colorida, esmaltes simples e produção em cadeias. Em 1100 a.C., correntes alternadas invadiram o Império Micênico que entrou em declínio e o artesanato artístico foi eclipsado por vários séculos, até o renascimento grego, que começou por volta de 850 a.C. Com o ressurgimento dos gregos, outras civilizações do Mediterrâneo floresceram, e joias sofisticadas foram feitas nas ilhas de Rodes e Melos no século 7 a.C.

Figura 96 – Enfeites de vidro. Cultura micênica 1400-1200 a.C. Representam os motivos mais característicos entre os ornamentos de vidro de Micenas. A presença de buracos minúsculos através da peça indica que eles foram amarrados juntos, sendo usados como diademas e/ou colares

Fonte: *The Metropolitan Museum of Art, New York* (2022)

Figura 97 – Colar de ouro da cultura micênica, 15-14 a.C. Extraordinária a estilização de flores na técnica do relevo

Fonte: acervo do Museu Arqueológico Nacional de Atenas (2022)

A Cultura Heládica (Civilização heládica é um termo moderno usado para identificar uma sequência de períodos que caracterizaram a cultura do continente grego durante a idade do bronze) se estendeu por todo o Mediterrâneo, e os micênicos chegaram à Sicília e à Península Itálica, possivelmente à Marselha. Sua metalurgia alcançou a Europa danubiana, à qual transmitiram técnicas que os centro-europeus desconheciam. No Nordeste, seus limites se localizavam em Tróia, à entrada do Helesponto, enquanto nas costas da Ásia Menor estabeleciam-se colônias cujos nomes ocupavam um lugar de destaque na cultura grega, tais como Mileto, Samos etc. Possivelmente as barcas fenícias transmitiram traços culturais micênicos em lugares ainda mais distantes.

Sendo uma descendência da cultura minoica, a civilização micênica atinge o seu auge por volta de 1450 a.C., quando conquista os palácios minoicos em Creta. As joias produzidas pelos micênicos não diferem muito das joias minoicas. Reynold Higgins, coautor de *7000 Years of Jewellery*, menciona que a diferença entre as joias micênicas e minoicas é que as primeiras são mais abundantes e menos aventureiras que as segundas (HIGGINS, 2008. Os micênicos tiveram acesso a maiores quantidades de ouro e, posteriormente, mais joias de ouro foram produzidas. Por volta de 1100 a.C., a civilização micênica desaparece repentinamente. As razões para essa interrupção abrupta sugerem um desastre natural.

4. TROIA

Figura 98 – Muralhas da cidade escavada de Troia

Fonte: sohistoria. Disponível em: https://www.sohistoria.com.br/ef2/guerratroia/. Acesso em: 8 abr. 2024

Na região da atual Hissarlick, ao noroeste da Ásia Menor, perto da entrada do estreito dos Dardanelos, florescia uma pequena cidade chamada Troia, próspero mercado entre Europa e Ásia. Durante o terceiro e segundo milênio a.C. essa cidade sofreu muitos reveses, ainda que recuperasse sempre sua prosperidade, até que por volta de 1200 a.C., uma liga de tribos gregas, ao mando de Agamenón, Aquiles e Ulisses, sitiou-a durante dez anos e a aniquilou para vingar o rapto de Helena, esposa de Agamenón, roubada por Paris, príncipe troiano e filho de Príamo (KERTSZ, 1947).

As escavações revelaram a existência de nove colonizações nos planos superpostos, e a sexta cidade corresponde provavelmente a Ilion da epopeia homérica. Os mais importantes testemunhos da atividade artística de Tróia são as descobertas da segunda cidade. Entre os numerosos objetos resgatados, figuram grande quantidade de joias cujo valor principal não reside em sua forma artística, mas por serem de ouro, muito generosamente usado e trabalhado com técnica consumada; desta forma, os pendentes, diademas e brincos, formados por múltiplas placas e cadeias, acompanham todos os movimentos artísticos, como nos enfeites da época do Ferro da Europa Ocidental.

Já um quarto de século antes que Sir Arthur Evans escavara, descobrindo a civilização mais antiga da Europa, Heinrich Schliemann, negociante alemão e entusiasta de Homero, efetuou escavações entre 1871 e 1879, graças a sua fortuna pessoal. Com a Ilíada na mão servindo-lhe de guia, identificou o lugar que teria servido de cenário à epopeia homérica. Heinrich fez escavações com tanto sucesso também em Micenas e Tirinto (KERTSZ, 1947).

Um dia, ao dizer de Will-Durant, depois de realizar trabalhos durante um ano sem grandes resultados, seus operários encontraram uma vasilha de cobre, contendo um tesouro deslumbrante de aproximadamente nove mil objetos de ouro e prata. Schliemann o envolveu no chale de sua jovem esposa, deu inesperada folga a seus operários e encerrou-se em sua choça. Dispondo os objetos sobre a mesa, vinculou-os carinhosamente com as paisagens do poema de Homero; enfeitou com um dos diademas a sua esposa e mandou notícias a seus amigos da Europa, anunciando-lhes ter encontrado o "Tesouro de Príamo".

Hoje em dia sabemos que esse tesouro que ele atribuiu a Príamo pertence a uma cultura ainda mais antiga que a da época deste desditoso rei. Como Colombo, Schliemann encontrou um mundo ainda mais estranho do que aquele que havia buscado (KERTSZ, 1947). As joias das escavações feitas por Schliemann (Figura 99) constituem um orgulho dos Museus Nacionais de Berlim e Rússia. Foram muitas as máscaras funerárias descobertas pelos pesquisadores, porém a mais notável é a de Agamenon, já registrada.

Quando os soviéticos avançaram sobre a Alemanha nazista em 1945, os soldados encontraram, no subsolo do Jardim Zoológico de Berlim, onze caixas de madeira do Museu de Pré-História e História Antiga. Dentro havia 259 relíquias descobertas pelo arqueólogo Heinrich Schliemann, de 4500 anos de idade que foi batizado como "O Tesouro de Príamo." Esse tesouro foi levado para Moscou e poucas peças estão hoje em Berlim.

Figura 99 – Heinrich Schliemann (1822/1890). Foi o primeiro a descobrir em Tróia, Micenas, Tirinto, Ítaca e Orcômeno os vestígios da Grécia pré-histórica. Embora não fosse um arqueólogo profissional, sua intenção era comprovar, através das escavações arqueológicas, a veracidade das lendas descritas por Homero em seus poemas. A despeito de seus sucessos, tinha a tendência de romantizar e identificar seus achados com personagens da Mitologia Grega. Batizou, por exemplo, de "tesouro de Príamo" um conjunto de joias encontrado em Tróia II e de "máscara de Agamêmnon" uma máscara mortuária encontrada em Micenas

Fonte: Ribeiro (2001)

Figura 100 – Madame Sophie Schliemann, com as joias do Tesouro de Príamo

Fonte: Philips (2000, p. 10)

Figuras 101 e 102 – "Grande diadema" do Tesouro de Príamo. Ouro batido e recortado. Tróia I (Turquia), 2600-2300 a.C. Peça fotografada com Madame Sophie Schliemann (Fig.97). A direita, detalhe do diadema de ouro com pingentes. Acervo *The Pushkin State Museum of Fine Arts, Moscou*

Fonte: diariojoya, 2022. Disponível em: https://diariojoya.com/los-descubrimientos-de-schliemann-troya-y-la-mascara-de-agamenon/. Acesso em: ago. 2023

Figura 103 – Brinco do Tesouro de Príamo. Acervo *The Pushkin State Museum of Fine Arts, Moscou*

Fonte: diariojoya, 2022. Disponível em: https://diariojoya.com/los-descubrimientos-de-schliemann-troya-y-la-mascara-de-agamenon/. Acesso em: 2 fev. 2022

Nas peças confeccionadas com ouro, os Troianos foram exímios ourives e demonstraram que dominavam todas as técnicas com maestria.

Figura 104 – Brinco em forma de cesta pertencente ao Tesouro de Príamo. Fileiras de fios de ouro intercaladas com grânulos, proporcionam um toque delicado e elegante. Acervo *The Pushkin State Museum of Fine Arts, Moscou*

Fonte: Jean-Marie Quéméner-Redator, 2015. Disponível em: https://www.radiofrance.fr/franceinter/podcasts/autant-en-emporte-l-histoire/heinrich-schliemann-le-tresor-de-priam-9463938. Acesso em: ago. 2023

Observa-se que os troianos dominavam com esmero e elegância a arte dos metais. No brinco da Figura 101, a técnica da granulação entremeada por pequenos rolos produz um efeito sequencial ritmado de grande beleza.

Figura 105 – Pulseira de ouro com motivos em espiral, símbolo da infinitude do universo, datada de 2400-2300 a.C. acervo do *The Pushkin State Museum of Fine Arts*, Moscou (2022)

Fonte: humus.livejournal. http://humus.livejournal.com/1166006.html. Acesso em: 2 fev. 2022

Figuras 106 e 107 – Duas Fíbulas, datadas de 2400 - 2300 a.C. pertencentes ao Tesouro de Príamo. Acervo *The Pushkin State Museum of Fine Arts*, Moscou (2022)

Fonte: diariojoya. Disponível em: https://diariojoya.com/los-descubrimientos-de-schliemann-troya-y-la-mascara-de-agamenon/. Acesso em: 2 fev. 2022

Figura 108 – Colar, parte do Tesouro de Príamo encontrado na Turquia na colina Hissarlik (local de Troia) em 1873 por Heinrich Schliemann que foi devolvido pela Rússia à Alemanha após a Segunda Guerra Mundial. *Neues Museum, Berlin* (2022)

Fonte: nationalgeographic. Disponível em: https://historia.nationalgeographic.com.es/a/priamo-ultimo-rey-troya_19850. Acesso em: ago. 2023

Por volta de 1200 a.C., ocorreu a crise da civilização micênica com a destruição de suas cidades, seus túmulos saqueados por um povo bárbaro: os Dóricos. Traços da cultura imaterial dos micênicos são evidentes em diversos costumes e em muitas obras gregas dos períodos históricos seguintes; a cultura micênica contribuiu significativamente, portanto, para a formação da cultura grega posterior. Micenas teve seu auge e foi a cidade mais próspera da Grécia por muitos séculos, revolucionando as artes, a engenharia e a arquitetura. A invasão dórica é considerada a causa do fim da civilização micênica, iniciando a Idade Grega das Trevas ou o fim da Idade do Bronze.

CAPÍTULO VI

AS JOIAS FENÍCIAS NO MUNDO ANTIGO

Figura 109 – Mapa com a localização da Fenícia

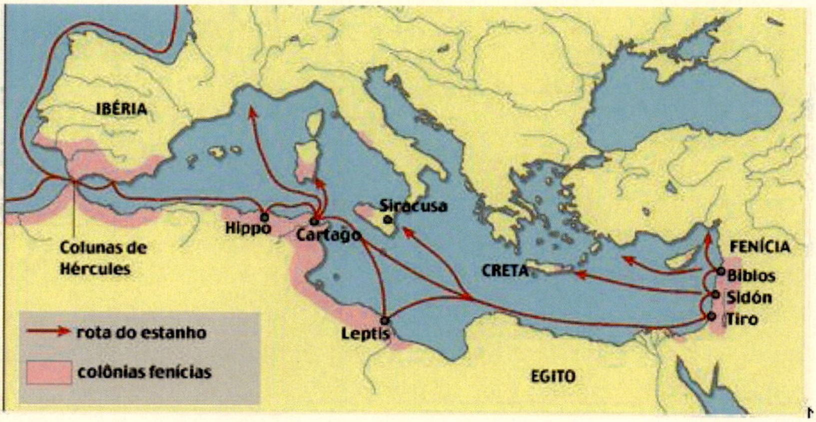

Fonte: Galeria Google (2021)

A importância dos fenícios na história das joias baseia-se na missão de intermediários, que durante quase 2500 anos desenvolveram, entre os habitantes do oriente médio no mundo antigo até os tempos helênicos, o comércio por meio do Egito e do Mar vermelho e desviaram-se em direção ao vale do Eufrates. Nesse sentido, Garbini (1979, p. 105) elucida que:

> [...] a grande expansão do comércio fenício promovia a produção de artigos de luxo, inclusive têxteis, vidro colorido imitando modelos egípcios, marfins e importantes trabalhos em metais preciosos, como taças e pratos de bronze e prata.

Por outro lado, Burns (1986, p. 143) enfatiza:

> [...] os Fenícios não foram conquistadores nem construtores de um império. Exerceram a sua influência através das artes pacíficas e especialmente do comércio. Durante a maior parte da sua história, o sistema político fenício foi uma vaga confederação de cidades-estados que frequentemente compravam a sua segurança pagando tributo a potências estrangeiras.

Em Pedrosa (2011), encontra-se que os fenícios foram famosos na Antiguidade por seus trabalhos artísticos em ourivesaria, bem como em marfim, vidro, terracota, madeira, pedra, além da tecelagem. Exímios navegantes e negociantes, os fenícios souberam assimilar a arte e os processos de confecção de inúmeros povos com os quais tiveram contato em suas rotas de comércio. A arte que produziram tinha não só propósitos comerciais, mas também religiosos. A referenciada autora elucida que a maioria dos objetos fenícios que chegaram até nossos dias, assim como os de outras civilizações já desaparecidas, pertencem a sítios arqueológicos de contexto funerário, como tumbas, cemitérios ou templos. Nas antigas tumbas fenícias já descobertas, foram encontradas joias em ouro, prata e gemas, escaravelhos e outros objetos simbólicos ou religiosos feitos em vidro ou terracota, tigelas de metal (ouro, prata e bronze), caixas decoradas em marfim, cosméticos e outros itens que denotam o status social do ocupante da tumba. Uma enorme quantidade destes objetos possui tamanho pequeno, outros em madeira decorada ou tecidos são itens muito raros em achados arqueológicos nos sítios fenícios, estando, porém, documentados em diversos escritos descobertos, em que haviam sido registradas as trocas comerciais entre comerciantes fenícios e de outros povos.

Numa época em que sua frota mercante ocupava o primeiro lugar no mundo, os fenícios enviavam seus barcos ao Báltico para buscar âmbar (resina fóssil); difundiam nos países litorâneos do Mediterrâneo as medidas babilônicas e a arte de talhar as pedras preciosas; exportavam vidro egípcio e o traficavam com tudo e com todos. Os vidros fenícios competiam com os egípcios e a eles, os fenícios, lhes outorga a invenção do vidro transparente, graças ao emprego das areias de seu rio Belo. Fabricaram com este material pequenas ânforas (vasos antigos), pedras falsas e colares, produtos que venderam principalmente em Chipre, Grécia e Espanha. De acordo com o gosto e o agrado da cultura de seus clientes, vendiam as joias fabricadas em sua pátria: objetos de luxo, se os compradores eram refinados, ou artigos confeccionados em série, de custo reduzido e agradável aspecto, quando se tratava de uma clientela mais modesta (KERTSZ, 1947).

Estilisticamente não criaram nada novo da arte das nações que os dominaram, como Babilônia, Egito, Assíria e Pérsia, os fenícios copiaram motivos, mas sem conseguir fundi-los em uma unidade artística que levasse seu selo individual. Subirachs (1995, p. 70) cita que:

> [...] o caráter prático e utilitário de uma sociedade de comerciantes, mais preocupada em satisfazer sua clientela do que criar sua própria singularidade artística, voltou-os claramente no caminho da imitação e da reprodução medíocre das peças de arte de seus vizinhos. Sua arte é, portanto, pobre em criatividade e poucas peças merecem atenção e análise.

Os adornos que fabricavam não significavam para eles mais que um bom artigo de exportação. Mas as joias fenícias possuem algo que as distingue de todas as demais, algo que, sem ser uma marca de fábrica, equivale em certo modo ao selo distintivo "indústria fenícia". Os ourives fenícios logo avantajaram os seus mestres tebanos. Famosas são as grandes oficinas de Biblos, em que, desde o século 17 ao 13 a.C., florescia essa indústria de enfeites preciosos e elegantes; famosos, igualmente, foram Sidon e Tiro entre os séculos 12 e 6 a.C.

Os exemplos a seguir denotam o ecletismo cultural dos Fenícios e a variedade de joias, não só confeccionadas em ouro e pedras preciosas, mas também em vidro colorido.

Figura 110 – Joias Cypro-Fenícias Período Arcaico, século 7-6 a.C. Esses objetos representam um dos tipos mais característicos de joalheria fenícia

Fonte: *The Metropolitan Museum of Art, New York* (2021)

Figura 111 – Brinco Fenício, de ouro com ágata, séculos 6-5 a.C., encontrado na região de Sidon. Acervo *The Metropolitan Museum of Art, New York* (2021)

Fonte: picryl. Disponível em: https://picryl.com/media/gold-swivel-ring-with-agate-scaraboid-16c9ac. Acesso em: 8 mar. 2022

Figura 112 – Pingente Fenício com pássaros e cabras numa Árvore da Vida - final do século VII - início do século VI a.C., Ouro repuxado e moldagem

Fonte: macrodistrict (2022). Disponível em: https://macrodistrict.club/9268-shumerskie-ukrashenija.html. Acesso em 19 set. 2023

Figura 113 - Fíbula de ouro fenícia encontrada na cidade cipriota de Kition. A ourivesaria fenícia e suas alegrias eram um dos produtos mais procurados no estrangeiro, tanto em potências como o Egito como por parte das sociedades primitivas do Mediterrâneo

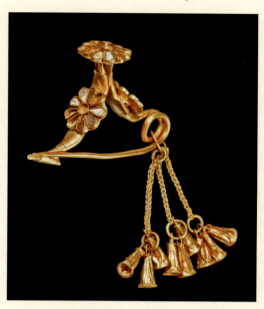

Fonte: Antique Jewelry University. Disponível em: https://www.langantiques.com/university/phoenician-jewelry/. Acesso em 19 set. 2023

Os fenícios produziram objetos de arte e artesanato de excelente qualidade. Apesar das joias refletirem influências diferentes e uma variedade de técnicas sofisticadas, desenvolvidas anteriormente, agora apresentam determinados níveis de realização. As figuras que seguem são reveladoras de uma tradição em que as joias eram imitadas de outras culturas.

Figura 114 – Brinco Fenício, de ouro, séculos 4 ao 3 a.C. Aro de ouro puro com um pingente em forma de caixa suspensa levemente côncava. Os quatro lados retangulares são gravados com cabeças alternadas de um jovem e de um homem barbudo, todos voltados para a esquerda. As bordas verticais da caixa são decoradas com tiras soldadas. A parte superior da caixa é decorada com uma pirâmide de grânulos maiores e menores. Presas aos cantos superiores da caixa estão duas tiras transversais que se cruzam, de seção ligeiramente triangular, no topo das quais está soldado o pequeno anel de suspensão mencionado anteriormente

Fonte: *The Metropolitan Museum of Art, New York* (2022)

Figura 115 – Brinco ou amuleto de proteção Fenício ou cartaginês, século 7 a.C. Este tipo distinto de brinco foi provavelmente introduzido em Chipre a partir do Oriente Próximo. Embora menos popular do que outros objetos fenícios no Ocidente, foi encontrado em Malta e em Cartago *The Metropolitan Museum of Art, New York* (2022)

Fonte: reddit. Disponível em: https://www.reddit.com/r/ArtefactPorn/comments/13oz45v/gold_earring_with_glass_head_pendant_3rd1st/. Acesso em: 3 mar. 2022

Nesse brinco de um azul escuro translúcido e amarelo opaco formando um rosto com queixo pontudo foi aplicado um grande anel de suspensão, projetado para frente. Grandes cachos de cabelo em azul acima das orelhas, estendendo-se na parte posterior sobre a parte superior da base; olhos como anéis azuis fundos; nariz longo e arredondado; bochechas salientes e boca com lábios entreabertos. Esses pingentes eram usados como amuletos de proteção para afastar o mal. Pingentes semelhantes são frequentemente representados em estátuas votivas e estatuetas cipriotas, e são particularmente chamados de "meninos do templo".

Figura 116 – Brinco de ouro com pingente de vidro em forma de máscara demoníaca 1ª metade do século 5 a.C. Fenício ou cartaginês

Fonte: *The Metropolitan Museum of Art, New York* (2022)

Brinco de ouro e vidro translúcido incolor, com reflexos esverdeados, azul cobalto, amarelo opaco e branco. Oco na parte posterior da haste, formando rosto protuberante com testa arredondada e barba larga e plana se estendendo para baixo; acima, foi adicionado um anel de suspensão. Contorno amarelo na cabeça, formando uma linha na testa e ao redor da barba; orelhas incolores aplicadas nas laterais; olhos salientes delineados em branco com pupilas azuis. Falta a ponta do nariz, a orelha direita adequada e uma lasca grande e desgastada no lado esquerdo adequado da face. Grande aro de ouro, de seção circular, afinando em direção às pontas presas em um gancho e um laço.

Figura 117 – Amuleto Fenício, século V a.C., em forma de olho, em ouro e ágata. De Sidon, Líbano. Acervo National Museum of Beirut

Fonte: feefaa. Disponível em: https://www.feefaa.org/phoenician-gold-jewellery/. Acesso em: 2 Fev. 2022

Figura 118 – Par de brincos fenícios, Século VIII-VI a.C. em ouro com a técnica do repuxado e granulação

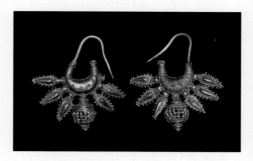

Fonte: drouot. Disponível em: https://drouot.com/en/l/18764848-earrings-br-in-gold--basket-shaped-decorated-with-5-mandorles . Acesso em: ago. 2023

Muitos dos amuletos usados pelos fenícios denotam uma influência egípcia, tanto pela sua forma como por seu material, como os escaravelhos de fina cerâmica. Apesar de Cartago ser dominante no Ocidente, Tharros foi um dos mais importantes centros, criado no século 8 a.C. pelos Fenícios, na Sardenha.

A Figura 119 ilustra brincos fenícios escavados em Tharros que refletem a influência egípcia, como é o caso dos pares de brincos na forma de um *Ankh*, os falcões, representando o deus Horus, e as pirâmides que estão decoradas com granulação (a aplicação de pequenos glóbulos de ouro).

Figura 119 – Brincos em ouro com falcão e cesta pendente, Fenícia, séculos VIII-III a.C. Tharros, Sardenha, Túmulo 6

Fonte: vistanet.it. Disponível em: https://www.vistanet.it/cagliari/2018/03/30/la-great--sardinian-collection-i-tesori-di-tharros-al-british-museum/. Acesso em: abr. 2024

Figura 120 - Brinco Ansata em forma de cruz (símbolo da vida eterna, mas apesar disso ela foi e ainda é a representação da fertilidade das mulheres), cinzelado em ouro, de Cartago e remonta aos séculos 7 a 5 a.C. Está conservado no Museu do Bardo

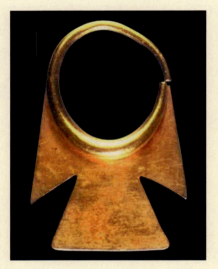

Fonte: cassiciaco.it. Disponível em: http://www.cassiciaco.it/navigazione/africa/ago_citta/cartagine/bardo/reperti_gioielli.html. Acesso em: abr. 2024

Figura 121 – Anel fenício, século 7 a.C. com dois peixes em baixo-relevo

Fonte: celtiberia.net. Disponível em: https://www.celtiberia.net/es/biblioteca/?id=3779&-cadena=Pin. Acesso em: 15 out. 2021

Figura 122 – Bracelete do túmulo de Kition com um escaravelho. Em ambas as extremidades do bracelete, um fio interno é inserido no escaravelho para permitir o movimento giratório. O escaravelho é esculpido tanto no topo redondo como na parte de trás, e sua superfície é decorada com hieróglifos egípcios. A peça se encontra dentro de uma moldura metálica elíptica, em ambas as extremidades

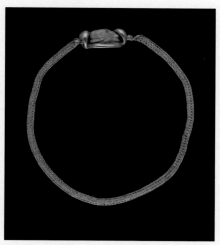

Fonte: Flourentzos e Vitobello (2009)

Os Fenícios, além de artesãos, preocupavam-se mais com a parte visual do que estilística. The art produced was not only commercial purposes, but also religious and, in addition to visual impact, sought to convey ideas and concepts. A arte produzida não foi apenas para fins comerciais, mas também religiosos e, além de impacto visual, procuravam transmitir ideias e conceitos.

Nessas joalherias, em que se lavrava o ouro e a prata, o marfim, a cerâmica e as pedras preciosas de toda espécie, logo se soube montar as joias em engastes mais finos e mais delicados, e dar maior flexibilidade aos elos das cadeias.

Figura 123 – Pingente fenício, datado dos séculos 4-3 a.C.

Fonte: mediastorehouse. Disponível em: https://www.mediastorehouse.com.au/fine-art-finder/artists/william-morris/tanit-pendant-c-7th-6th-century-bc-gold-22616806.html. Acesso em: 15 jun. 2022

A Figura 124 ilustra uma pulseira de fita com uma caixa de configuração circular que segura uma ágata em lapidação cabochon, tendo ao centro um olho que lembra o olho de Hórus. A pedra é colocada em uma caixa cujos lados e quadro superior são granulados. A cinta é constituída por uma fita obtida a partir de quatro cadeias duplas paralelas que formam a cinta trançada. De um ponto de vista técnico e artístico, essa pulseira é extremamente atraente e rara se considerar as técnicas de fabricação, a combinação e refinamento das competências aplicadas e as habilidades do artesão antigo que fabricou esse artefato.

Figura 124 – Pulseira ou colar do túmulo de Kition. Em ambas as extremidades da fita os remates têm seus laços estendidos até o uso de dobradiças (para articulação e configuração de caixa). A configuração de caixa é decorada com uma fileira de grânulos e alternando triângulos granulados

Fonte: Fluorentzos e Vitobello (2009)

Os ourives fenícios foram mestres insuperáveis na arte de soldar o ouro, seja com o mesmo metal ou com outro, aplicando sua habilidade técnica a pequenos grãos. Eles possuíam o segredo de soldar esferas de ouro infinitamente pequenas sobre uma superfície metálica, de tal maneira que entre elas e o plano de fundo não havia mais que um único ponto tangente. Somente os artífices etruscos souberam executar essa técnica com habilidade igual, enquanto outros artesãos não conseguiram decifrar o segredo, já que as esferas de ouro eram fundidas na superfície da joia. Subirachs (1995, p. 70) menciona, que:

> [...] as coroas votivas para as grandes divindades, e em especial aquelas consagradas a Astarté, acusam no emblema do par de asas abertas, assim como nas figuras femininas ornadas com longas perucas, uma clara influência egípcia. Contudo, o mundo está em dívida com eles, ainda que fizessem pagar bem pelas suas mercadorias, que quase poderíamos chamar de bagatelas fabricadas em série.

Subirachs (1995, p. 70) conclui: "a convergência sobre este povo de diversas correntes culturais não significou que seus artistas causassem grande síntese na arte do Oriente Próximo, pois esta seria a grande tarefa histórica de outro povo, os Persas".

A variedade dos motivos separados que então se combinavam entre si, segundo distintos adornos, era sempre a mesma, qualquer que fosse o lugar onde a encontremos, seja no Chipre ou em Sardenha. Em todas as partes os elementos estilísticos dos fenícios são as flores e botões de lótus, bolas (fruto seco coberto por uma casca fina, forte e flexível, de cor marrom claro), palmas, máscaras humanas ou de animais, uma cabeça de Baco, esfinges, ou pequeninos jarros. Este último era empregado frequentemente para os brincos que eram usados por ambos os sexos, conservando assim a moda dos assírios; frequentemente se observa também o enfeite da testa e das têmporas, assim como diademas, alfinetes, fivelas e braceletes. Depreende-se, assim, que a arte dos Fenícios era, em todos os sentidos, eclética.

As mais ricas e belas descobertas de joias foram feitas em Biblos, Fenícia, na Ilha de Ibiza e em Aliseda, Espanha. O descobrimento neste último lugar, feito em circunstâncias puramente casuais no ano de 1920, revelou um tesouro que entre outras coisas, continha um diadema, um par de brincos com primorosas flores de lótus, braceletes calados, um cinto de ouro e alguns anéis com escaravelhos; estes caudais se podem admirar agora no Museu Arqueológico Nacional de Madri e em muitos outros museus.

Não somente na mesma pátria dos fenícios foi possível descobrir numerosos objetos de adorno, mas muitas joias procedem também das colônias e mercados fenícios, e em quase todos os museus europeus se guardam preciosidades desta origem. Facilmente se identificam as joias fenícias, que se caracterizam por uma fisionomia particular, pois assim como toda a arte fenícia em geral, combina em seu cosmopolitismo algo dos demais estilos da época.

Pretende-se, às vezes, que uma arte como essa que representa uma gama de variações de todos os distintos estilos de seu tempo, tenha que ser uma arte sem alma. Certamente existe algo de verdade nesta afirmação. Os fenícios foram, sobretudo, um povo de traficantes arriscados e empreendedores, e seu interesse pessoal aspirava melhor à ganância material que à realização de um ideal artístico (KERTSZ, 1947).

Em a *Arte nos Séculos* (1969, p. 133) encontra-se:

> Os Fenícios, como os demais povos da Antiguidade, sofreram o domínio e a influência de civilizações estranhas, como a dos egípcios e a dos assírios. Disso souberam tirar proveito. Voltados para a atividade mercantil, vendendo ou trocando vidros, tecidos e metais que fabricavam, foram responsáveis por consideráveis progressos na cultura antiga: um alfabeto com apenas vinte e oito sinais, ao invés da escrita cuneiforme, teve papel decisivo na difusão dos conhecimentos.

Dados apresentados por Price (2008) esclarecem que foram os fenícios que exerceram a maior influência sobre projetos de joias. Esses grandes marinheiros de Canaã logo espalharam sua cultura por toda a região mesopotâmica. A partir do século 9 a.C., os fenícios eram mais conhecidos pela criação do alfabeto moderno, mas também eram conhecidos como o "povo roxo", já que eles extraíam a tintura roxa de caracóis localizados em Tiro, no Líbano. Eles aprenderam o segredo da fabricação do vidro puro e tingindo-o com roxo, sua cor favorita, e com a adição de óxidos, foram produzidas matizes de cores diversas. Com a fabricação do vidro, este logo foi usado para imitar pedras coloridas e vasos, bem como mosaicos espalhados por todo o Mediterrâneo. Outra forma de arte fenícia foi a gravura de pedras preciosas, como cornalina, cristal de rocha, lápis-lazúli, sardônica e safiras.

Figura 125 – Joia Fenícia, de vidro colorido, século 5 a.C. Colar composto por 17 contas e pingentes de várias formas e significados. Os elementos de ouro do colar são obtidos a partir de uma liga de ouro natural de alto quilate, feito de folha de ouro batido e emoldurado por uma borda de arame redondo fundido. Uma grande gema é posicionada no centro do disco

Fonte: Flourentzos e Vitobello (2009)

Figura 126 – Pingente fenício de 600-500 a.C. Executado em ouro e pedra de vidro verde. Sobre a pedra cabochon, duas pequenas espirais, influência da arte grega

Fonte: ancient-civilization.com. Disponível em: https://ancient-civilization.com/levant/phoenicia-and-the-phoenicians-at-the-end-of-the-third-millennium-bc.html. Acesso em: ago. 2023

Figuras 127 – Grupo de 13 pingentes fenícios, executados em vidro colorido representando cabeças humanas. As figuras ora estão sorrindo, ora com expressões mais sérias e olhos esbugalhados simbolizavam o povo fenício. Séculos 5-1. a.C.

Fonte: archaeology-travel. Disponível em: https://archaeology-travel.com/destinations/europe/italy/sardinia/phoenician-punic-sites-museums/. Acesso em: ago. 2023

Figura 128 – Esta rara caixa de duas faces é decorada com motivos em técnica de granulação inspirados na iconografia egípcia. De um lado está um escaravelho alado, enquanto o reverso mostra um wedjat, o Olho de Horus. O cordão espaçador é fundido oco, mas com paredes bastante espessas. O acabamento da granulação é típico da joalheria fenícia desse período. Muito provavelmente a conta era a peça central de um colar duplo, como pode ser visto pelos quatro orifícios de cordão, 900-500 a.C.

Fonte: archaeologyart. Disponível em: https://twitter.com/archaeologyart/status/1469509779559178241/photo/1. Acesso em: ago. 2023

Figura 129 – Pingente de cabeça barbada, amuleto de proteção, com núcleo de vidro. Joia Fenícia, dos séculos 4-3 a.C., proveniente de Cartago, Tunísia

Fonte: *Es-academic* (2022)

Figura 130 – Pingente com uma conta de vidro fenício ou cartagines por volta do século 4 a.C. Forma esférica, de cor azul-esverdeada, com quatro fileiras de olhos estratificados, cada olho em quatro camadas de cores

Fonte: Jonsson, Maria, s/d. Disponível em: https://mariajonsson.weebly.com/fakta-glas.html. Acesso em: ago. 2023

Os fenícios estabeleceram colônias no norte da África, no Chipre, na Itália e na Espanha. Muitas dessas regiões possuíam ricas jazidas de recursos minerais, como ouro, prata e cobre. Artesãos fenícios dessas colônias criaram joias de ouro e objetos decorativos usando as técnicas populares de granulação e filigrana, muitas vezes com temas pertinentes à natureza e religião.

As formas mais comuns aplicadas consistiam em desenhos de animais ao invés de formas humanas. A influência egípcia é evidente no desenho de pingentes das joias fenícias, modeladas como o olho egípcio de Hórus (para afastar o mal e proteger o usuário).

Figuras 131 – Peitoral Fenício, séc. III-I a.C. Um de um conjunto de dois pingentes usados no pescoço. Do Tesouro de Carambolo. A técnica da granulação é bem evidente com muito ritmo e sequência, o que torna uma peça extraordinariamente bela. Os Fenícios empregavam o ouro para joalheria e podia ser martelado, fundido, granulado, repuxado ou aplicado como folha de ouro. Acervo Museu Arqueológico Nacional de Madrid, Espanha

Fonte: edukavita. Disponível em: https://edukavita.blogspot.com/2015/03/estudo-biblico-de-congregacao-semana-de.html. Acesso em: 21 agosto 2023

Figura 132: Máscaras Fenícias de ouro usadas nos cerimoniais, do segundo milênio a.C

Fonte: reddit.com. Disponível em: https://www.reddit.com/r/ArtefactPorn/comments/26dqm5/phoenician_gold_votive_or_ceremonial_fenestrated/. Acesso em: 15 jun. 2022

É evidente, no artesanato fenício, um fino detalhamento pela mistura de estilos egípcios e assírios. Essa importante característica de sua arte elevou as joias fenícias a um novo patamar artístico no Levante. De acordo com a história da arte *Phenicia e suas Dependências*, escrita em 1885 por George Perrot e Chipiez Charles, formas vegetais e geométricas prevaleciam no trabalho fenício. As joias eram criadas para adornar mulheres e homens e deviam ser usadas em combinações simples de linhas retas e curvas (KERTSZ, 1947).

Os assentamentos fenícios tiveram um grande impacto em muitas outras culturas, especialmente na Grécia. Os gregos antigos incorporaram projetos fenícios e sírios em sua arte e em suas joias. Os ourives fenícios que se estabeleceram na Grécia revelaram seus segredos e adotaram o que antes era um estilo egípcio para torná-lo mais grego. Também os etruscos utilizaram motivos fenícios em suas joias, mas com a técnica da granulação.

Nos séculos 8 e 9 a.C., a escultura de marfim foi considerada como uma das principais indústrias nas cidades prósperas da Síria, Fenícia e Palestina. A Assíria lançou uma campanha bem-sucedida contra os artesãos fenícios, que foram forçados a produzir relevos refinados para decorar os palácios em Nimrud, a capital assíria.

Para efetuar suas transações com menos tropeços e maior velocidade, esses habilidosos mercadores mostraram a seus clientes, especialmente aos gregos, os 22 signos tão simples de suas anotações comerciais, suplantando as escrituras muito complicadas, formadas por signos figurativos de que se valiam os diversos povos do mundo antigo. O espírito criador dos helenos pouco precisou para modificar ligeiramente estes caracteres e valer-se deles como base de seu próprio alfabeto.

A expansão fenícia através do Mediterrâneo Central e Ocidental seguiu, portanto, uma série de fases ou estágios, que responderam, originalmente, às necessidades da Metrópole em todos os momentos. Partiu de uma política fundadora de fábricas simples, desde o final do século 9 ao início do 8 a.C., a um fenômeno de emigração em massa de pessoas das cidades fenícias orientais, em busca de maior segurança e uma vida melhor por conta do estado de turbulência vivida em suas cidades de origem, as crises de subsistência e o terror assírio. Esses novos colonos instalados nas antigas fábricas, que originalmente serviam como local de abastecimento e abrigo temporário para navios mercadores fenícios, com o tempo se tornaram cidades autênticas.

CAPÍTULO VII

AS JOIAS DA GRÉCIA ANTIGA

Figura 133 – Mapa da Grécia

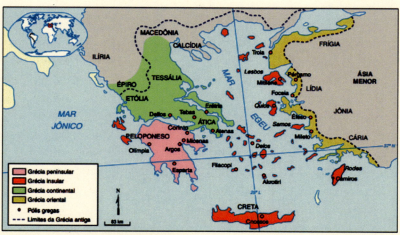

Fonte: *Google* (2021)

1. ORIGENS

A Grécia antiga abrangia o sul da Península Balcânica (Grécia europeia), as ilhas do mar Egeu (Grécia insular) e o litoral da Ásia menor (Grécia asiática). A partir do século 8 a.C., os gregos ampliaram seu território de ocupação, fundando colônias no Mediterrâneo e no sul da Itália, esta, passou a chamar-se Magna Grécia.

Do século 12 ao 8 a.C., os grupos humanos que estavam estabelecidos na Grécia encontravam-se organizados em famílias constituídas por um grande número de indivíduos sob a liderança de um patriarca. Foi o período das comunidades gentílicas. A partir do primeiro milênio a.C., no começo da Idade do Ferro, a Grécia começou a desenvolver-se e as cidades mais ativas que fundaram colônias entraram em relações comerciais com os povos circundantes. Das civilizações orientais avançadas na costa da

Ásia Menor e das ilhas com tradições de cultura egeia, recebeu preciosos ensinamentos que transformaram e enriqueceram gradualmente suas ideias primitivas. Esse fato proporcionou-lhe os meios técnicos e o conhecimento dos materiais que lhe permitiram criar e aperfeiçoar seus tipos artísticos. Os primeiros artistas formularam os princípios e, enquanto uma arte ricamente eclética predominava em todo o Oriente Médio e nas costas mediterrâneas, nascia no extremo sul da Península Balcânica uma concepção artística cuja evolução não conheceu rival: a arte dos gregos (KERTSZ, 1947).

Depois de uma lenta e trabalhosa tarefa que terminou aproximadamente com o fim do século 6 a.C., quando a técnica era sábia e a matéria trabalhada com virtuosismo, essa arte, com sua originalidade, auxiliou nos mais árduos problemas de movimento das peças como nenhuma arte conseguiu fazê-lo antes ou depois. Deu a suas estátuas majestosidade divina, beleza sublime, graça e alma. Foi a única arte europeia da Antiguidade que levou ao grau máximo a capacidade de conceber e inclusive de reproduzir as formas infundindo-lhes um ideal de perfeição. Sua maneira de apresentar as vestes seguiu sendo até os dias atuais o exemplo máximo dos artistas.

Em oposição à arte oriental, que nos assombra e deslumbra pela grandiosidade de suas composições e a riqueza de seu material e ornamentação, a arte grega buscou a harmonia das proporções com os materiais simples e ao alcance imediato, falando-nos em uma linguagem que nos chega à alma pela sobriedade de suas formas. E este é o segredo de sua imortalidade e da admiração universal. As transformações que sofreu no transcurso de sua longa história se limitam aos conhecimentos, à técnica, à preferência por certos materiais, ao aspecto exterior das formas. Entretanto, em sua essência, a arte grega tem permanecido inalterável, e com maior ou menor intensidade percebemos sua voz até na época atual em qualquer arte que siga seus exemplos e cujo espírito criador seja o modo de pensar e sentir como o dos gregos.

Os mesmos princípios fundamentais que regiam a arte grega dominavam, também, na ordem de suas joias: nelas tudo era proporcionado. O antigo enfeite grego nunca viveu por si mesmo como objeto belo sem ser útil, mas serviu, e da maneira mais cabal, a seu destino mais autêntico e supremo, que era acompanhar, acentuar e realçar a beleza corporal. O homem era também sua medida. A moderação se converteu em um dos fundamentos da estética grega. Por essa razão, o grego da época clássica evitava quase por completo o adereço da indumentária, predominando assim o enfeite corporal em formas finas e flexíveis, como pingentes que seguiam com graça o jogo natural dos movimentos do corpo (KERTSZ, 1947).

Nos tempos homéricos e no Período Arcaico, os adornos eram feitos de dentes de animais, cascas, frutos secos, rochas e pedras. É lógico pensar que as joias foram primeiramente criadas em países onde havia abundância de ouro. A Mesopotâmia teve um papel importante, assim como o Egito, em que a produção de joias atingiu alto nível de desenvolvimento técnico e estético. Com a criação de joias de metal, o caráter mágico das joias naturais não deixou de existir, pois o ouro não foi desgastando, muito menos o fato de que ele sempre permaneceu brilhante, levando as pessoas a acreditar que tinha poderes sobrenaturais.

Com o passar dos anos, quando a religião foi separada da magia, as características mágicas dos adornos foram diminuindo. Na Grécia, alguns anéis de ferro descobertos em túmulos micênicos, com algumas pedras usadas para carimbar, tidas como talismãs, foram pensados como mágicos quando o ferro ainda não era uma parte da vida cotidiana das pessoas.

Após a destruição do centro Micênico ocorreram dificuldades econômicas e é por isso que as amostras de joias dessa época são poucas, principalmente de cobre e ferro, e apenas o volume mínimo é de ouro.Considerando que o ouro não era abundante na Grécia, diminuiu-se o número de ourives e sua arte. Após o século 9 a.C., a situação mudou novamente e os gregos adquiriram novos contatos com os mercados de ouro do Oriente. Assim, durante essa época de ouro da história, começou a florescer novas obras no século 8 a.C. por ser caracterizado como o século do ouro, principalmente na Península da Ática.

2. JOIAS GREGAS DO PERÍODO PRÉ-HOMÉRICO – SÉCULOS 12-7 a.C.

Na chamada Idade das Trevas (1100-800 a.C.) que se seguiu ao colapso do mundo micênico, o ouro e a ourivesaria não mostraram nem a riqueza nem a imaginação dos séculos precedentes. No entanto, a tradição criada perdurou misturada com influências mais recentes do Norte da Europa, principalmente em adereços de bronze e ferro — os metais nobres dos primeiros séculos eram muito raros.

A joalheria grega datada de cerca de 850 a.C. a 500 a.C. foi inspirada e influenciada pela egípcia e assíria. As técnicas permaneceram basicamente as mesmas dos estilos egípcios e assírios, embora placas estampadas ou gravadas de ouro e prata se tornaram elementos predominante básicos. A granulação em ouro continuou e foi desenvolvida na Etrúria, atingindo notável grau de refinamento (KERTSZ, 1947).

Além do brilho, os Gregos também adoravam a raridade e a durabilidade do ouro. Como as joias simbolizavam o poder da classe dominante, geralmente estas eram feitas de ouro, prata, marfim, gemas e bronze. Desprovidas de decoração, algumas peças como anéis, espirais de cabelo, pulseiras e fíbulas arqueadas, recuperadas de sepulturas da Fase Geométrica da Ática, foram feitas nas formas mais simples, a partir de arame ou chapas muito finas. Cabe ressaltar que os gregos também apreciavam joias de aspecto pesado, como os braceletes da Figura 134.

Figura 134 – Braceletes de ouro, cerca de 850 A.C. Na Antiguidade, tanto os braceletes como as pulseiras eram utilizadas em ambos os braços, sobre o cotovelo ou ao redor do pulso. Encontrados de um enterro de cremação geométrica de uma mulher grávida rica, do noroeste do Areópago

Fonte: Museu da Ágora Antiga de Atenas (2022)

A seguir, exemplos de adornos gregos datados entre os séculos 12 e 7 a.C., que primam pelas formas de diferentes desenhos, pela técnica, estética e acabamentos requintados.

Figura 135 – Fíbula geométrica grega, século 8 a.C. Tessália. No anverso um cavalo, seu corpo coberto de padrões gravados, no reverso um leão com seis enormes presas, língua comprida, seu corpo igualmente coberto de padrões gravados

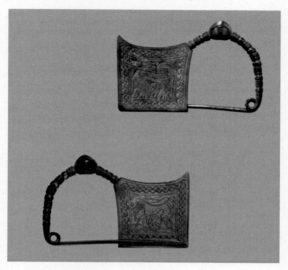

Fonte: *Greek Culture Ellini Kospolitismos* (2022)

Figura 136 – Fíbula grega em prata com desenhos de animais gravados. Séculos 7-6 a.C.

Fonte: *Greek Culture Ellini Kospolitismos* (2022)

Figura 137 – Alfinete grego de bronze, com ornamento de bola e disco, início do século 7 a.C. Período geométrico

Fonte: *Princeton university Art Museum* (2022)

Figura 138 – Colar grego, período geométrico, com nove contas: oito bicônicas, uma menor e em forma de barril, início do século 7 a.C., em bronze

Fonte: *Princeton university Art Museum* (2022)

Figura 139 – Pendente em forma de pássaro, de bronze, período geométrico, 8-7 a.C.

Fonte: *Princeton university Art Museum* (2022)

Figura 140 – Par de brincos, da Idade das Trevas na Grécia. A maior parte das joias descobertas pertence a duas classes de significado utilitário. Em ambos os períodos, o principal material de construção foi o bronze, o ouro e, mais raramente, o ferro. Este período se distingue pelas influências orientais. A forma dos brincos em trapézio ostenta na base, romãs estilizadas. Provêm de uma sepultura a noroeste da Acrópole de Atenas, 850 a.C. Acervo Museu Agora, Atenas

Fonte: Amarican School of Classical Studies at Athens. Disponível em: https://www.ascsa.edu.gr/excavations/athenian-agora . Acesso em: ago. 2023

Figura 141 – Broche grego em forma de flor, século 8 a.C. Os broches foram muito comuns, nos primeiros tempos da Grécia Antiga, para serem aplicados em vestes

Fonte: Price (2008)

Figura 142 – Brinco Grego em forma de espiral, séculos 8-7 a.C. O centro do círculo com forma de cruz, trabalhado com a técnica de granulação

Fonte: *LACMA - Los Angeles County Museum of Art* (2022)

Figura 143 – Fíbula de bronze em forma de oito, procedente da Macedônia. Séculos 8-7 a.C. As fíbulas em forma de oito eram dedicatórias comuns em santuários ou oferendas na Macedônia, Épiro, Grécia Central e Peloponeso

Fonte: *National Archaeological Museum of Athens* (2022)

Dentre as peças, os brincos, com os colares, eram os que apresentavam a maior variedade. Foram encontrados brincos de muitas formas peculiares, que ainda nos fazem imaginar como eles poderiam ter sido usados. Quanto aos broches, não possuíam muita variedade de formas e, em relação às demais peças, eram as joias menos preferidas.

3. JOIAS GREGAS DO PERÍODO ARCAICO – SÉCULOS 7-5 a.C.

Durante o século 7 a.C. as joias eram usadas como talismãs, e seus poderes pareciam ser válidos para uma pessoa que usasse a joia, para os mortos em sua vida, ou ainda para que o homem simples não parasse de crer. Essa noção vai permanecer viva até o final da Antiguidade, quando as joias terão símbolos cristãos e formas em cruzes. Joias inspiradas em flores surgiram novamente pouco depois de 800 a.C., como resultado de contatos com as civilizações mais avançadas do Oriente e do Egito. Esse período, que se distingue pelas influências orientais, abrange os séculos 8 e 7 a.C.

Dentre as joias encontradas, havia diademas nos túmulos de Kerameikos, com técnica *repoussé* e motivos geométricos, de animais e mesmo de seres humanos. Colares, brincos e placas decoradas com filigrana e granulação, incrustadas com vidro ou âmbar dos cemitérios de Esparta e Eleusis, indicam que durante o século 8 a.C. a ourivesaria era próspera, particularmente na Ática e em Creta, onde estavam sendo produzidas obras de arte excepcionais.

No Período Arcaico, as peças eram decoradas com motivos geométricos, inspirados nas cerâmicas. Existiam também, motivos relacionados à natureza, porém eram mais raros.

Apesar de a metalurgia ter se desenvolvido rapidamente durante o Período Arcaico (600-475 a.C.) existem escassos exemplos da arte da ourivesaria na Grécia daquela época. Esta escassez de joias de ouro, principalmente prata, bronze ou ferro, talvez possa ser explicada pelas Guerras Pérsicas e o fato de que os persas controlavam o Oriente Médio, e, consequentemente, a quantidade de ouro disponível. No entanto, a joalheria continuou sem interrupção durante todo esse período, e os joalheiros gregos voltaram-se para mercados no exterior, produzindo peças greco-citas, greco-trácios, greco-etruscos e ornamentos greco-celtas. Então, quando as guerras persas foram travadas diretamente com a Grécia, a produção de joias aumentou e passou a ser realizada sem interrupção, criando obras requintadas com algumas mudanças notáveis na técnica.

A Figura 144 ilustra uma fíbula, datada do Período Arcaico, em que é possível perceber o cuidado na execução técnica.

Figura 144 – Fíbula em ouro da cultura grega, século 7 a.C. Notável a técnica do repuxado, tanto na representação da flor, quanto nos pendentes

Fonte: *Greek Culture Ellini Kospolitismos* (2022)

Dentre todos os tipos de joias, os alfinetes e fíbulas foram os que fizeram sua última aparição. Eles foram os primeiros encontrados durante os anos micênicos, juntos dos os pinos usados para prender as roupas das mulheres sobre os ombros. Serviam também para fechar os vestidos. Os pinos já eram conhecidos desde a Idade do Cobre. Durante os tempos pré-históricos, podemos encontrar pinos em diferentes tamanhos, mas seu uso não tinha sido esclarecido. Aqueles que foram encontrados em pares estão associados com a realização de roupas, enquanto os encontrados em uma única peça foram provavelmente usados como artigos decorativos ou usados no cabelo como diademas.

De acordo com a Prof.ª Úrsula Carvalho, em História da Indumentária, discursando sobre as vestes na Grécia antiga, a vestimenta principal foi o *quiton**uma espécie de túnica, com um tecido em formato de retângulo, presa somente nos ombros e embaixo dos braços, com uma das laterais aberta e a outra fechada. Nos ombros, o fechamento era realizado com broches e agulhas (fíbula) e na cintura amarrado por um cordão ou cinto. Este tipo de vestimenta, nas mulheres, era sempre longo. Nos homens, era curto para o dia a dia e longo para ocasiões especiais (CARVALHO, 2015).

Bigelow (1979) define e apresenta os diferentes tipos de fíbulas e sua evolução, destacando que esta era um acessório decorativo usado por homens e mulheres que foi sendo aprimorado à medida em que a cultura grega se tornou mais sofisticada, com grandes alfinetes decorados e moldados de formas diversas, com metais preciosos e cinzelados que se tornaram importantes acessórios de fantasia.

Figura 145 – Placa com sete plaquetas de ouro representando Artemis como Potnia Theron (Senhora dos animais), 660-620 AC. De Kamiros, ilha de Rodes, Grécia. À direita, detalhe. Acervo Museu Britânico

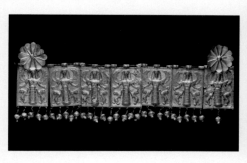 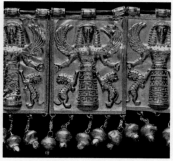

Fonte: artscape.fr. Disponível em: https://www.artscape.fr/rhodes-paris-musee-louvre/. Acesso em: ago. 2023

Figura 146 – Anel de prata grego do Período Arcaico cerca do final do século VI a.c. Formada a partir de uma barra sólida, de seção circular, martelada para formar uma luneta em forma de diamante, depois dobrada sobre si mesma e soldada, a luneta gravada com uma palmeta, pontuada por três tachas de ouro, encerrada dentro de uma borda hachurada

Fonte: *Penn Museum*, Philadelphia. (2022)

Durante o tempo dos poemas homéricos, as joias eram objetos de uso diário. Nas Figuras 144 e 148, há exemplos de broches e alfinetes ou ornamentos que realçavam a beleza, datados entre os séculos 7 e 5 a.C.

Figura 147 – Pendente com figura de mulher nua, Rhodes, cerca de 630-620 a.C. Museu do Louvre, Paris

Fonte: Guity Novin, 2016. Disponível em: https://guity-novin.blogspot.com/2014/03/chapter-75-history-of-jewellery-design.html. Acesso em: 7 abr. 2022

Figura 148 - Alfinete de ouro filigranado, datado de 560 a.C.

Fonte: *Archeological Museum of Thessaloniki*. Grécia (2022)

As joias desse período são ricas em detalhes, no que concerne à estilização de flores e às pequenas peças dependuradas nas laterais, como o pendente a seguir.

Figura 149 – Colar de ouro, 560 a.C. Formado por laços e cones e formas que imitam vasos, executados na técnica do relevo e granulação

Fonte: *Archeological Museum of Thessaloniki*. Grécia (2022)

Figura 150 – Parte de um diadema grego, decorado com pássaros e insetos, metade do século 7 a.C. Técnica do granulado

Fonte: *National Archaeological Museum of Athens* (2022)

Os colares também compreendiam pequenos itens similares pendurados em uma corda no pescoço e, posteriormente, presos nas roupas com alfinetes e broches no peito. Nesse período, as joias encontradas em túmulos foram divididas em duas grandes categorias. As que foram usadas na vida real e as substitutas. As joias reais eram em homenagem a apenas algumas autoridades, pois as pessoas comuns do povo eram sepultadas em túmulo de maneira simples. É por isso que muitas vezes se encontram joias decoradas com temas referentes à vida após a morte.

A segunda categoria eram as usadas exclusivamente para enterros, e elas eram cópias das reais. Estas eram substituídas dentro dos túmulos quando não poderiam ser utilizadas por razões econômicas ou por outros motivos. O costume de enterrar os mortos com suas joias era comum desde que estas não tivessem sido utilizadas na vida cotidiana das pessoas, mas durante uma aparição especial, em festas e especialmente em dias de casamento.

4. JOIAS GREGAS DO PERÍODO CLÁSSICO – SÉCULOS 5-4 a.C.

O ouro em geral era um metal raro na Grécia, como foi abordado anteriormente. Este metal provinha das minas da África e Ásia, principais locais onde era extraído. Nas Figuras que seguem, há exemplos de variadas joias em ouro e também em prata, datados entre os séculos 5 e 4 a.C., como alfinetes, fíbulas, coroas, diademas e broches.

Figura 151 – Diadema com padrão floral. No centro observa-se o nó Heracles, com várias formas espiraladas, características de algumas joias desse período

Fonte: acervo do *Archaeological Museum of Thessaloniki*, Grécia (2022)

As mais antigas grinaldas correspondem à segunda metade do século 5 a.C. e referem-se a pessoas importantes, como vencedoras em eventos esportivos ou outros.

Figura 152 – Coroa grega, executada com ouro foliado e técnica do granulado, 350-325 a.C

Fonte: acervo do *Archaeological Museum of Thessaloniki,* Grécia (2022)

Figura 153 – Coroa grega, executada com ouro foliado e técnica *repoussé*. 350-325 a.C.

Fonte: acervo do *Archaeological Museum of Thessaloniki,* Grécia (2022)

O diadema, palavra que caracteriza as coroas de famílias reais, eram basicamente bandas tecidas na cabeça. Confeccionados em ouro, receberam formas diversas e muitos foram encontrados em túmulos. Alguns diademas foram confeccionados com exuberância de formas, imitando folhas de acanto e, outros, feitos em espiral, símbolo do universo.

Figura 154 – Diadema em ouro – cultura grega. Século 350-325 a.C. Espirais e folhas agregam valor, com a figura de Eros, o que proporcionam um aspecto exuberante no conjunto das formas

Fonte: acervo do *Archaeological Museum of Thessaloniki,* Grécia (2022)

Figura 155 – Detalhe de diadema em ouro com formas espiraladas, símbolo do universo, folhas e o busto de Afrodite – cultura grega. Século 3 a.C.

Fonte: acervo do *Archaeological Museum of Thessaloniki,* Grécia (2022)

Especialmente na idade do ouro, no período de Péricles, a sobriedade e a delicadeza artística dos ourives gregos eram tão sutis que as argolas rígidas e pesadas de metais preciosos para o pescoço ou os pulsos, que impediam ou ocultavam o movimento livre, foram taxadas de bárbaras. Excepcionalmente faziam concessões aos clientes das colônias que perseguiam a pompa e as joias sobrecarregadas.

Na pátria, a originalidade das formas se revelava dentro de um marco tradicional, sendo os adornos leves e delicados, harmonizando com as suaves pregas das vestimentas. O ourives grego não se propunha a inventar novas formas. Os protótipos lhe pareciam bons porque eram úteis e ele não aspirava ser original. Não buscava combater a seus predecessores, dos quais se reconhecia discípulo, mas seguia a mesma direção, como um elo a outro em uma longa cadeia, enriquecendo o acervo comum com pequenos detalhes e leves matizes ao introduzir uma constante diversidade; era estimulado a evoluir. A Grécia não conhecia o plagio intelectual, nem a falsificação. Os motivos de um artista mais dotado passavam muito rápidos a ser propriedade de todos; inumeráveis adaptações se distanciavam do original somente em detalhes, evitando assim a monotonia. Por outro lado, a educação nas tradições profissionais era tão perfeita e o gosto do artesão tão seguro, que ainda os artistas do segundo grupo produziam objetos preciosos.

Em nenhuma parte, se encontra excessiva suntuosidade do material nem técnica que não esteja de acordo com a natureza dos elementos empregados. Distinguida e clara era a decoração, que passava de motivos originalmente geométricos a outros naturalistas que, executados geralmente em filigrana ou granulação, acompanhavam com graça as formas dos enfeites sem que os desenhos prevalecessem sobre a estrutura. Tudo era claro, puro, limitado, nada de entrelaçamentos.

As artes menores gregas estavam animadas pelas mesmas intenções artísticas que suas artes maiores, e como fazia o arquiteto, o escultor e o pintor, também o ourives grego observava a mesma autodisciplina. Por isso, assim como o construtor de templos condenava a policromia em todas as partes de sua obra como signo de barbárie, o ourives que conhecia o emprego do esmalte autêntico o aplicava raras vezes, usando-o com reflexão e moderação e somente em branco ou verde. Por idêntica razão rejeitava o âmbar e as pastas de vidro multicolorido, e recente da época helenística, que provinham do vivo intercâmbio comercial com o Oriente. A Grécia sofria influências quanto a modalidades e gostos, e quando o individualismo do artista se destacava também se modificava, lentamente, o enfeite grego. Duas vezes na história de sua arte a Grécia cedeu às influências do Oriente: em seus primeiros passos, por intermédio dos Jônios, e nos tempos das monarquias helenísticas ao perder a sua independência.

O Instituto Arqueológico Austríaco da Universidade de Viena tem o mérito de ter empreendido a árdua tarefa de reunir muitos adornos gregos. No ano de 1903, Hadaczek pesquisou os brincos gregos e etruscos, e em 1934 seguiu um trabalho científico sobre os colares gregos que, como nenhum outro objeto das artes menores, estava destinado a interpretar acertadamente e com sensibilidade a força criadora e a graça, sem afetação da arte grega (KERTSZ, 1947).

Para a brilhante civilização dos jônios do século 9 a.C., servem de fonte a Ilíada e a Odisseia. Homero ignora as alianças como os anéis e tampouco faz menção de pedras preciosas. Uma só vez Hera coloca brincos como enfeite, e também entre os presentes que os pretendentes ofereciam a Penélope tinha brincos. No entanto, o texto descritivo destas joias parece pertencer somente à versão pisistrática destas epopeias, datando, pois, a fins do século 6 a.C., ainda quando está demonstrado com certeza que já nos primitivos tempos gregos os brincos desempenhavam um papel importante. No período de Dípilo, era costume meias luas que faziam de brincos, e as quais estavam frequentemente penduradas por pequenos elos.

Destes enfeites se popularizou o anel com pirâmides soldadas em sua face exterior ou brincos com a forma de barquinho. A partir do século 6 a.C., se dissemina o brinco na Grécia Continental, desenvolvendo-se do tipo básico de um pequeno disco em forma de uma pirâmide invertida. Outros brincos laterais iniciavam a transição para o enfeite figurativo, copos, aves, sereias, figuras de Eros (Figura 157), Niké, vitórias suspensas em voo, dançarinas e os seres mitológicos, metade humanos, metade animais, que a arte grega reproduziu com tanta naturalidade e força de convicção que pareciam reais, constituem os temas principais da época posterior a Péricles. Uma evolução paralela produzia outros pendentes simples, com motivos que representavam cabeças de homem ou animais em repouso, sob os quais se ocultava o fecho.

Figura 156 – brinco grego, em prata com formas na técnica da granulação, 450-400 a.C.

Fonte: *Princeton university Art Museum* (2022)

Figura 157 – Par de brincos com Eros e Isis. Séculos 3-2 a.C. Em ouro, granada e vidro colorido

Fonte: *Princeton university Art Museum* (2022)

Figura 158 – Par de brincos com figuras aladas e a parte superior em forma de flores abertas. Cultura grega, 330-300 a.C. obras primas da escultura em miniatura

Fonte: *The Metropolitan Museum of Art, NY, EUA.* (2022)

Figura 159 – Par de brincos de ouro, esmalte e granada, século 5 a.C., cultura grega. As pedras pendentes em cabochon dão um requinte aos brincos. O conjunto de pequenos detalhes em ouro com granada proporcionam um elegante e delicado conjunto que se completa com argolas na parte superior. Acervo Museu do Louvre, Paris, França

Fonte: fashionbubbles. Disponível em: https://www.fashionbubbles.com/historia-da--moda/visita-ao-museu-do-louvre-as-joias-desde-a-pre-historia/. Acesso em: ago. 2023

Figura 160 – Pulseira – cultura grega. Século 5 a.C. é notável a técnica do granulado em toda a superfície das formas, algumas imitando laços de fita, moduladas

Fonte: *Archeological Museum of Thessaloniki*, Grécia (2022)

Nas colônias e regiões limítrofes da Grécia, reinava, no entanto, a magnificência de materiais ricos e de vistosas cores determinados pelas influências estrangeiras. Os brincos ali fabricados eram tão ricos e grandes que por causa de seu excessivo peso já não seria possível fixá-los nas orelhas, sendo necessário colocá-los no toucador.

No período clássico grego, (480 a.C. – 338 a.C.), a técnica de granulação passou a ser moda. O Enamelling was re-introduced and filigree became predominant.esmalte foi reintroduzido e a filigrana tornou-se predominante. A joalheria grega clássica era delicada e muito refinada e a fabricação de joias tornou-se escassa, mas tão esplêndidas era a sua qualidade e capacidade técnica que são consideradas como esculturas em miniatura e uma bela expressão da amplitude das criações artísticas. Flores e borlas (Figura 161) eram motivos comuns para colares, correntes de ouro e brincos de argolas realizadas com delicadeza, além de discos e rosetas. Contudo as pinhas foram o tema preferido nesse período, pois se adaptava a criar uma atmosfera ligada à natureza.

Figura 161 – Colar Grego do período clássico, século 5 a.C. Peças modulares com importante acabamento técnico, e pendentes em forma bulbosa. Such pieces are available to the modern day collector.Acervo *National Archaeological Museum of Athens*

Fonte: *Jewellery Art Museum* (2022)

Figura 162 – Colar Grego com pendentes em forma bulbosa. Datado de 360 a.C.

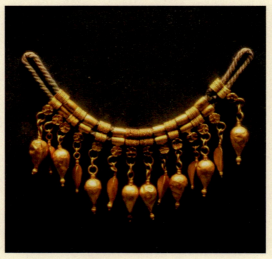

Fonte: *Antique Jewelry University* (2022)

Os gregos introduziram lâminas de ouro muito finas e moldes que permitiram fabricar algumas das mais belas joias ainda preservadas e consideradas obras-primas. As gemas populares eram a ametista, as pérolas da Calcedônia, a cornalina e as esmeraldas. O período grego, com a chegada de Alexandre, o Grande, proporcionou um aumento no uso do ouro e joias das províncias orientais da Grécia, mas também a queda da Grécia sob o controle do Império Romano, no século 2 a.C. trouxe muitas mudanças drásticas no estilo de fazer joias. Com o surgimento do Cristianismo a nova crença influenciou a criação das joias do Império Bizantino, as quais permitiram o renascimento de seu estilo e não a disseminação de joias de alta qualidade. Esse mesmo estilo chegou ao fim após a conquista da Grécia pela Turquia, quando o Império Otomano destruiu muitos artefatos antigos que foram saqueados e modificados de acordo com o estilo oriental (Figura 163).

Figura 163 – Pingente grego, de ouro, cabeça de leão período clássico, cerca do século 5 a.C. *Repoussé*, relevo e granulação. Nota: É extraordinária a expressão representada na cabeça do leão com a boca aberta e com os dentes

Fonte: *Christies* (2022)

Figura 164 – Anel com pedra em cabochon e gravada na superfície. - cultura grega, Século V a.C.

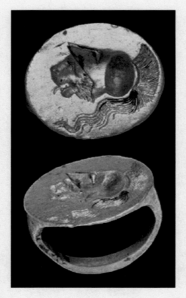

Fonte: legio-iiii-scythica. Disponível em: https://legio-iiii-scythica.com/index.php/bg/2015-05-16-19-29-35/2015-05-16-19-53-07.html. Acesso em: 21 ago. 2023

Figura 165 – Faixa para ser usada na cabeça, de ouro, trabalhada com rosetas, século 6 a.C.

Fonte: *Dallas Museum of Art* (2022)

Desde o período inicial da história grega, faixas ornamentadas feitas de folha de ouro eram usadas ao redor da cabeça. Esses diademas variavam de simples faixas de ouro ou prata a peças com decorações estampadas e aplicadas. Esse diadema grego é do Período Arcaico. É composto por um longo filete de fina folha de ouro e gravado na parte de trás com grandes rosetas multipétalas, uma após a outra. As bordas da faixa de ouro são ligeiramente viradas para trás. Furos de rosca perfurados em ambas as extremidades permitem que a peça seja presa ao redor da cabeça. Muitos diademas semelhantes feitos de folha de ouro fina com adornos aplicados ou impressos foram encontrados em túmulos gregos que datam do século 6 a.C. e continuam durante o período romano (século 2 a.C.). Os diademas poderiam ter sido usados em vida em banquetes, como prêmios dos vencedores em guerras ou competições atléticas, ou em ocasiões religiosas ou cívicas, mas seu enterro definia um tipo diferente de triunfo (DEPPERT-LIPPITZ, 1966, p. 17-141).

Figura 166 – Par de brincos gregos, executados em ouro com formas imitando cabeças de cabra, século V a.C.

Fonte: *LACMA - Los Angeles County Museum of Art* (2022)

Na cultura clássica grega, também foram confeccionados broches de ouro e prata, contudo o hábito de usá-los era menos frequente do que as demais tipologias de joalheria. Aliados às joias, potes de maquiagem dizem do gosto e preferência das mulheres para se tornarem belas. Os produtos de maquiagem demonstram que os gregos cuidavam de sua aparência e, como de costume, eram sepultados com seus donos e seus pertences.

Durante a Antiguidade, a Macedônia era famosa por suas fontes de metal, cuja abundância foi a razão para a criação de obras de arte desde muito cedo, bem como por sua solidez financeira. O ouro de rio foi amplamente utilizado, como o do rio Echedorus (atual Gallikos), junto de minérios provindos de montanhas como Pangaion ou Dysoron. Em tempos históricos, a metalurgia floresceu duas vezes. Uma vez no final da época arcaica e início da clássica (final do 6º e primeira metade do 5º século a.C.) e mais tarde durante o final da época clássica e início da helenística (do 4º ao início do

2º século a.C.). A qualidade artística e tecnológica dos artefatos é notável, empregando técnicas como a filigrana e a granulação no seu fabrico.

5. JOIAS GREGAS DO PERÍODO HELENÍSTICO – 330-27 a.C.

Durante o Período Helenístico, após as conquistas de Alexandre, o Grande, peças de ouro opulentas com pedras preciosas se tornaram populares. O design de joias de fabricação grega recebeu influências orientais das terras conquistadas, bem como um renascimento do interesse em temas egípcios. A Era Helenística também viu a introdução de novos estilos e temas decorativos policromados, conseguidos por meio de pedras preciosas, como cristal de rocha, calcedônia, ametista, cornalina e granada, e para as peças mais baratas, pasta de vidro foi usada para efeito vibrante. Novos motivos apareceram na joalheria grega do período — e mais tarde transportada para os tempos romanos —, como o nó de Heracles, e, levada do Egito, a coroa de Isis, que foi comum em brincos a partir do século 2 a.C.

A Ásia ocidental forneceu a inspiração para o crescimento joalheiro desse período. No entanto, um motivo realmente grego encontrado na joalheria do período, e amplamente utilizado, foi Eros. Outro tipo importante de brinco que apareceu cerca de 330 a.C. e continuou no início da época romana foi o aro simples com um remate em forma de cabeças de animais, bacantes e outros motivos. Na Figura 167, um colar grego em ouro demonstra a habilidade técnica dos ourives do Período Helenístico.

Figura 167 – Colar grego em ouro, Período Helenístico, século 3 a.C.

Fonte: *Christies* (2022)

Figura 168 – Anel gravado com Afrodite pesando dois Eros, cerca de 350 a.C. Afrodite sentada, a deusa do amor, segura uma balança na qual pesa duas figuras de Eros, o jovem deus alado do amor. Embora o significado preciso dessa cena de pesagem seja desconhecido, Afrodite e Eros geralmente aparecem em anéis feitos nos anos 300 a.C., refletindo a popularidade geral de Afrodite na arte desse período

Fonte: *J. Paul Getty Museum Collection* (2022)

Na joalharia grega do Período Helenístico, brincos de pingentes era o tipo mais comum, contendo Eros, Niké, uma pomba, vitórias aladas, ou desenhos de ânforas. Os pingentes foram regularmente reforçados com pedras coloridas ou esmalte e frequentemente suspensos a partir de uma roseta de ouro encimada pela coroa de Isis.

A Figura 169 destaca um exemplo de brincos com a representação de flores, pinhas, folhas e ramicelos. É possível perceber o domínio das técnicas empregadas e o acabamento das formas, principalmente nos módulos que se repetem, pelo encaixe das peças e pela superposição das partes.

Figura 169 – Par de Brincos de ouro com disco e pingente em forma de barco. Período Helenístico. Século 3 a.C. Brincos de ouro com disco e pingente em forma de barco cerca de 300 a.C. Uma pequena figura de Niké (a personificação da vitória) dirigindo dois cavalos é colocada em meio ao design floral acima das formas em forma de barco nesses brincos extraordinariamente elaborados

Fonte: *The Metropolitan Museum of Art, NY, EUA* (2022)

Ao mesmo tempo, uma importante inovação em fabricação de joias gregas foi a introdução de pedras coloridas, especialmente Granada. Este estilo foi copiado pelos romanos, que aumentaram muito a variedade de pedras e começaram a colocá-las com pérolas. Por outro lado, o nó Heracles foi muito difundido no Período Helenístico.

Figura 170 – Colar grego Helenístico, do final do século 4 a.C. com corrente trançada de seção cilíndrica terminando em cada extremidade na cabeça de um leão, o fecho em forma de nó de Heracles. O nó de Heracles é um nó decorativo e simbólico usado na Antiguidade greco-romana. Formado por 2 alças opostas, cujos fios se cruzam alternadamente acima e abaixo e em cujas extremidades eram geralmente, esculpidas cabeças de leão

Fonte: treasure-of-the-ancients. Disponível em: https://treasure-of-the-ancients.tumblr.com/post/673677425233805312/gold-thigh-band-greek-late-4th-century-from. Acesso em: 20 abr. 2024

Figura 171 – Esses brincos, encontrados em Chipre, séculos 2-1. a.C., refletem o estilo e o gosto predominantes em todo o mundo helenístico, principalmente no uso de figuras de animais. Construídas com fios de ouro torcidos, são adornadas com contas de berilo e granada e remates em forma de cabeças de golfinhos

Fonte: *The Metropolitan Museum of Art, NY*, EUA (2022)

Dos vários tipos de pulseiras, particularmente interessantes eram aquelas em forma de serpente (Figuras 172 a 174) e aquelas com folhas de videira, incrustadas de pedras e esmalte.

Figura 172 – Bracelete com símbolo de serpente, séculos 4-3 a.C. Um cinto cujas extremidades terminam em duas serpentes modeladas. Os corpos formam um "nó" Herakles no centro, com aplicação de uma Granada com cravação cabochon

Fonte: acervo do *Schmuckmuseum Pforzheim*, Alemanha (2022)

Figura 173 – Braçadeiras em forma de serpentes representam dois tritões, homens, cada um segurando um pequeno alado Eros. As braçadeiras serviam para prender as mangas de uma peça de roupa

Fonte: *The Metropolitan Museum of Art, NY, EUA (2022)*

Figura 174 – Brinco espiral de ouro e liga de cobre com terminal de cabeça de leão-grifo 1ª metade do século 4 a.C. grego cipriota. Os olhos e as rosetas foram originalmente incrustados com esmalte colorido, e a ourivesaria é de altíssima qualidade. As próprias espirais são feitas de hastes de liga de cobre cobertas por uma fina folha de ouro

Fonte: *The Metropolitan Museum of Art, NY, EUA (2022)*

    Uma das peças mais significativas desse período é a coroa (Figura 175 e 176) com o busto de uma deusa e uma rede de correntes de ouro, um ornamento destinado para os penteados femininos.

Figuras 175 e 176 – Coroa, vista frontal. Período Helenístico. Técnica de martelado e filigrana. À direita, Vista Superior

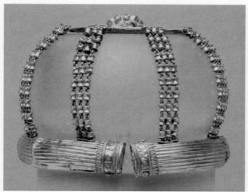

Fonte: The Metropolitan Museum of Art, NY, EUA. Disponível em: https://www.metmuseum.org/art/collection/search/255890. Acesso em: ago. 2023

Figuras 177 e 178 – Esta rede de cabelo, com sua combinação de delicada filigrana, busto decorativo cuidadosamente martelado e contas em forma de carretel, é um excelente exemplo da habilidade do ourives helenístico. O medalhão representa a cabeça de uma mênade, uma das seguidoras do deus Dionísio. Acervo The J. Paul Getty Museum, Villa Collection, Malibu

Fonte: worldhistory.org. Disponível em: //www.worldhistory.org/image/7044/gold-earring-tarentum

Essa elaborada rede para cabelo dourada é uma das poucas sobreviventes da Antiguidade dos ourives do século 3 a.C. Considera-se que foi feita na oficina de ourives, provavelmente em Alexandria, no Egito. Feita para envolver um coque de cabelo preso na parte de trás da cabeça, a fabricação da rede é notável pela qualidade de sua execução. O medalhão consiste em um busto *repoussé* central, de Afrodite. Duas faixas concêntricas de filigrana separadas por fileiras de contas circundam o centro. Contas de ouro pendem do medalhão e do fecho. A rede é composta por faixas de contas de carretel de ouro e cornalina ligadas por minúsculas correntes de filigrana, seus pontos de interseção articulados com minúsculas máscaras de Dionísio e atores. As semelhanças entre os materiais e o acabamento de muitos objetos desse grupo indicam que eles foram feitos por ourives gregos que trabalhavam em mais de uma oficina em Alexandria, no Egito, e foram criados para serem usados como um conjunto.

A joia a seguir (Figura 179) faz parte da Coleção Stathatos. A coleção é composta de 44 itens que datam do quinto milênio antes de Cristo até os anos pós-bizantinos. Há vasos das Cíclades e minoicos, brincos de ouro de assentamentos do mar Egeu muito antigos, joias que remontam ao século 14 a.C., que foram encontradas em Tebas, peças de arte do período geométrico e arcaico, e miniaturas que são consideradas como obras-primas. O busto é executado em técnica *repoussé* e projetado de acordo com os princípios da escultura monumental. Especialmente expressivo, ele representa Artemis, a deusa da caça, protetora das crianças e guardiã em trazer donzelas à fase de maternidade, com uma pele de animais sobre seus ombros.

Figura 179 – Adereço, com Artemis ao centro. Século 3 a.C. pertencente a coleção Stathatos. Na borda do medalhão, a rede irradia formando seções triangulares e romboides. Pode ser um *kekryphallos*, ornamento usado na cabeça mencionado em fontes antigas

Fonte: *National Archaeological Museum of Athens* (2022)

    Resultados referentes ao período clássico (séculos 5-4 a.C.), como as figuras da fase vermelha dos vasos, joias, pedras-selo, estatuetas de terracota etc. também estão incluídos na coleção Stathatos. O Período Helenístico (séculos 3-1 a.C.) é representado por joias femininas, medalhões de ouro com Ártemis, Afrodite e outros itens de ouro de beleza incomparável. Entre os destaques da coleção Stathatos, são importantes o tesouro de Chios, que inclui brincos elegantes, e o tesouro de Thessaloniki, que consiste em anéis, pulseiras, brincos de ouro, bem como os ícones pequenos e talheres com inscrições em eslavo (NATIONAL ARCHAEOLOGICAL MUSEUM OF ATHENS, 2014).

    As grandes mudanças que marcaram a Época Helenística (330-27 a.C.), iniciada pelas conquistas de Alexandre, o Grande, e o maior contato com o Oriente e Egito, afetaram também a arte de joias. Não é só a surpreendente abundância de ouro, mas também a criação de novos tipos de joias e a introdução de outros temas decorativos. Joias policromadas entraram em voga, por meio de pedras como a calcedônia, cornalina, ametista, cristal de rocha e principalmente a granada, as quais substituíram as pastas de vidro. Novos temas surgiram, mantendo-se bem estabelecidos na época dos romanos, como o nó Heracles, com o seu carácter apotropaico, um empréstimo do Egito, assim como a coroa que adorna Isis e brincos a partir do século 2 a.C., caracterizados, geralmente, como um pingente de colar.

Um motivo puramente grego e extremamente popular defendido nesse período foi o de Eros. Um tipo importante de brinco apareceu por volta de 330 a.C. e predominou na época romana helenística: o aro com remate em forma de cabeças de animais, bacantes, negros ou de uma figura cheia de Eros e outros dispositivos.

Figura 180 – Par de brincos gregos, de ouro com cornalina, séculos 2-1 a.C. Figuras humanas foram usadas continuamente pelos ourives gregos como motivo decorativo desde o século 7 a.C. Estes brincos com Eros em pé representam a última etapa deste desenvolvimento. A rosácea e a figura de pé de um Eros, em *repoussé*, são os ornamentos destes brincos. As pétalas da roseta foram executadas com arame torcido; uma grande granada cabochon foi colocada no centro, sustentada por um engaste serrilhado. Um fio foi anexado à parte posterior

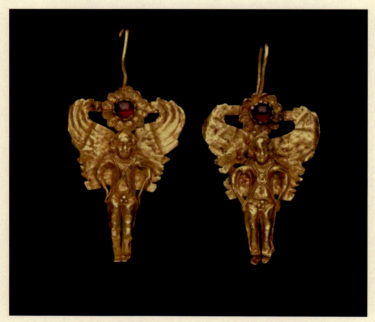

Fonte: *Dallas Museum of Art* (2022)

Figura 181 – Pulseira Helenística, séculos 3-2 a.C. Construída pelo nó Herakles e uma banda decorada com folhas de hera gravinhas, rolamentos e bagas. Para o escritor romano Plínio, o nó Herakles poderia curar feridas, e sua popularidade em joias helenísticas sugere que foi pensado para afastar o mal

Fonte: *The Metropolitan Museum of Art,* NY, EUA (2022)

O bracelete (Figura 182) apresenta uma decoração incomum, mas similar a algumas obras excepcionais da Tessália, como o tratamento da superfície externa das argolas, as quais são cobertas com uma rede de filigrana criada pela colocação de linhas paralelas em ziguezague.

Figura 182 – Bracelete grego do Período Helenístico, século 2 a.C. Precursor raro de um tipo popular de pulseira romana com aros torcidos e ajustes de caixa articulada, pedra de vidro em cabochon

Fonte: *The Metropolitan Museum of Art,* NY, EUA (2022)

Figura 183 – Bracelete grego, Período Helenístico, século 4. a.C. Ouro e granada. Técnica de cabochon

Fonte: *The Metropolitan Museum of Art*, NY, EUA (2022)

    Contrastando com os brincos de cabeça de animal gregos criados no final do século 4 a.C., os brincos pendentes igualmente populares já tinham uma longa história naquela época. Os primeiros exemplos datam do século 6 a.C. No século 4 a.C., quando essa tipologia estava em voga, as peças tornaram-se cada vez mais elaboradas e enriquecidas. Durante os dois séculos seguintes, o esquema básico permaneceu inalterado: um disco decorativo esconde o fio da orelha e sustenta um pingente pontiagudo. Esse esquema simples permitiu inúmeras elaborações. Neste par sofisticado, cada pingente é composto por uma roseta central e uma borda decorativa coroada por uma palmeta. Suspenso ao disco está um grande pingente em forma de uma figura feminina alada, uma Niké que caminha sobre uma base quadrada, ladeado por borlas de contas multicoloridas: várias correntes com arame enrolado e contas coloridas feitas de vidro verde, granada e cornalina. Esculturas em miniatura como essas, muitas vezes de excelente qualidade, continuaram a desempenhar um papel importante na joalheria helenística. Apesar de ligeiramente danificadas, as figuras da Niké rivalizam com a escultura contemporânea em grande escala em qualidade artística, datados do início do século 2 a.C. A partir desse período, os ourives colocavam pequenas figuras em pequenos pedestais, ressaltando a imagem de uma obra de arte em grande escala. Por causa dessas bases, alguns pingentes figurativos foram interpretados como imitações de grandes monumentos.

Figura 184 – Pulseira Helenística, 250-200 a.C. Em ouro moldado, tendo nas extremidades cabeças de touro, cujo acabamento foi executado com anéis e granulação

Fonte: *The J. Paul Getty Museum*, Villa Collection, Malibu, California (2022)

Cabeças de touros jovens de chifres curtos formam as pontas dessa pulseira de ouro helenística. A cabeça de cada touro tem uma pele pontilhada e olhos que foram originalmente incrustados com materiais contrastantes. O ourives fez as orelhas e os chifres dos animais separadamente e os soldou. O aro da pulseira é feito de um tubo oco com nove saliências profundas e é fechado com um fio de ouro que une os focinhos dos touros. A forma da pulseira e os terminais em cabeça de touro são incomuns, assim como a simplicidade da pulseira, que difere marcadamente do estilo extravagante usual da joalheria helenística.

Figura 185 – Par de brincos grego, em ouro e cornalina, de 299-200 a.C. Dois pássaros suspensos embelezam o conjunto

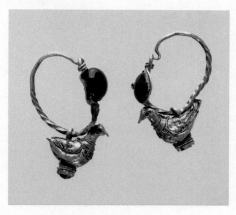

Fonte: *Rhode Island School of Design Museum* (2022)

Figura 186 – Pulseira Helenística, século 2 a.C. Toda a superfície foi trabalhada com relevo de diferentes tipologias

Fonte: *Christies* (2022)

Figura 187 – Pendente do Período Helenístico, século 3 a.C. Possui relevo de formas espirais em toda a superfície

Fonte: *Christies* (2022)

Figura 188 – Colar e brincos do Período Helenístico, século 1 a.C. Conjunto uniforme, decorados com Granadas em lapidação cabochão. Destaque para os brincos

Fonte: *The Metropolitan Museum of Art*, NY, EUA (2022)

O colar e os brincos (Figura 188) formam um conjunto exuberante e todos são decorados com uma grande granada cabochon. As alças de corrente nos brincos são incomuns e devem ter sido feitas para passar pela parte posterior da orelha, de modo que a decoração de granada e ouro cobrisse a frente da própria orelha. Essas belas parures helenísticas tardias são raras em comparação com o material dos ricos enterros do início do Período Helenístico.

As peças da Figura 189 foram encontradas juntas na Macedônia, perto de Salônica, algum tempo antes de 1913. Embora o conjunto forme um parure impressionante (jogo combinado de brincos, colar, fíbulas, pulseiras e anel), não é certo que eles tenham sido feitos pelo mesmo ourives, pois não compartilham um estilo claramente uniforme. O colar de ouro, datado de cerca de 300 a.C., é feito de três duplas correntes interligadas, e uma franja de pingentes. Os terminais assumem a forma de uma folha de hera ou de uva. Colares de cinta foram encontrados em muitas áreas do mundo grego, incluindo o sul da Itália, Ásia Menor e na região norte do Ponto (em torno do Mar Negro). Os brincos datados de cerca de 330-300 a.C. consistem de uma palmeta madressilva, abaixo da qual pende uma figura do príncipe troiano Ganimedes nas garras de Zeus, que assumiu a forma de uma águia. Nos braceletes, os aros de Cristal de rocha (cerca de 330-300 a.C.) foram cortadas, esculpidas e polidos para produzir uma aparência distorcida. Os dois pares de fíbulas, do tipo macedônio e que datam de 330-300 a.C., que pertencem a um tipo do norte grego caracterizada por uma decoração granulada, eram geralmente usadas em conjuntos de seis.

Figura 189 – Conjunto em ouro, cultura grega. Período Helenístico, 330–300 a.C. Encontradas por Harris Brisbane Dick, em 1913

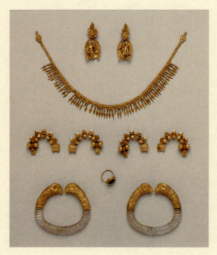

Fonte: *The Metropolitan Museum of Art*, NY, EUA (2022)

Figura 190 – Pulseira grega em ouro e granada, helenística, século 2 a.C. A característica mais distintiva desta pulseira ou bracelete é o tratamento das superfícies externas dos aros. Os elementos decorativos são cobertos por relevos delicados. A pedra foi incrustada com cabochon

Fonte: The Diamond Store. Disponível em: https://news.thediamondstore.co.uk/general-jewellery-learning/bracelets/meaning-diamond-bangles-bracelets/. Acesso em: 8 abr. 2024

Nas colônias gregas os braceletes e as joias eram apreciados pelo sexo feminino, enquanto na sede havia certa restrição em seu uso por parte das mulheres. O anel, a fim de responder a sua finalidade própria, devia ter certa espessura de acordo com a forma rígida da falange, estando, por conseguinte, em oposição às formas reduzidas e delicadas que o grego preferia em seus enfeites. Assim, o caminho na evolução estética que a arte grega recorreu foi no emprego dos materiais, consciência na execução e riqueza nas formas de expressão.

Todas essas condições foram reunidas no século 5 a.C. Os seguintes são mais variados e refinados, desde o ponto de vista técnico até nos materiais. Para satisfazer a uma clientela ávida de luxo e com um gosto novo, o artista da Época Helenística concedeu maior atenção à originalidade e suntuosidade do conjunto que à beleza de formas. Escolhia pedras raras, brilhantes e de diversas cores com o fim de obter uma policromia mais chamativa. A força de buscar o novo nos aspectos se inclina também à exageração do tamanho da joia. Entre os artesões helenísticos, a imaginação criadora demonstrava já sintomas de esgotamento e, quando a verdadeira arte grega influenciou o Império Romano, mesmo que seu dialeto tenha se perdido, o *ethos* particular da arte grega das joias, que os helenos da época do florescimento possuíam, ainda perdurou por muito tempo.

6. AS COLÔNIAS GREGAS NA RÚSSIA MERIDIONAL – 700-100 a.C.

Figura 191 – Mapa das Colônias Gregas no entorno do Mar Negro

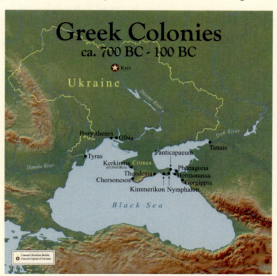

Fonte: br.pinterest. Disponível em: br.pinterest.https://br.pinterest.com/pin/294352525637008848/?amp_client_id=CLIENT_ID%28_%29&amp_url=. Acesso em: 8 abr. 2024

O conhecimento das regiões situadas nos arredores do Mar Negro (antigo Ponto Euxino) e do Mar de Azoff remontam aos tempos pré-históricos. A região é rica em petróleo e metais não ferrosos. Como centro metalúrgico, desempenhou um importante papel, desde a Antiguidade, com os povos da Mesopotâmia, da Fenícia e, a partir do século 7 a. C., com as colônias gregas do Mar Negro. Devido a sua localização estratégica foi alvo da cobiça de vários povos, nomeadamente de Persas e de Bizantinos. Por meio dessas lendas, conhecemos também a razão daquelas viagens aventureiras e difíceis, motivadas pela notícia da existência de terras distantes, ricas em trigo, gado e outros tesouros naturais. Fundadas pelos jônios, muitas cidades floresceram logo às ricas costas desses mares, e sua posição geográfica com sua cultura grega permanece incólume ainda hoje. As cidades como Trapezus, Odesa, Kerch-Pantikapeion e Teodosia conservaram o nome e o aspecto típico de uma antiga fundação helena. Um intercâmbio muito ativo de gado e trigo com a mãe pátria facilitou aos colonos sua participação em todos os progressos culturais e artísticos de seu país. Tanto nas colônias do Ocidente quanto na Grécia Balcânica, o Período Arcaico é marcado por sucessões de crises sociais, caracterizadas pelos conflitos dentro da elite e entre esta e a população no que diz respeito à inserção política e acesso à terra.

A metrópole não dominava as colônias e não havia dependência entre elas. Pelo fato de terem se expandido da Espanha até o Mar Negro, eram ressaltados os aspectos comuns, vindo a formar uma identidade grega reconhecida por outros povos já no século 6 a.C. A partir de então, o Mediterrâneo se dividiu em áreas de influência, sendo disputado por gregos, fenícios, etruscos e demais populações, formando uma verdadeira simbiose cultural. Foram de grande importância para os contemporâneos e também para a posteridade que o desenvolvimento e a riqueza dessas cidades coincidiram com o apogeu da arte grega nos séculos 5 e 4 a. C., esses dois séculos que presentearam ao mundo um Partenon, um Templo da Niké, e outras magistrais obras clássicas.

As tumbas dos colonos acumulados da Rússia Meridional, em geral imensos túmulos, continham uma enorme quantidade de tesouros gregos em vidro, marfins talhados, cerâmica e especialmente joias. Fabricados sob a inspiração imediata e em contato com os originais, esses objetos, ainda copiados por segunda mão, e em muitos casos por meio de intermediários, constituem testemunhas contemporâneas que nos permitem reconhecer a mesma alma dos gregos.

A verdadeira causa desse extraordinário desenvolvimento e propagação de objetos de arte menor e joias foi o intenso culto sepulcral dos colonos, sobretudo dos Milesios, os quais, em contraste com seus irmãos Célticos da pátria mãe, consideravam uma obrigação enfeitar profusa e luxuosamente os seus mortos e suas tumbas.

Além disso, os ricos e vaidosos vizinhos dos gregos, os citas, prestaram boa acolhida a todos os objetos preciosos de origem grega. Os joalheiros helenos, expertos em negócios, descobriram logo o gosto um pouco recarregado desses ricos compradores bárbaros — os Gregos preferiam joias delicadas de ouro, monocromas e de execução artística — enquanto os citas adotaram com habilidade uma técnica fina com base em materiais suntuosos novos e multicoloridos. Este encadeamento de feitos que leva a um florescimento da arte das joias tem somente seu paralelo na Magna Grécia e na Etrúria, onde os ricos Lucumones se enfeitavam com adornos gregos. Entre essas joias se destacam os colares e os brincos que formam conjuntos. Os mais elegantes foram encontrados nas tumbas gregas de Kerch, a Gran Blisnitza, em Teodosia e na Península de Taman. Em geral, o material é ouro fino e esmalte azul celeste. Nos últimos séculos da era pagã, o emprego das pedras suplantou ao de todos os demais materiais.

O peso de ouro alcançava até 250 gramas em um colar. Os elementos principais dos colares eram pérolas redondas e cônicas, pequenas chapas ou pequenas frutas ornadas com filigrana finíssima. Muitos amuletos, como conchas, moscas, borboletas e outros objetos de um significado misterioso, enriqueciam o conjunto e satisfaziam as superstições dos colonos.

Outros mostram longas tranças de fio fino de ouro ou cadeias delicadas com muitas junções. Rosetas de esmalte celeste a imitação dos miosótis que floresciam nos prados dessas terras, forradas em ouro e contornadas com filigrana fina, davam ao conjunto uma nota alegre.

Exemplo único é um colar que foi encontrado em uma tumba do século 4 a.C. na Península de Tamán, e que hoje se encontra no Hermitage. Representa dois círculos de diferente amplitude com rosetas e pinhas. O trabalho está executado em ouro, sobre um fundo perfurado. Tão forte era o apego à natureza de sua pátria e a sua esfera de atividade, que um retrato em miniatura, feito à mão, devia acompanhar o seu dono até em outra vida.

A mesma beleza pode ser observada nos colares com pequenas peças em forma de pinhas, conectadas a flores espiraladas (Figuras 192-195).

Figura 192 – Colar de ouro com pingentes granulares e rosetas, datado de 425-400 a.C., procedente da Necrópole Nymphaeum, Crimeia

Fonte: acervo do *The State Hermitage Museum*, São Petersburgo, Rússia (2022)

Figura 193 – Colar com três fileiras de pingentes de 330-300 a.C. Bósforo Unido, túmulo de Bolshaya Bliznitsa, executado em ouro, nas técnicas de filigrana e granulação e esmalte

Fonte: Museu Arqueológico de Alicante. Acervo do *The State Hermitage Museum*, São Petersburgo, Rússia (2022)

O túmulo de Bolshaya Bliznitsa, de onde vem o colar (Figura 193), está localizado na Península de Taman, perto da cidade grega de Fanagoria (Phanagoria). Próximo a ele, há outro grande túmulo chamado Malaya Bliznitsa (Menor Bliznitsa). Esse fato possivelmente explicaria a origem do nome desse conjunto de túmulos. No interior do túmulo foram encontradas três criptas com divisórias escalonadas, dois túmulos de lajes e outros queimados, que era o local onde eram acesas as fogueiras em que os defuntos eram cremados. A mulher enterrada em uma das criptas estava deitada em um sarcófago adornado com gravuras e incrustações de marfim. A sepultura destaca-se pela excepcional riqueza do seu enxoval, do qual também fez parte esse admirável colar. Em geral, o túmulo, cujos sepultamentos ocorreram na segunda metade do século 4 a.C., era o cemitério de uma família aristocrática. No complicado rito fúnebre aprecia-se uma série de características locais que se misturam com características gregas. A fita de duas correntes entrelaçadas unidas forma a base do colar. As pontas da fita são feitas em forma de cabeças de leões estilizadas com anéis na boca. Rosetas de filigrana com correntes duplas e simples são presas à fita para que os pingentes suspensos estivessem sempre posicionados corretamente a qualquer movimento. Na fileira superior, dentro das correntes duplas, os pingentes em forma de botão de flor são distribuídos como se estivessem emergindo das folhas marcadas com esmalte azul e verde. Os pingentes menores em forma de ânfora são presos às correntes simples em uma fileira do meio, enquanto os pingentes maiores ficam pendurados nas correntes duplas. Todos os pendentes são constituídos por duas metades feitas a partir de uma matriz, depois preenchidas com massa branca que lhes confere a resistência necessária e os orifícios são visíveis a partir dos topos dos pendentes maiores encimados por ornamentos vegetais e filigrana (MUSEU ARQUEOLÓGICO DE ALICANTE, 2022).

Figura 194 – Pingente representando a cabeça de Atena. Século 1 a.C. em ouro e esmalte

Fonte: John Boardman (2016) Disponível em: https://publicism.info/culture/greek/7.html. Acesso em: ago. 2023

A nobreza cita, ligada à alta cultura das cidades gregas, apreciou e adquiriu seus belos produtos, e os túmulos citas acabaram sendo um tesouro de obras de arte gregas. Pingentes de ouro encontrados no túmulo de Kul--Oba e que fazem parte do cocar de uma mulher são uma obra única da arte da joalheria grega. Em termos de composição e decoração, pertencem a uma série de peças muito utilizadas pela nobreza da época, no século 4 a.C. O disco-medalhão com pingente em forma de grade de correntes e rosetas, incrustado com esmalte colorido, é decorado com uma imagem em relevo da cabeça de Atena. O tema do relevo do medalhão provavelmente foi inspirado no original de Fídias. Assim, os pingentes Kul-Oba são raros e considerados a reprodução mais antiga da famosa escultura.

O brinco da Figura 195, excelente trabalho grego, mantém as características dos da metrópole. Flores e pinhas suspensas por cordões com pequenas flores formam um conjunto elegante e exótico muito apreciado pelas mulheres da época.

Figura 195 – Brincos com pingente em forma de barco. Ouro, esmalte. Encontrados em Kurgan Kul-Oba. Cerca de 350 anos a.C.

Fonte: carlsplace.org. Disponível em: https://shop1025.carlsplace.org/category?name=ancient%20jewelry. Acesso em: ago. 2023

Figura 196 – Brincos de ouro, reino do Bósforo, 330-300 a.C. com um disco e um pingente em forma de barco, encontrados no grande monte Bliznitsa, na Península de Taman. De influência grega, nas técnicas da estampagem, gravura, filigrana e granulação

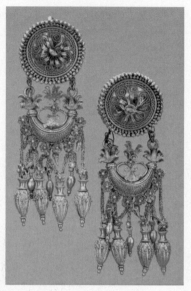

Fonte: theancientworld. Disponível em: https://theancientworld.tumblr.com/post/19455665517/pair-of-earrings-with-a-disc-and-a-crescent-shaped. Acesso em: ago. 2023

Figura 197 – Brincos Feodosianos – são obras de arte de antigos mestres de joias antigas gregas, cujas tecnologias são irremediavelmente perdidas. Século 4 a.C.

Fonte: *Hostel-Bereg* (2022)

Na coleção siberiana de Pedro I, consta brincos feodosianos (Figura 197) feitos na antiga técnica de granulação grega. Sua decoração principal é uma composição microscópica de várias figuras que ilustram as competições atenienses. O menor grão, que está espalhado em uma das partes da joia, só pode ser visto com uma lupa. Sob alta ampliação, pequenos grãos que são conectados em quatro e alinhadas fileiras são encontrados — foi esse acabamento que deu fama mundial aos brincos feodosianos. Os melhores joalheiros do mundo tentaram criar cópias de joias feodosianas, mas a tarefa acabou sendo impossível. Nem o método de soldagem nem a composição da solda usada pelos mestres da Antiguidade puderam ser descobertos. Assim, nas encostas do cume de Tepe-Oba, foram descobertos alguns túmulos, de cerca de 90 peças, que foram identificadas como a Necrópole grega do século 4 a.C.

Figura 198 – Brincos Feodosianos do século 4 a.C. Círculos com granulação e filigrana, com rosetas, pinhas e cones suspensos proporcionam uma beleza exótica a este conjunto de brincos

Fonte: *Hostel-Bereg* (2022)

Brincos de ouro em filigrana foram encontrados durante as escavações em 1853 em um dos kurgans (túmulos) nos arredores da cidade de Feodosia, na Crimeia, junto de um colar de ouro luxuoso. Infelizmente, o método errado de realizar escavações não permitiu estabelecer se a falecida era nobre helenizada ou se ela era representativa das ricas camadas da população grega da antiga Feodosia. Ambos os citas e os gregos amplamente mostraram amor por luxo em ritos funerais. Como mostrado por imagens em moedas e em alguns brincos de produtos fedoosianos relacionados, a maioria dos quais foram encontrados em túmulos no Sul e representam um produto de joias gregas do século 4 a.C. São considerados os exemplos mais marcantes das obras sofisticadas de joalheiros gregos, obras relacionadas ao período em que a cultura das cidades gregas chegou ao auge.

Figura 199 – Par de brincos de ouro com uma figura de Ártemis, datado de 325-300 a.C., procedente da Necrópole Nymphaeum. Nota: Peça esculpida, encontrados em 1866 na Crimeia.

Fonte: *Minikar*. Disponível em: https://minikar.ru/health-and-beauty/ne-skifskoe-zoloto-iz-krymskih-mogil-kak-nashli-dragocennosti/. Acesso em: 19 abr. 2022

Figura 200 – Peitoral de ouro grego, do Bósforo, século 4 a.C. Território de Krasnodar, Península de Taman, Kurgan Bolshaya Bliznitsa

Fonte: Acervo do *The State Hermitage Museum*, São Petersburgo, Rússia (2022)

Figura 201 – Pulseira com duas esfinges, primeira metade do século 4 a.C. Kurgan Kul-Oba. Nota: duas esfinges aladas colocadas nas extremidades da pulseira formam, com o aro contorcido, um excelente exemplar, de influência grega no Bósforo

Fonte: *Minikar* (2022)

Figura 202 – Diadema Grego procedente de Pontika (Ukrania), 300 a.C. Nota: A peça imita dois nós e possui no centro um anjo. Esta característica aponta que os ucranianos, em contato com os citas, aprenderam perfeitamente a arte de trabalhar os metais

Fonte: *Antique Jewelry University*. Disponível em: https://www.langantiques.com/university/reef_knot/. Acesso em: 20 abr. 2022

Figura 203 – Anel Grego, século 5-3 a.C. Nota: Peça concebida para ser usada em cerimônias

Fonte: *Colors & Stones*. Disponível em: https://colorsandstones.eu/2023/03/16/the-platar-collection-ukraine/ . Acesso em: 19 abr. 2022

Os túmulos descobertos na região da Criméia continham verdadeiros tesouros de joalheria. Não somente vieram à luz da contemporaneidade com seus símbolos, signos e a demonstração de uma cultura passada, como trouxeram consigo a sabedoria da arte da joalheria e de muitas técnicas que ainda hoje surpreendem os profissionais do design.

7. COLÔNIA GREGA NO SUL DA ITÁLIA

A Arte da Ourivesaria entre os séculos 4 e 2 a.C., em Taranto (sul da Itália), incentivava a criação de lojas de ourives ativos que fabricavam joias, especialmente as destinadas à clientela feminina. A criatividade dos artesãos consistia em unir a beleza com as técnicas e motivos decorativos retirados da produção grega em metal precioso. Entre estes, a predileção pela decoração de efeitos naturalistas e a cor obtida por meio do uso de esmaltes faziam parte de um repertório de formas características de produção local.

Não foi um importante passo qualitativo o ofício de ourives em Taranto na segunda metade do século 4 a.C., pois nesse período uma grande quantidade de ouro e prata foi derramada sobre o leste do Mediterrâneo pelos mercados de Alexandre, o Grande. A criação de novas joias, reinterpretando tipos de originais já em uso, deu aos ourives experiências na criação de técnicas inovadoras, especialmente colares de malha ou variedade de anéis e brincos. Estas e outras criações que são diferenciadas pelo acabamento superior atestam a importância atribuída às joias de funeral como uma oportunidade para a representação social.

Muitas das criações mais originais de joias tradicionais em Taranto eram destinadas a clientes com consideráveis oportunidades econômicas. As tumbas funerárias foram encontradas em grandes áreas urbanas da Apúlia e mostraram novas variações na produção de coroas, folhas de ouro cortado e grinaldas de folhas (Figuras 204 e 205).

Figuras 204 e 205 – Diadema com a inserção de pedras e esmaltes policromos, proveniente da Tumba do Ouro de Canosa (Bari). Século 3 a.C. À direita, Detalhe do Diadema. Foto: Araldo De Luca. *Museo Archeologico Nazionale di Taranto*, Puglia, Itália (2022)

Fonte: worldhistory.org. Disponível em: https://www.worldhistory.org/image/7048/gold-diadem-canosa/. Acesso em: 20 abr. 2022

Uma obra-prima da arte da ourivesaria que floresceu em Taranto no Período Helenístico para atender às necessidades de luxo, o diadema representa um verdadeiro amor à natureza, composto de elementos reunidos com conhecimentos de várias técnicas. Nele envolve-se uma refinada composição floral, trabalhada com cachos de flores, bagas e folhas de vários tipos unidas por uma fita contínua, embelezada com esmaltes de diferentes tons de verde, imitando uma guirlanda. Cada elemento parcialmente móvel é fixado ao suporte por meio de pequenos anéis, enquanto o uso de esmaltes coloridos e pedras semipreciosas (granadas, cornalinas) potencializa o efeito naturalista do conjunto. O diadema era amarrado atrás da nuca por meio de uma fita de tecido, como indicam os ilhoses nas extremidades, de cujo cabo saem folhas de carvalho decoradas com esmaltes. Por outro lado, na Magna Grécia continuava em voga o nó Heracles, aplicado em todas as tipologias de joias.

Figura 206 – Colar do Período Helenístico, procedente da Magna Grécia, Itália. Séculos 4-3 a.C. *Museo Archeologico Nazionale de Taranto*, Puglia, Itália (2022)

Fonte: reddit.com. Disponível em: https://www.reddit.com/r/Taranto/comments/13qh1ij/oggetti_in_mostra_al_museo_archeologico_nazionale/. Acesso em: 22 abr. 2022

Novas joias foram criadas na Magna Grécia, pelos gregos ali estabelecidos, com uma releitura original das tipologias já conhecidas. Técnicas inovadoras foram experimentadas, acima de tudo na criação dos pontos de colares e na variedade de anéis e brincos (Figuras 207, 208, 209 e 210). Entre os últimos, tornou-se relevante o tipo em forma de barco, de anjos e de aves, desenvolvendo uma decoração ricamente decorada, com certeza fabricada para clientes específicos. Essa e outras criações emergiram com elevada qualidade, como prova da importância das joias tumulares, uma vez que elas foram consideradas como objetos de ascensão social.

Figura 207 – Par de Brincos, do Período Helenístico com ouro, granada pérolas e pasta de vidro, procedente de Bari, Puglia, Itália. *Museo Archeologico Nazionale di Taranto*, Puglia, Itália (2022)

Fonte: Centro Ufologico Taranto, 2009. Disponível em: https://centroufologicotaranto.wordpress.com/2009/01/26/misteri-tecnologici-degli-ori-di-taranto/. Acesso em: 21 abr. 2022

Figura 208 – Brincos Helenísticos. Século IV a.C. Nota: A criatividade dos ourives de Taranto entre os séculos IV e I aC. produziram jóias de grande requinte e qualidade decorativa: os famosos "Ouros de Taranto". Encontrados principalmente em tumbas, colocados como bens funerários, os itens preciosos eram em sua maioria objetos pessoais dos falecidos, usados na vida diária ou em ocasiões especiais. Entre os brincos, elemento essencial da parure da mulher tarantina e outros numerosos encontrados nos objetos funerários, o tipo navio destaca-se em termos de difusão, atestado em diferentes variantes. O excepcional exemplar de grandes dimensões apresenta uma complexa decoração obtida com a técnica da filigrana, granulação e com a utilização de fios serrilhados e lisos. A peça é enriquecida com pingentes e elementos em lâmina esculpida, como as figuras femininas aladas (Niké) colocadas nas extremidades. As rosetas e pinhas na técnica de granulação e relevo, revestidas com fios de filigrana proporcionam um aspecto de luxo a esta peça. Acervo Museo Archeologico Nazionale di Taranto, Puglia, Itália (2022)

Fonte: worldhistory.org. Disponível em: https://www.worldhistory.org/image/7049/gold-boat-earring-tarentum/ Acesso em: ago. 2023

Esplêndidas joias de ouro foram descobertas na Tessália, na Macedônia e no sul da Itália, onde esse par de brincos em forma de barco se originou.

Cada brinco tem um corpo oco em forma de barco. Argolas de arame liso e frisado são enroladas em torno das extremidades apontando para cima. Um gancho de suspensão, preso a uma extremidade, é reforçado na base com linguetas pontiagudas emolduradas com fio de contas finas. O corpo em forma de barco parece ter sido feito de uma única folha. A costura na parte superior é coberta por uma folha de ouro em forma de pequena palmeta, ladeada por duas volutas em S em arame perlado. Um grânulo é colocado no centro de cada voluta. O próprio corpo é embelezado por um friso de palmetas alternadas com linhas ondulantes, ambas rendidas em filigrana de arame perlado, e por aglomerados de grânulos (DEPPERT-LIPPITZ, 1966, p. 61, 62, 132).

Figura 209 – Par de brincos, de ouro com cabeça de Afrodite, segunda metade do século 4 a.C. Na parte superior desse brinco há uma circunferência com duas rosetas nas laterais que suportam cordões com formas circulares e cônicas. Os dois círculos estão decorados com filigrana serpenteada ao redor de rosetas maiores. Os círculos possuem acabamento na técnica da granulação. Acervo Museo Archeologico Nazionale di Taranto, Puglia, Itália

Fonte: worldhistory.org. Disponível em: https://www.worldhistory.org/image/7044/gold-earring-tarentum/. Acesso em: 21 abr. 2022

Figura 210 – Par de brincos gregos, Período Helenístico, século 2-1 a.C. Peça confeccionada com relevos e granulação em ouro, granada e pasta de vidro. As pedras foram colocadas na técnica cabochon

Fonte: *Museum of Fine Arts*, Bostom (2022)

Os artesãos helenísticos que emigraram para a Magna Grécia habilmente reproduziam padrões da metalurgia grega por meio de sua própria reinterpretação de origem. Em particular, efeitos de cor e naturalista (realizados com o uso de esmaltes) foram aplicados a uma gama de formas tipicamente local. Um avanço qualitativo é evidenciado no artesanato Tarantino em ouro durante a segunda metade do século 4 a.C., quando uma grande quantidade de prata e ouro chegou aos mercados do Mediterrâneo depois de Alexandre, o Grande.

A joia em forma de serpente com cabeça de carneiro, a seguir, constitui-se numa importante peça de base espiralada. As volutas que imitam o movimento do animal formam uma textura diferenciada. Um anel com decoração em S fixa a cabeça com grânulos, bem como os chifres do animal.

Figuras 211 e 212 – Pulseira Helenística, da Magna Grécia, com a parte terminal imitando a cabeça de carneiros. Século 3 a.C. À direita, detalhe. Técnica *repoussé* e granulação. Cortesia do Museu Arqueológico Nacional de Taranto, Puglia, Itália

Fonte: ilgiornaledellarte. Disponível em : https://www.ilgiornaledellarte.com/articoli/gli-ori-di-taranto-ispirano-dior/141150.html. Acesso em: 22 abr. 2022

Figura 213 – Brinco com cabeça de leão, século IV-II a.C. Acervo Museo Archeologico Nazionale de Taranto, Puglia, Itália

Fonte: reddit.com. Disponível em: https://www.reddit.com/r/3D_virtual_museums/comments/13px9qv/national_archaeological_museum_of_taranto_marta/ . Acesso em: 11 abr. 2024

     A criatividade dos ourives tarantinos produziu, entre os séculos 4 e 2 a.C., joias de grande requinte e qualidade decorativa: o famoso ouro de Taranto. Encontrados principalmente nos túmulos, depositados como bens funerários, os itens preciosos eram maioritariamente objetos pessoais do falecido, usados na vida cotidiana ou em ocasiões particulares. Entre os brincos, elemento essencial do conjunto da mulher tarantina e, por isso, numerosos nos kits funerários, destaca-se o tipo cabeça de leão, conhecido em diferentes variantes e difundido entre o final do século 4 e meados do século 3 a.C. Esses brincos eram usados para que as cabeças de leão ficassem voltadas para a orelha, como se fossem mordê-la.

    Taranto, que na Antiguidade foi um dos mais ricos e importantes centros da Magna Grécia, foi construída na extremidade ocidental do istmo que une ao continente a Península Salentina sobre um cordão litorâneo conhecido como Mar Grande e uma ampla laguna conhecida como Mar Piccolo (é por isto que Taranto é conhecida como "a cidade dos dois mares"). Taranto, que leva o nome do homônimo herói, surgiu por volta de 700 a.C. por obra de colonos espartanos, os Parteni. A posição geográfica, adaptada para a defesa e para o comércio, com um mar rico de peixes e conchas de púrpura e um fértil campo, ofereceu o início para o seu desenvolvimento. A prosperidade cultural também alcançou o clímax. Sempre ameaçada pela gente do interior da península, a fim de se defender, Taranto aderiu à Liga Italiota. Contudo, a arte da ourivesaria continuou sendo cada vez mais aperfeiçoada, tanto estética como tecnicamente, passível de observação nas peças que seguem.

    Merece destaque o aperfeiçoamento das técnicas da filigrana e granulação empregadas pelos ourives desse período que, com cuidado e esmero, fabricaram joias de valor incalculáveis, como é o caso desta fíbula.

Figura 214 – Fíbula do sul da Itália, Período Helenístico 320–280 a.C. Extraordinária esta fíbula de ouro com relevos em filigrana e contornada na técnica do granulado

Fonte: *Greek Culture Ellini Kospolitismos* (2022)

A partir do século 5 a.C. e sob a influência oriental, depois das guerras Médicas, se generalizou o uso de anéis. Não obstante, já conheciam anteriormente anéis com pedras ou de enfeite, camafeus e amuletos, e a criatividade grega competia vantajosamente com a lapidação das colônias do sudeste. Segundo legislação vigente depois do ano 594 a. C., era proibido aos gravadores de selos retê-los, a fim de evitar possíveis falsificações.

Figura 215 – Anel de ouro, século 3 a.C. com tema de animais. Objetos como este anel de ouro revelam informações sobre a vida à beira do Mediterrâneo há mais de três mil anos. É uma cena da criação de animais - gado misturado com a produção de grãos. É a fundação da agricultura

Fonte: BBC (2022)

Abramo menciona que:

> [...] o fenômeno da colonização grega na região sul da Itália está intimamente ligado aos portos. É importante ressaltar que essas vilas já nascem de uma estreita relação com o mar, com o comércio marítimo e com o estrangeiro que as diferencia de suas cidades-mãe desde sua origem. Essas características têm reflexos não apenas na esfera econômica, como também na social e cultural, e acabam por moldar a própria construção das identidades grupais e individuais no mundo grego no Ocidente. (ABRAMO, 2013, p. 19-20).

Durante o final do século 5 e 4 a.C., talento artístico e artesanato extraordinário se reuniram para produzir magníficas joias gregas conhecidas. A melhor ourivesaria desse período vem de regiões periféricas do mundo grego, enquanto quase não há achados na Grécia Continental. Pensa-se que havia uma escassez de ouro na Grécia durante o período clássico, mas os costumes funerários restritivos são uma explicação mais provável.

Para Skoda (2012, p. 72),

> [...] desde a Antiguidade mais remota a joalheria reflete as aspirações sociais norteadas por preocupações religiosas. Com as civilizações da bacia do Mediterrâneo, se inicia um rico e variado panorama dentro da ourivesaria, quando as técnicas básicas vão se tornando mais sofisticadas. Os Gregos irão influenciar outros povos com sua arte de modelar as figuras humanas criando brincos, colares e braceletes, que no período Helenístico expressam as mais elevadas emoções estéticas e técnicas de seus artistas. Os Etruscos com as técnicas da filigrana e da granulação em ouro chegaram à perfeição. Os romanos, com seus suntuosos ornamentos em ouro e pedras preciosas, marcam um contraste com as joias cristãs primitivas, que expressam seus ideais de amor.

As joias gregas seguiram os mesmos princípios que regeram a arte de modo geral. Assim, as joias passaram a ser aliadas da beleza das mulheres e dos homens, que, com sua indumentária, evidenciava o bom gosto da sociedade. Proporção, ordem e disciplina eram os mesmos valores seguidos pelos artistas e arquitetos gregos, os quais foram seguidos também pelos ourives, ou seja, todos buscavam a perfeição.

CAPÍTULO VIII

AS JOIAS DOS ETRUSCOS

Figura 216 – Mapa da Itália, destacando a região da Etrúria

Fonte: Lang Antiques (2022)

No século 8 a.C., surgiu um povo nômade na região da Toscana, na Itália, o Etrusco ou Tusci, cujo nome ainda hoje sobrevive na província, o qual se estruturou política, social e culturalmente. Ocupando as regiões entre o Tíber, os Apeninos e o Mar Tirreno, os etruscos conseguiram proporcionarem-se consideráveis riquezas pelo comércio marítimo com a Fenícia e mais tarde com os Jônios, e sua posição política na Itália central e setentrional era de franca e indiscutida hegemonia. De onde os etruscos vieram continua a ser um tema de debate. As fontes antigas indicam que eles fossem colonos vindos da Anatólia (Turquia). Essa teoria recebe a confirmação por pesquisa genética moderna, mas fica a oposição da pesquisa linguística, pois os etruscos falavam uma língua que não está relacionada com a falada na Turquia.

Já o arqueólogo Norberto Guarinello, da Universidade de São Paulo, autor de uma extensa pesquisa sobre a cerâmica etrusca, lança uma teoria de que a presença dos tirrenos — como eram denominados os etruscos — num mundo arcaico e desconhecido, cuja cultura era atrasada, se comparada com a civilização grega, levantava algumas questões.

> A principal era: afinal, de onde vinham os etruscos? Foi Dionísio de Halicarnasso, historiador grego, quem mais se preocupou em averiguar as raízes desse povo. Escreveu em "Antiguidades Romanas" – Séc. I a.C., as diferentes hipóteses que conhecia sobre a origem dos etruscos: umas apontavam para suas raízes orientais e outras, como a do historiador grego Heródoto, afirmavam que eles teriam vindo da Lídia, na Ásia Menor, e se misturado aos habitantes locais. Finalmente, Dionísio formula sua própria teoria: 'É possível que os que mais se aproximem da verdade sejam os que declaram que este povo não veio de lugar algum, é autóctone, pois é muito antigo e sua língua e forma de vida não coincidem com nenhuma outra civilização'. (SUPER INTERESSANTE, 1993, s/p).

E continua: "O número de textos é pequeno e nada se sabe sobre a origem da língua, pois ela não é aparentada a nenhuma outra. Porém, dá para ler e identificar os verbos, os substantivos e os adjetivos" (SUPER INTERESSANTE, 1993), afirma o citado professor Guarinello.

Julieta Pedrosa menciona que:

> De acordo com outros historiadores antigos, teriam vindo da Europa Central, mas historiadores e pesquisadores modernos chegaram à conclusão de que a civilização etrusca foi formada através da gradual aproximação entre os aglomerados humanos. Esses viviam entre os rios Pó e Arno, sobrepondo-se à chamada Cultura Villanova (estágio de cultura mais antigo, durante a Idade do Ferro, existente nas regiões central e norte da Itália). A história dos etruscos pode ser situada na Idade do Ferro europeia, entre os séculos IX e III a.C., sendo o apogeu da cultura por volta de 700 a 500 a.C. (PEDROSA, 2008, s/p).

Eram inúmeros os estudos de pesquisadores e historiadores que buscavam respostas a fim de elucidar a cultura Etrusca. Mas "o fascínio sofreu um hiato no século seguinte, mas ganhou novo impulso a partir do XVIII, com a criação, em 1726, da Accademia Etrusca di Cortona e os estudos sobre arte e língua etruscas do historiador e filólogo italiano Luigi Lanzi, a partir de meados do referido século" (BOMENTRE, 2019 *apud* CRISTOFANI, 1978, p. 8-9).

Seu desenvolvimento cultural, que ultrapassava em muito às culturas dos demais povos pastores vizinhos, os converteram nos mestres de todos os itálicos, e em particular dos romanos. No século 6 a.C. Roma estava sob o domínio etrusco — a estirpe real dos Tarquínios era de ascendência etrusca — e já parecia que os etruscos poderiam subjugar a toda Italia *"In tuscorumregnotota Itália est"* (a Itália é dos etruscos), escreve Catón, o Censor, em sua história sobre as origens de Roma e Itália. Mas para conseguir realmente a dominação total da península, lhes faltava aos etruscos à firmeza de caráter, pois estavam imbuídos de um marcado materialismo, e o povo usava uma existência de luxo ilimitado. E assim como Roma, que começa a surgir na história, realiza às suas expensas a missão hegemônica na Itália (KERTSZ, 1947).

Algumas das mais finas joias do mundo antigo foram criadas pelos etruscos, que se estabeleceram na Toscana, no norte da Itália, no final do 8 século a.C. e cuja civilização teve seu ponto mais alto entre 700-500 a.C. Sua reputação se deu primariamente pela sua inigualável maestria da difícil técnica de granulação, que era usada para criar padrões de superfícies texturadas no seu trabalho com ouro.

No entanto, na época de seu apogeu (700-500 a. C.), foi o etrusco o modelo cultural de Roma, muito mais do que poderia supor ser de procedência etrusca. Até o nome da cidade eterna é desta origem; etruscos são os planos de suas cidades, ruas e templos, suas cerimônias reais, a toga rebitada de púrpura, as lutas de seus gladiadores, a arte de seus retratos e muitas outras coisas de seu ambiente, assim como uma série de nomes próprios, suas joias e objetos de enfeite pessoal. A cultura de Roma, na época dos reis, era em grande parte etrusca.

É nesse contexto, precisamente, que está o valor histórico de tão enigmático povo, cuja origem e idioma não se conhecem. Entende-se apenas uma centena de palavras, das quais a escrita não se sabe decifrar, e que transmite logo aos romanos, futuros donos e senhores do mundo, suas mais valiosas conquistas culturais e tudo quanto os romanos tomaram dos gregos e fenícios.

Ante nossos olhos surge o misterioso povo etrusco em uma clara visão de sua existência cotidiana quando — estranha contradição — descemos a suas tumbas, câmaras subterrâneas abertas na rocha, em cujas paredes pintadas em afresco sobrevivem em toda sua despreocupação. Observando-se as pinturas mais antigas, encontra-se aquelas inspiradas pela mais franca alegria de viver; especialmente naquelas de tempos posteriores ao século 4 a.C. se refletem o terror e o culto aos demônios.

Mas nos afrescos de suas câmaras mortuárias, registraram a existência com suas galas mais naturais, celebrando no mundo dos mortos, banquetes e festas alegres. Que grandes são os jarros de vinho e as taças que apuram. São ricas e desproporcionais as joias que os enfeitam. Os objetos que a juízo dos etruscos merecem ocupar o primeiro posto ressaltam-se nessas pinturas somente por seu tamanho. Também as tampas dos sarcófagos eternizam unicamente instantes de uma existência prazerosa.

Essa afirmação concorda perfeitamente com a imagem geral que esboçam as literaturas gregas e romanas. Nestas, aparece o etrusco como materialista que ama apaixonadamente a caça, o duelo, os jogos e diversões, e que entendia aproveitar amplamente sua grande riqueza. Seu país era tão fecundo — escreve o historiador grego Políbio — que os etruscos tomam duas comidas por dia, recostados em divãs enfeitados com flores e joias, numerosos servidores apresentando-lhes os manjares em fontes de prata. O mesmo que em suas casas, em sua indumentária exibem extraordinário luxo. Os etruscos, outrora temidos, aparecem aos disciplinados romanos tão somente como glutões, e com desprezo os chamavam "obesitusci", obesos (KERTSZ, 1947).

A granulação ocorre no trabalho das civilizações anteriores, notadamente em Ur e no Egito, mas não com tal delicadeza e precisão técnica. As pequenas esferas de ouro, segundo Plínio, foram provavelmente feitas com aquecimento até o ponto de derretimento de uma mistura de ouro e carvão em pó. O método pelo qual foram soldadas à superfície de ouro sem derreter ou serem deformadas permanece um mistério até 1930. Foi então descoberto que a mistura de carbonato de cobre, água e cola de peixe foi usada para fixar os grânulos, e o cobre foi aquecido com o ouro para criar uma liga. O processo foi usado para criar padrões geométricos simples, com cenas figurativas alternadas, e para cobrir todas as áreas que se assemelham com fino pó de ouro. Filigrana e gravação em relevo também foram praticadas pelos etruscos para grandes efeitos (PHILLIPS, 2010, p. 25).

As mulheres etruscas dedicavam muito cuidado a seu aspecto físico, praticando ginástica, atribuindo grande valor a sapatos custosos, elegantes vestidos, flores e joias preciosas. Reinando nesse povo o matriarcado, a posição da mulher era — segundo diríamos hoje — emancipada, e já nos tempos mais antigos tinha influência política. Semelhantes às do Egito, grandes quantidades de joias e objetos de arte foram descobertas em numerosas sepulturas etruscas encontradas intactas. Algumas joias muito finas pareciam estar destinadas expressamente ao culto dos mortos, mas por sua forma e decoração, copiavam com fidelidade outros exemplares mais valiosos.

Em *A Arte nos Séculos*, Volume I (1969, p. 230), encontra-se:

> [...] em suas realizações artísticas, os etruscos empregaram fartamente o bronze, a argila e os materiais preciosos importados, como o marfim, ouro e prata. No século VII a.C., o preço elevado do bronze tornou esse material menos acessível aos artesãos, que o utilizavam em grande quantidade. Esse fato deu origem a uma nova técnica de pintura em cerâmica, que imita, na cor e polimento, a lâmina metálica.

Em outra passagem lê-se:

> [...] a suntuosidade da ourivesaria etrusca constitui também um traço oriental. Os Etruscos utilizavam frequentemente, uma ornamentação simétrica, com delicadas gravações em relevo, entre as quais estavam sempre presentes alguns motivos gregos nos trabalhos feitos em ouro. A mesma habilidade revela-se através das joias, nas quais as fíbulas eram destaque por sua primorosa execução (1969, p. 231).

A propriedade mais destacada do adorno etrusco era sua alta qualidade técnica. Estilisticamente dependia da arte de outros povos com os quais os etruscos mantinham relações comerciais, antigamente com fenícios e egípcios, mais tarde com jônios e os povos da metrópole grega. As peças artísticas de maior finura e encanto correspondem ao período da hegemonia etrusca, enquanto as posteriores apresentam um aspecto mais vasto. Em comparação com o enfeite egípcio ou grego, o etrusco carece por inteiro de toda severidade formal, de toda tradição, a tal ponto que, com exceção dos brincos, cujas proporções são as únicas acertadas, pode-se falar ainda de uma anarquia das formas.

Mas toda sua fantasia e toda sua habilidade técnica as empenham os ourives etruscos na fabricação dos brincos. Ocorre assim, que já nos tempos mais remotos, tipos de origem externa que foram importados, em parte de trabalhos gregos e em parte imitações etruscas, aparecem ao lado das novas formas independentes, entre as quais figura-se a cestinha ou o brinco com aspecto de cofrinho. Ambas as variantes estilísticas correm paralelas, misturando-se e confundindo-se entre si de tal modo que predominava ora a forma grega, ora o elemento nativo. Os nativos de ornamentação com que se enriqueciam as superfícies foram executados em trabalho repuxado, aplicado, ou por meio da granulação.

Contudo, para Alfares:

> [...] na Península Italiana, devemos levar em consideração, como precedente da grande época romana, a desenvolvida cultura do povo etrusco, que usou túnicas e mantos bordados junto com ricas fíbulas, braceletes, anéis e colares de ouro, em que a hábil combinação das técnicas da ourivesaria, como o incrustado, o granulado ou a filigrana, alcançou grande variedade e refinamento, com alguns toques de orientalismo. (ALFARES *et al.*, 1996, p. 30).

Típico para os primeiros modelos foi a tendência dos etruscos de rejeitar todos os colares livremente articulados; ao contrário, preferiam as formas semirrígidas. Mas após o século 4 a.C. aparecem, sob a influência grega, formas notadamente barrocas que ostentam cabecinhas femininas, vasos ou estruturas geométricas penduradas por finas correntes. Os alfinetes retilíneos com a cabeça enfeitada e a forquilha de metal em forma de flecha foram usados universalmente na Etruria.

Em Academia Brasileira de Joalheria há uma reflexão que diz:

> E quem era o povo chamado etrusco? O início da história etrusca data do século VIII a.C. quando começaram a povoar o centro da península itálica, estabelecendo cidades-estados nos moldes da civilização grega. O nível artístico da arte etrusca pode ser percebido pelas estátuas que nos chegaram aos dias de hoje, nas quais a figura humana é retratada com vitalidade e detalhamento e também pelos métodos avançados de confecção de joias utilizados, que desafiam até hoje os ourives dos nossos dias. Apenas uma de suas técnicas, a granulação, não pode ser repetida durante 2500 anos, apesar de várias tentativas feitas por ourives e artesãos ao longo dos séculos. As escavações de tumbas etruscas revelaram magníficos exemplos de joias feitas com estas técnicas e deixaram claro que, tanto estilisticamente quanto tecnicamente, elas eram superiores às joias confeccionadas no início do período neoclássico, e rapidamente tornaram-se o que ficou conhecido eventualmente de estilo 'Joias Arqueológicas'. Apesar deste estilo "arqueológico" ter vindo à tona durante o período neoclássico, ambos diferem no caráter. Enquanto o neoclassicismo inspirou-se nos motivos greco-romanos para criar novos designs, a joalheria etrusca, primeiro foi copiada identicamente, para só mais tarde servir de modelo para designs originais. Uma razão para isso era o reconhecimento do alto padrão do design etrusco. Outra razão poderia ser a fascinação pela técnica de granulação, que permitia uma enorme variedade de padrões ornamentais. (ABRAJOIA, 2007, s/p).

Ainda em Abrajoia encontra-se:

> A técnica da filigrana é outra característica das joias etruscas, consistindo num fio de ouro extremamente fino e delicado que é torcido e retorcido de modo a formar desenhos, sendo afixado na superfície da peça pela solda, de maneira similar à granulação. A joalheria etrusca também trouxe à decoração das joias o camafeu e o *intaglio*. Para os camafeus, eram escolhidas gemas com camadas de cores diferentes para dramatizar o contraste entre a superfície entalhada e o fundo. Os desenhos em *intaglio* eram entalhados ou gravados por baixo da superfície da gema, de forma a produzir imagens em relevo (grifo nosso).

Por outro lado, Pedrosa (2012) enfatiza que na granulação, minúsculas esferas de ouro são afixadas a uma base metálica, seja pelo método convencional da solda ou pela fusão. Essa técnica, utilizada pelos ourives etruscos possibilitou realizar delicados designs com grande precisão. No século 19 as joias etruscas inspiraram os ourives aplicando o *grainti*, técnica utilizada no início do século. O joalheiro romano Fortunato Castellani e seus filhos foram os primeiros ourives, após aprofundar as pesquisas, inspirando-se em joias etruscas, a conseguir repetir a técnica da granulação desenvolvida por esse povo. Um colar decorado com granulações e cornalinas lapidadas em formato de escaravelho foi exposto na feira internacional de Londres de 1872.

Durante a Era Villanovana, foram produzidas poucas joias ao que se supõe, pois poucas chegaram até a contemporaneidade. Como esse povo estava sujeito a constantes ataques estrangeiros, é possível que suas joias tenham sido alvo de saques, por isso restaram poucos objetos de luxo. Contudo, joias Villanovanas provam e confirmam que na Etrúria foi empreendida uma grande tarefa na produção de artes decorativas. Aliada à decoração, a joia era um símbolo de status e representava riqueza e prosperidade.

Outras técnicas de acabamento foram levadas até a Magna Grécia pelos sírio-fenícios e acabaram influenciando os joalheiros com seus temas e símbolos. Emblemas sagrados como o disco solar e a meia-lua foram incorporados pelos etruscos, tendo uma notável aceitação. Elementos florais e figurativos, de inspiração oriental, motivaram os ourives etruscos a abandonar seus padrões geométricos muito severos. As melhores joias foram as encontradas nas cidades-estados como Cerveteri, Tarquinia e Vetulonia. Romãs, flores de lótus e palmas foram temas de grande influência grega na joia etrusca. A modelagem de cabeças, animais e deuses, uma prática tradicional do período grego, passou a se espalhar em todo o território etrusco.

Novas influências foram introduzidas vindas do Período Orientalizante: as bolhas; contudo, outro motivo das joias etruscas foi o escaravelho egípcio, empregado também, na antiga cultura egípcia que simbolizava sorte, aumentando sua produção em Vulci e em Tarquinia nas últimas décadas do século 6 a.C. Mais ao norte das cidades-estados, no entanto, as joias eram peças mais sóbrias e refinadas de Vetulonia, decoradas com minúsculas partículas conhecidas como pulviscolo (pó de ouro).

Uma grande quantidade das joias encontradas sequer foi usada pelos etruscos, mas foram feitas para acompanhá-los no mundo sobrenatural. A maioria, senão todas as técnicas de ourivesaria etrusca, não foram criadas por eles, especialmente as que são datadas do terceiro milênio a.C. Essas práticas chegaram até eles a partir do Oriente Médio, com objetos que os inspirassem a ampliar sua gama de joias. Os etruscos aperfeiçoaram essas técnicas, e, por sua vez, suas joias passaram a ser muito estilizadas nos séculos 7 e 6 a.C., sendo suas realizações técnicas extraordinárias. A partir do momento que os etruscos se estabeleceram na Itália e criaram suas cidades-estados, os joalheiros passaram a dominar as mais sofisticadas técnicas de ourivesaria, tais como a decoração em relevo martelado também conhecida como *repoussé*, filigrana e granulação. Processos simples, ferramentas básicas deram aos ourives métodos seguros no desenvolvimento de desenhos. A técnica *repoussé* consiste em martelar o desenho pela parte posterior do material, e granulação era a arte de decorar superfícies lisas de metais com desenhos executados com pequenos grânulos de ouro. Há indícios de que tenham surgido na Mesopotâmia, no terceiro milênio a.C. e se desenvolveu, posteriormente, na Anatólia, Síria, Egito, Chipre e Grécia micênica.

No declínio da Idade do Bronze, ocorreu o enfraquecimento das grandes artes da Grécia, mas elas sobreviveram no Oriente Médio e de lá foram reintroduzidas na Grécia no século 9 a.C. e transferidas para a Itália durante a segunda metade do século 8 a.C. Por outro lado, Filigrana é um trabalho decorativo feito a partir de fio torcido fino, principalmente em prata e ouro, mas também em outros tipos de metais. A mistura de outros metais com ouro possibilitou joias mais resistentes, já que o ouro puro é mais maleável de ser trabalhado, porém sujeito a ser deformado com mais facilidade. O metal mais comumente utilizado foi o cobre e a maioria das joias etruscas era de ouro 18 quilates.

No Período Arcaico etrusco, passou a ser moda grandes brincos em formato de discos ou bolhas, colares e pingentes longos pesados que passaram a ser usados por homens e mulheres igualmente. As mulheres admiravam muitos adornos e usavam grandes diademas, pulseiras e espirais de cabelo, pesados brincos em forma de cachos de uva, grandes e pesados pingentes, que eram usados também por homens e crianças. Estes se constituíram em moda por todos os séculos 5 e 4 a.C. No início do século 3 a.C., os colares de contas e bolhas se tornaram populares tanto quanto os torques.

    De acordo com o desenvolvimento histórico, as joias etruscas podem também ser divididas em dois períodos: primitivo e etrusco tardio. A partir do século 7 a.C. até o 5 a.C. a civilização chegou no auge de sua cultura. As melhores peças de joias vêm desses tempos. No Período Primitivo, as joias etruscas eram abundantes, devido a grande quantidade de ourives no mercado com suas inúmeras habilidades e conhecimento técnico. Os etruscos apreciavam as cores e decoravam suas peças com faiança, pedras coloridas e contas de vidro. Pode ser observada a influência grega em muitas peças, especialmente no emprego de filigrana e esmalte.

    Entre as joias encontradas em túmulos do Período Arcaico estavam brincos de discos de grandes dimensões. As técnicas aqui são difíceis de definir, mas eles realmente utilizavam a granulação em padrões concêntricos. Também usaram filigrana e pasta de vidro, provavelmente uma tendência da época, como têm sido documentados em várias peças. O brinco-disco é originalmente um tipo de joia e tornou-se uma tendência da moda durante o Período Arcaico com a influência grega na segunda metade do século 6 a.C. A seguir, as joias etruscas com requintes técnicos e simbólicos.

Figura 217 – Brincos etruscos, Período Arcaico, século 6 a.C. uma flor centralizada no círculo e cercada de grânulos com espaços vasados (possivelmente gemas aplicadas em cabochon) confeririam a este brinco um requinte extremamente luxuoso

Fonte: *The Metropolitan Museum of Art*, NY, EUA (2022)

Figura 218 – Brincos etruscos, Período Arcaico, século 5 a.C. Algumas gemas de vidro ainda são presentes ao redor deste par de brincos, tendo ao centro uma flor estilizada com fios de ouro

Fonte: *The Metropolitan Museum of Art*, NY, EUA (2022)

Figura 219 – Brincos etruscos, Período Arcaico, século 6 a.C. a flor de maracujá estilizada ao centro nos discos, cercada por bolhas e aplicadas com esmero técnico sobre a superfície. Acervo Museo Nazionale Etrusco di Villa Giulia, Roma

Fonte: repubblica.it. Disponível em: https://www.repubblica.it/2008/10/sezioni/arte/gallerie/etruschi-gall/etruschi-gall/1.html. Acesso em: 11 abr. 2024

Figura 220 – Par de brincos etrusco Século IV-III a.C. Os padrões são feitos de finos fios de ouro (filigrana) e grânulos de ouro definidos com contrastes de tamanhos. Técnica granulação e repuxado. À direita, detalhe. Acervo do British Museum, London

Fonte: dmaeducatorblog. Disponível em: https://dmaeducatorblog.wordpress.com/2012/02/14/how-its-made-etruscan-jewelry/. Acesso em: 25 jul. 2021

Os etruscos usaram os mesmos desenhos, já empregados na cerâmica, tais como ziguezagues e triângulos, os quais passaram a servir de modelos para suas joias. Já na fase orientalizante, as joias de ouro foram paulatinamente sendo utilizadas e permitiram uma estilização muito mais perfeita, cujo resultado pode ser observado em peças de grande requinte. Os desenhos dessas peças de ourivesaria possuem temas geométricos inspirados nas culturas orientais. Esse fato foi facilitado devido às transações comerciais mantidas com esses povos e, possivelmente, à importação de técnicas como a Granulação e a Filigrana aprendidas com os sírio-fenícios.

Conforme Pedrosa (2012), estas técnicas etruscas, desenvolvidas no Sul de seu território consistiam em modelos para superfícies com pequenos grânulos de ouro, os quais, para não serem derretidos, eram soldados com um pequeno ponto aquecido.

Figura 221 – escaravelho com entalhe de uma figura de atleta de cornalina, etrusco, montado em um antigo anel de ouro. Século V a IV a.C. À direita, detalhe em evidência a figura masculina está voltada para a esquerda, inclinada para frente, segurando uma esfera (ou disco) com a mão direita, enquanto o braço esquerdo contrabalança para trás. Acervo do British Museum, London

Fonte: bertolamifineart. Disponível em: https://bertolamifineart.bidinside.com/en/lot/88482/an-etruscan-carnelian-scarab-intaglio/. Acesso em: 25 jul. 2023

Figura 222 – Brincos etruscos em forma de discos, 530-480 a.C.

Fonte: *The Metropolitan Museum of Art*, NY. EUA (2022)

Figura 223 – Bulla de ouro etrusca com Dédalo e Ícaro, século V a.C. Uma "bulla" é um pingente oco que pode conter perfume ou amuleto. Dentro deste, havia "ládano", uma substância usada em perfumes. A palavra italiana "baule" significa "bolsa", no sentido de baú ou mala. O baule era um dos tipos de brinco mais populares feitos pelos etruscos, cujo trabalho com joias de ouro ainda hoje impressiona. Esses brincos apresentavam um formato cilíndrico quase completo e eram altamente ornamentados na frente. Este brinco baule apresenta a fruta romã, um motivo decorativo popular na joalheria etrusca e na arte antiga em geral. Acervo The Walters Art Museum

Fonte: reddit.com. Disponível em: https://www.reddit.com/r/AncientEtruria/comments/u8hmzb/gold_etruscan_bulla_with_daedalus_and_icarus_this/. Acesso em: 11 abr. 2024

Figura 224 – Par de brincos de ouro, um baule século 6 a.C. Brincos tipo baule com palmetas simétricas embelezadas com grãos únicos de ouro na parte superior, que são ladeados por lebres agachadas, técnica *repoussé* e granulação

Fonte: *The Metropolitan Museum of Art*. NY. EUA (2022)

A imitação de flores e frutas, como as romãs, passou a ter grande aceitação a partir do século 7 a.C. Nessa época, a técnica da granulação adquiriu uma sofisticação surpreendente, a qual foi aplicada em todos os tipos de joias de maneira a produzir efeitos sensuais.

Figura 225 – Brinco etrusco, datado dos séculos 7-5 a.C.

Fonte: *The Metropolitan Museum of Art*. NY. EUA (2021)

Figura 226 – Brinco tipo "Baule", exemplar etrusco que data do século VI a.C. A palavra italiana "baule" significa "bolsa", no sentido de baú ou mala. O baule era um tipo de brinco mais popular feito. Esses brincos tinham um formato cilíndrico e eram ornamentados na superfície dianteira. A fruta romã como tema decorativo foi muito empregado na joalheria etrusca

Fonte: https://romaejewelry. Disponível em: https://romaejewelry.com/products/gaia--caecilia?variant=39461915558038. Acesso em: 18 abr. 2024

Figura 227 – Grampos de cabelo de ouro para tranças, civilização etrusca, de Cerveteri, região do Lazio, Itália. Séc. VII a.C. Roma, Museo di Villa Giulia

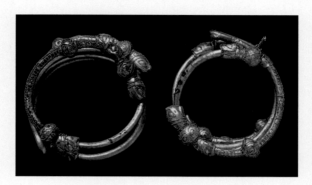

Fonte: lamoneta.it. Disponível em: https://www.lamoneta.it/topic/170570-un-problema-metallico/. Acesso em: 25 mar. 2024

Figura 228 – Brinco etrusco em forma de barril (bulla). Técnica: Granulação, filigrana, relevo brinco com sua superfície toda decorada. Os grânulos minúsculos formam desenhos como se fossem realizados com filigrana, contudo o que nos chama a atenção são as bolhas revestidas com esses grânulos. Acervo Museu do Louvre, França

Fonte: ekladata : Histoire de l'Art du Bijou Les Étrusques. Disponível em: http://ekladata.com/hQ7gweyTgky4aqePgTdBHlRPy8/1cap_bij_HB_Etrusque_LAM.pdf. Acesso em: ago. 2023

Os brincos etruscos eram sempre grandes e pesados e usados tanto por homens quanto pelas mulheres. Os ourives primavam pela execução técnica, tanto nas peças grandes como nas menores, o esmero era sempre observado.

Figura 229 – Brinco etrusco, de 625 a.C - 475 a.C. Técnica do intalio: solda de recortes, repuxado e granulação, juntamente com bolhas conferem a esse brinco um aspecto estético ímpar

Fonte: *Thorvaldsens Museum*, Dinamarca (2021). Disponível em: http://www.thorvaldsensmuseum.dk/en/collections/antikke_genstande/page/14?order= Acesso em: 20 maio 2021

Figura 230 – Brincos etruscos, datados dos séculos 5-3 a.C. Técnica: repuxado e granulação

Fonte: *The Metropolitan Museum of Art*. NY. EUA (2021)

Figura 231 – Brinco etrusco, de 330-30 a.C. formado por um grande círculo tendo sua superfície decorada com desenhos formados pelas técnicas da filigrana, repuxado e granulação

Fonte: *Thorvaldsens Museum*, Dinamarca (2021)

Figura 232 – Brincos Etruscos com relevos decorativos, datados dos séculos 5-4 a.C., repuxado granulação e filigrana. Decorado com padrões florais *repoussé* de palmetas e folhas de acanto

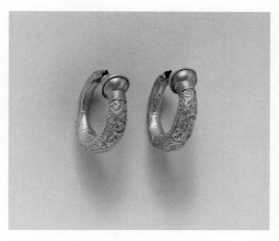

Fonte: *The Metropolitan Museum of Art*. NY. EUA (2022)

Figura 233 – Brincos etruscos, Século V-III a.C. Nota: toda a superfície é decorada com granulação em minúsculos grânulos muito delicados que proporcionam certa leveza a peça

Fonte: lookandlearn.com. Disponível em: https://www.lookandlearn.com/history-images/YM0245867/Earring-trumpet-shaped. Acesso em: 2 Maio 2022

Infelizmente, a época clássica foi um período de crise para os etruscos. Durante o século 5 a.C., a joia etrusca sofreu uma regressão. Tais técnicas como filigrana e granulação foram desaparecendo gradualmente. Outros, como *repoussé*, foram usados para decorar bandas funerárias finas, colares e medalhões (ou bolhas). Durante esse período, um tipo diferente de brinco entrou em moda: os brincos em forma de cacho que cobria a orelha inteira e às vezes eram pendurados até o pescoço.

Figura 234 – Par de brincos etruscos decorados com aglomerados em forma de bolhas, nas técnicas da granulação e repuxado

Fonte: fanpage.it. Disponível em: https://www.fanpage.it/cultura/la-ragazza-con-gli-orecchini-d-oro-tra-le-tombe-etrusche-a-vulci-spunta-un-nuovo-tesoro/. Acesso em: 15 maio 2019

Os etruscos eram metalúrgicos e joalheiros experientes. Ornamentos ricos como esses brincos de ouro maciços, mas leves, foram encontrados em túmulos etruscos e também são representados em estátuas funerárias de mulheres etruscas. Esses brincos grandes e elaborados são um tipo comum de etrusco tardio. Os brincos são esculturas em miniatura de considerável complexidade, pois combinam as técnicas de *repoussé*, filigrana e granulação. O desenho básico dos grandes círculos e cachos menores de uvas, como esses, às vezes são chamados de brincos de "grappolo", porque a parte inferior triangular parece um cacho de uvas. A parte superior é constituída por uma faixa em forma de ferradura decorada com padrões de arame filigrana e uma fileira de granulação. Na base da ferradura há uma seção semicircular de um tubo dobrado ladeado por fileiras paralelas de filigrana e granulação. Abaixo dessa área superior, há um triângulo invertido de três cápsulas achatadas, cada uma com pequenos aglomerados de glóbulos granulados que separam uma da outra. Há grânulos também nos interstícios.

Os brincos foram formados por *repoussé* e sofreram reparos consideráveis nas metades inferiores.

Figura 235 – Par de brincos etruscos em forma circular com rosetas que se repetem. Bolhas na técnica do repuxado e granulação formam desenhos surpreendentes. Datados de 525–500 a.C.

Fonte: Villa Getty, Museu de Arte do Condado de Los Angeles, EUA. Disponível em: https://www.dailyartmagazine.com/gold-jewelry-of-the-etruscans. Acesso em: 2 Maio 2022.

Figura 236 — Broche etrusco, século 6 a.C. Precioso trabalho de filigrana e granulação, os quais formam círculos concêntricos com desenhos variados

Fonte: *Thorvaldsens Museum*, Dinamarca (2021). Disponível em: http://www.thorvaldsens-museum.dk/en/collections/antikke_genstande/page/15?order= Acesso em: 10 jul. 2021

A decoração do broche anterior é composta por uma lâmina, em forma de disco fino, de folha de ouro decorado com faixas ornamentais. No centro do disco, existe uma flor rodeada por coroas de folhas e um círculo de rosetas. Contas de ouro em miniatura decoram a flor no centro e também o círculo exterior de folhas em forma de V. A decoração do brinco foi feita usando uma técnica de filigrana e granulação. Essa técnica emprega fios de ouro finos e grânulos de ouro que foram aquecidos, derretidos e fixados à superfície em padrões decorativos. Pela decoração requintada, depreende-se que pertencesse a uma mulher de status social elevado. Entre os lugares conhecidos de onde joias de ouro como esta surgiram, estão os chamados túmulos principescos escavados na Etrúria antiga.

Figura 237 – Um raro entalhe de ágata etrusca incrustado em um antigo anel de ouro maciço, do século V a.C. Uma peça com aspecto suntuoso e pesado, muito rara na joalheria etrusca. À direita, detalhe

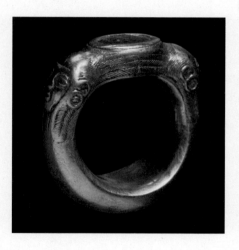

Fonte: MARTELLI; CATENI, 1985. P. 56

Figura 238 – Par de brincos etruscos, século 5 a.C. repuxado, granulação e filigrana

Fonte: Histoire de l'Art du Bijou Les Étrusques. Disponível em: http://ekladata.com/hQ7g-weyTgky4aqePgTdBHlRP-y8/1cap_bij_HB_Etrusque_LAM.pdf. Acesso em: 25 março 2021

Muito mais que nas outras regiões mediterrâneas, o adorno etrusco possuía preponderantemente significado de proteção contra os males. Amuletos, como pontas de flecha de sílex, a *bulla*, uma cápsula, o enfeite típico da Etrúria no formato de cápsula, na qual se encerrava um ou vários amuletos e que pertencia à indumentária real, eram suspensos por toda parte. Também o escaravelho, que se distingue do original egípcio por seu escasso naturalismo, e máscaras eram amuletos preferidos na Etrúria.

Skoda destaca que "uma variante do amuleto romano é a *bulla*, uma bolsa pequena, redonda, confeccionada originalmente em couro, mais tarde em metal. Foi o amuleto preferido da nobreza. Era uma espécie de cápsula que acompanhava a criança do nascimento até os dezessete anos e dentro da qual se colocavam substâncias protetoras" (SKODA, 2012, p. 82).

As figuras 239 e 240 são exemplos de *bullas* confeccionadas em ouro e decoradas nas técnicas *repoussé* e granulação.

Figura 239 – Amuleto etrusco, século 5 a.C. Técnica da granulação formando desenhos em relevo

Fonte: *Thorvaldsen Museum*, Dinamarca (2012)

Figura 240 –Amuleto Etrusco com serpente estilizada. Século 5 a.C.

Fonte: *Thorvaldsen Museum*, Dinamarca (2019)

Figura 241 – Pingentes ocos como esses, chamados "bullae", continham amuletos protetores ou perfumes e eram usados como amuletos, especialmente por crianças. Uma rolha no topo, presa por uma corrente ou cordão, prendia o conteúdo. Os corpos em forma de coração desses "bullae" etruscos são decorados com palmetas e gavinhas detalhadas trabalhadas em *repoussé* e possuem intrincados fios lisos e torcidos aplicados à superfície. Etruscos, século 5 a.C.

Fonte: *Realm Sofgold the Novel* (2019)

Os etruscos admiravam brincos e pulseiras que combinassem entre si. Pulseiras como as das figuras 242 e 243 eram muito comuns e usadas no dia a dia.

Figura 242 – Vista frontal de bracelete Etrusco, de ouro, datado do Século VII a.C.. O uso do ouro consolidou-se na produção artística dos etruscos no período orientalizante, quando nasceu a ourivesaria etrusca e os produtos desta arte tornaram-se uma espécie de símbolo de status da aristocracia dominante. Uma pulseira de ouro da tumba Regolini-Galassi na etrusca Cerveteri, Itália. O desenho traz trios de mulheres repetidos ao redor da pulseira cujos cabelos sugerem origem fenícia. (Museus do Vaticano, Roma)

Fonte: worldhistory.org. Disponível em: https://www.worldhistory.org/image/6384/gold-etruscan-bracelet/. Acesso em: 4 maio 2022

Figura 243 – Esta fíbula (broche) com arco em forma de esfinge alada é uma das obras-primas da ourivesaria etrusca. Vem de Vetulonia (Castiglione delle Pescaia), do Túmulo do Littore, com uma única sepultura, provavelmente pertencente a uma figura de alto escalão com importantes poderes políticos,

datada de cerca de 630 a.C. Esta peça é toda revestida de granulação o que lhe confere um efeito luxuoso e surpreendente. Acervo Museu Arqueológico Nacional, Florença, Itália

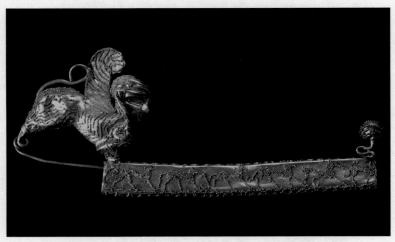

Fonte: mediastorehouse. Disponível em: https://www.mediastorehouse.com/uig/art/archeology/gold-fibula-metal-brooch-leech-form-tomb-lictor-9474769.html. Acesso em: 12 abr. 2024

O anel gozava de muito favor, e tanto os homens como as mulheres o usavam na primeira e segunda falange de todos os dedos, inclusive no polegar, com exceção do dedo médio, que permanecia livre de enfeite algum.

Raras vezes decoravam os anéis com pedras ou pastas, o esmalte era empregado unicamente em forma excepcional, mas o âmbar, ao contrário, era muito apreciado. As gemas dos anéis, que a partir do século 6 a.C. eram bastante frequentes, imitavam os modelos gregos. As figuras 244 e 245 ilustram como eram os anéis etruscos.

Figura 244 – Anel etrusco, século 6 a.C. dois homens e dois leões em luta

Fonte: *Thorvaldsens Museum*, Dinamarca (2019)

Figura 245 – Anel etrusco de 525 a.C-330 a.C. Executado na técnica de filigrana, granulação e *repoussé*, contornado por pequenas bolhas, tendo uma maior, ao centro

Fonte: *Thorvaldsens Museum*, Dinamarca (2019)

    Os elementos decorativos pessoais quase sempre encontrados no interior das urnas etruscas são caracterizados de acordo com a idade e sexo da pessoa falecida. Os Parures femininos eram mais frequentes, mais complexos e articulados nos túmulos de mulheres mais jovens, bem como existiam pares de arcos *Fibule* (pinos) e grampos de cabelo em espiral. Mais rara é a presença de anéis, correntes e botões pequenos em bronze. Às vezes, há contas feitas de pasta de vidro (*massa vitrea*) e âmbar, e, muito raramente, pulseiras. Os *Parures* masculinos são mais simples e geralmente consistiam numa fíbula em serpentina em forma de disco ou um alfinete grande que pode acomodar anéis, correntes e botões. Provou-se que a maioria dos túmulos descobertos com essas joias e outros objetos estavam na faixa etária de 22-40 anos de idade. É também importante destacar que grande parte das joias encontradas nos túmulos não foram realmente usadas pelas pessoas falecidas, mas foram dadas como presentes funerários.

Um adereço importante era a fivela. Sob a influência jônica e prosseguindo a evolução das numerosas variantes da Idade do Ferro itálica, se faziam fivelas em forma de animais e com cabeças de leões, esfinges e outras. Uma quantidade de fivelas similares, ainda que de tamanho menor, que foram encontradas com as fivelas maiores em sepulturas individuais, parecem ter servido como guarnição metálica dos vestidos. Os etruscos faziam amplo uso de adereços metálicos na cabeça, já em forma de coroas de ouro, ou de forquilhas.

A joalheria feita pelos etruscos inclui largas fíbulas (Figuras 246-250) ou fechos, colares com franjas, pendentes dourados com relevos ou conjunto de painéis de cornalina e ágata, amplos braceletes, anéis, brincos e pendentes. Existem dois estilos principais de brincos: o primeiro é um largo disco dourado e decorado com tiras no verso para prender nas orelhas. O segundo se assemelha a uma caixa, e é conhecido como *Brinco-Bulla* da Itália. O pendente mais típico, a *bulla*, ou recipiente oco, é usualmente em forma de lente e acredita-se ter sido usada para guardar perfume ou amuleto. As formas foram influenciadas e adotadas pelos romanos depois de terem sido derrotados pelos etruscos no século 3 a.C. (PHILLIPS, 2010, p. 25).

Figura 246 – Três fíbulas Etruscas em ouro de 630 a.C. Do túmulo do Licteur (Littore) em Vetulonia (ou Vetulonium). Totalmente decoradas com figuras em relevo. Museu Arqueológico Etrusco. Museu Arqueológico Nacional, Florença, Itália

Fonte: visittuscany. Disponível em: https://www.visittuscany.com/en/ideas/vetulonia--land-sea-art/. Acesso em: 4 set. 2023

Figura 247 – Fíbula etrusca, século 7 a.C. toda a superfície é decorada com fios de filigrana formando figuras de leões

Fonte: *The Metropolitan Museum of Art, New York* (2012)

Figura 248 – Fíbula Etrusca. Fios de filigrana cobrem toda a superfície. Século 7 a.C.

Fonte: *Antique Jewelry University* (2022)

Figuras 249 e 250 – Fíbula Etrusca. O Túmulo Regolini-Galassi está localizado na cidade etrusca de Cerveteri (também conhecida como Cisra ou Caere), perto da costa oeste da Itália central, a cerca de 50 km ao norte de Roma. Cerveteri floresceu entre os séculos VII e IV aC e tem centenas de túmulos de rochas desse período. O túmulo de Regolini-Galassi data de c. 680-660 aC e é um dos mais importantes como seus descobridores, Regolini e Galassi, encontraram a tumba intacta e cheia de artefatos etruscos, incluindo a maior horda de jóias de ouro encontrada em qualquer local etrusco. À direita, detalhe. Leões esculpidos em repoussé e circundados por duas faixas filigranadas conferem a esta peça um efeito extraordinário. Acervo Museu Vaticano

Fonte: edukavita. Disponível em: https://edukavita.blogspot.com/2019/05/tumba-regolini-galassi-origens.html. Acesso em: 24 ago. 2023

Figura 251 – Colar Etrusco representando cabeças humanas com flores. Uma alusão de que o Homem pode viver em paz. De Ruvo Di Puglia, sul da Itália, datado de 480 a.C.

Fonte: carabaas. Disponível em: https://carabaas.livejournal.com/12931323.html. Acesso em: 12 abr. 2024

Figura 252 – Diademas usados na testa pelas mulheres etruscas, século 7 a.C.

Fonte: Gola (2008, p. 51)

De influência egípcia eram os colares de construções semirrígidas, os homens usavam, além disso, os torques. Os colares, braceletes e pulseiras de metal precioso, usados no braço e antebraço, são tanto de tipo aberto como fechado, ou constam de várias partes unidas entre si por dobradiças, como também se usa em nosso século.

Figura 253 – Pingente etrusco, datado de 480 a.C. de Chiusi, executado na técnica da granulação e repuxado

Fonte: *Antique Jewelry University* (2022)

Figura 254 – Pingente etrusco, 400-200 a.C. Executado com lâminas de ouro recortadas e soldadas, imitando uma flor e tendo uma pérola ao centro

Fonte: *Thorvaldsens Museum*, Dinamarca (2012)

Figura 255 – Colar etrusco com treze pendentes, que foram conectados a pequenos cânulos, século 7 a.C.

Fonte: *Montreal Museum of Archaeology and History* (2012)

Figura 256 – Conjunto de joias etruscas, século 5 a.C.

Fonte: *The Metropolitan Museum of Art, New York* (2012)

Nos túmulos descobertos pelos arqueólogos, destaca-se um dos mais ricos e impressionantes conjuntos de joias etruscas já encontrados

(Figura 256). É composto por um esplêndido colar de pingente de ouro e vidro, um par de brincos de disco de ouro e cristal de rocha, um fecho de vestido de ouro (fíbula) decorado com uma esfinge, um par de fíbulas de ouro liso, um alfinete de vestido de ouro e cinco anéis de dedo. Dois dos anéis têm escaravelhos gravados que giram em uma luneta giratória; um é decorado com cabeças de sátiro em relevo, e os outros dois têm molduras douradas decoradas.

Figura 257 – Colar etrusco com pingente, século 7-5 a.C. Cada peça cuidadosamente detalhada, imitando besouros possui na parte inferior um grande círculo com a finalidade de servir de amuleto e gravada com requinte

Fonte: colorsandstones.eu. Disponível em: https://colorsandstones.eu/2021/06/04/bulla-overview/. Acesso em: 8 mar. 2021.

As pedras favoritas desse povo eram a cornalina, calcedónia, jaspe, ónix, sendo adquiridas pelos comerciantes fenícios, e o âmbar que era importado da região do Báltico. Pedrosa (2012) conclui: depois do século 2 a.C., a arte etrusca, o mesmo que as artes de todos os demais povos do Mediterrâneo Oriental, é absorvida por Roma e aparentemente assimilada por completo.

Mas o que contempla com atenção as primitivas pinturas murais toscanas não pode reconhecer nelas traços característicos que recordam instintivamente as pinturas sepulcrais das necrópoles etruscas; da mesma maneira o demônio com asas de ave de rapina e bico de abutre dos primeiros afrescos sepulcrais etruscos, com os seus olhos ardentes, evoca a visão de Caronte, no poema de Dante. A partir do século 5 a.C. começou a decair o poder das florescentes cidades- repúblicas etruscas e, subjugados por Roma, os etruscos se perderam na história, desaparecendo tão misteriosamente como tinham vindo, e seu sangue se misturava com os dos demais povos itálicos que os absorveram.

CAPÍTULO IX

O MUNDO ROMANO

Figura 258 – Mapa com a localização do Império Romano

Fonte: Galeria *Google* (2013)

1. A FUNDAÇÃO DE ROMA E O PERÍODO MONÁRQUICO – 753-509 a.C.

A civilização romana nasceu no centro da Itália, na cidade de Roma, por volta do século 8 a.C., mas dois outros povos ocuparam partes diferentes da Península Itálica: os etruscos e os gregos. Progressivamente, os romanos foram conquistando a Itália, a área do Mediterrâneo, a Europa, o Norte da África e a Ásia Menor. No seu apogeu, o Império Romano foi um dos maiores e mais poderosos da Antiguidade. Sua decadência, no século 5, encerrou a Idade Antiga.

A Grécia estava no apogeu de sua cultura e Roma começou a despontar às margens do Tibre, na Itália, atingindo logo a sua supremacia. Durante seis séculos, Roma se manteve como força dominante em todo o continente europeu. Assim se iniciou uma cultura voltada muito mais às artes militares do que às letras e outras atividades intelectuais. Guido Clemente em *Roma, A vida e os Imperadores*, destaca que:

> Roma era uma aldeia de pastores e agricultores, como tantas outras ao longo do Mediterrâneo, quando foi fundada em 753 a.C. Nos primeiros séculos de vida, teve de lutar pela sua sobrevivência contra vizinhos belicosos que disputavam as terras e o gado. Em 390 a.C. foi tomada por gauleses vindos do norte em busca de pilhagens. Porém, esta aldeia cresceu até se tornar a capital de um império que se estendia de Portugal ao Oriente Médio, até o Afeganistão e o sul da Rússia, passando pela Inglaterra ao norte e pela África setentrional ao sul. (CLEMENTE, 2011, p. 13).

Assim, a data de 753 a.C. assinala a fundação de Roma e o início da Monarquia, um reino lendário que chega até o ano de 509 a.C. Sucede-lhe um Período Republicano que vai até o ano 27 a.C., concluindo-se a trajetória política com o Império que se extingue em 476 d.C. Outros impérios foram construídos antes e depois dos romanos, "contudo, nenhum deles teve a duração do Império Romano: os romanos dominaram o mundo pelo menos por setecentos anos, e apenas em 1453 caiu Constantinopla, a atual Istambul, às mãos dos turcos, e com ela terminou o Império Romano do oriente" (CLEMENTE, 2011, p. 13).

O estudo do Período Monárquico, que durou quase dois séculos e meio, tem como substrato nas pesquisas arqueológicas e na interpretação das lendas e tradições. Durante a monarquia (ou realeza), Roma foi ocupada pelos etruscos, que durante cerca de cem anos dominaram a cidade, impondo-lhe seus reis. Durante a Monarquia, Roma teve sete reis: Rômulo; Numa Pompílio; Túlio Hostílio; Anco Márcio; Tarquínio, o Antigo; Sérvio Túlio; e Tarquínio, o Soberbo. Desses reis, os quatro primeiros eram italiotas e os três últimos, etruscos.

A história da República Romana surgiu após a deposição dos Tarquínios. Nessa época, os romanos já eram um povo orgulhoso e agressivo, com uma população em rápido crescimento. Assim, esse novo período da história romana caracterizou-se pelas infindáveis lutas contra povos invasores, em que se preocupavam mais com a expansão territorial e menos com o desenvolvimento cultural.

Devido às lutas políticas internas, Otávio (63 a.C.-14 d.C.) ocupou o poder e se tornou o primeiro imperador romano. Desgastados pelas disputas internas e externas, os aristocratas romanos e o povo apoiavam a instalação de um governo forte, que estabilizasse a política e a economia de Roma.

Até o fim do século 2, Roma foi governada por quatro dinastias de imperadores:

- Dinastia Júlio-Claudiana (14-68): com os imperadores Tibério, Calígula, Cláudio e Nero. Essa dinastia esteve ligada à aristocracia patrícia romana e sua principal característica foram os constantes conflitos entre o Senado e os imperadores. Em meio às revoltas militares, Roma teve em um ano três imperadores: Galba, indicado pelo exército da Espanha, Otão, indicado pela guarda pretoriana e Vitélio, indicado pelo exército do Oriente.

- Dinastia Flávia (68-96): com os imperadores Vespasiano, Tito e Domiciano, esteve apoiada aos grandes comerciantes. Os imperadores dessa dinastia, amparados pelo exército, submeteram totalmente o Senado. Então os romanos dominaram a Palestina e houve a dispersão (diáspora) do povo judeu. Com governos relativamente tranquilos, verificou-se um reequilíbrio da economia e das instituições.

- Dinastia Antonina (96-193): com Nerva, Trajano, Adriano, Antônio Pio, Marco Aurélio e Cômodo, Roma conheceu um período de grande prosperidade, pois os imperadores dessa dinastia, exceto o último, foram excelentes administradores. Adotaram uma atitude conciliatória em relação ao Senado. Roma jamais voltou a conhecer um período de esplendor semelhante a este.

- Dinastia Severa (193-235): com Sétimo Severo, Caracala, Heliogábalo e Severo Alexandre, caracterizou-se pelo início de crises internas e pressões externas, exercidas pelos bárbaros, prenunciando o declínio do Império Romano, a partir do século 3 da era cristã. Em 235, iniciou-se um longo processo que se estenderia pelos dois séculos seguintes e culminaria com a desagregação de grande parte do Império Romano.

Ao longo do Baixo Império, os imperadores tentaram introduzir reformas para superar a crise. Diocleciano (284-312), ao assumir o trono, criou uma forma de governo, à qual foi denominada Tetrarquia, exercida por quatro generais. Com isso, Diocleciano pretendia evitar as disputas por ocasião da sucessão e facilitar a defesa dos territórios.

No reinado de Constantino (313-337), este restabeleceu o poder centralizado e também efetuou reformas. Por meio do Edito de Milão, concedeu liberdade religiosa aos cristãos. Após promover a reunificação do Império, transferiu a capital de Roma para Bizâncio, situada mais ao oriente, que passou a ser chamada Constantinopla.

Mais tarde, o imperador Teodósio (378 a 395) promoveu ainda outras medidas para contornar a crise. Instituiu o cristianismo como religião oficial do Império. No âmbito administrativo, realizou, em 395, a divisão do Império em duas partes, uma no Ocidente, com capital em Roma, e outra no Oriente, sediada em Constantinopla. Com a morte de Teodósio, o Império foi dividido entre seus dois filhos: a parte mais desenvolvida foi dada a Arcádio, com capital em Constantinopla; a parte decadente ficou para Honório, com capital em Roma.

No Ocidente, o poder central mostrava-se impotente para conter as sucessivas invasões das fronteiras por outros povos, que passaram a controlar extensas regiões do Império Ocidental. Em 476, após inúmeras invasões e acordos dos germânicos com o Império Romano do Ocidente, Odoacro, rei dos hérulos, destronou Rômulo Augústulo, último imperador romano. Assim, desintegrava-se o Império Romano do Ocidente, em cujo território surgiria, posteriormente, diversos reinos germânicos.

A queda do Império Romano do Ocidente marcou o fim da Antiguidade e o início da Idade Média. O Império Romano do Oriente durou ainda quase mil anos, até 1453, quando Constantinopla foi tomada pelos turcos otomanos. Esse fato marcou o fim da Idade Média e o início da Idade Moderna.

No período lendário dos reis, isto é, até a metade do primeiro milênio a.C., o adorno de metal era relativamente raro. As contínuas guerras pela consolidação do estado que se estava formando, e a extrema austeridade nos costumes da vida cotidiana, em que insistiam os primitivos romanos, excluíram qualquer luxo pessoal. No entanto, já nessa época remota se conheciam em Roma enfeites sabinianos e outros importados da Jônia, e mais especificamente dos etruscos. Mas, em geral, ouro e pedras coloridas, como a granada, eram comumente usados. A Figura a seguir apresenta inspiração na ourivesaria etrusca.

Figura 259 – Brinco, datado dos séculos 7-6 a.C. Peça circular, decorada com palmetas e flores de lótus soldadas ao anel de suporte. Acervo Museo Arqueológico Nacional de Madrid

Fonte: *CERES* (2022)

A decoração do brinco (Figura 259) foi realizada por duas folhas em forma de lua crescente, soldadas uma à outra, interior e exterior, e as bordas são decoradas com linhas de pequenos grânulos. Essa parte é decorada por uma série de elementos volumétricos, montados em conjunto e intercalados com flores de lótus (representação da árvore da vida) e imitação de pinhas. O contorno externo é formado por espirais e peças cônicas alternadas com rosetas de disco com um botão central, exemplo do repertório de produção de joias, enriquecido a partir do período orientalizante, graças a assentamentos do Mediterrâneo. É também visível a influência etrusca. O disco é parte de um par de rosetas de ouro, decorado com a técnica de granulação, em que pequenas esferas de ouro são dispostas em padrões na superfície que contorna o disco.

Figura 260 – Disco de ouro romano de 530-500 a.C. Peça desenvolvida na Etruria, no período em que os romanos estavam unidos aos etruscos. Acervo Victoria & Albert Museum, Londres

Fonte: kirijewels. Disponível em: https://kirijewels.com/blogs/news/88305350-the-origins-of-jewellery. Acesso em: 19 maio 2022

As ornamentações são muitas vezes combinadas com motivos de grande dificuldade técnica, às vezes preenchendo espaços com massas e figuras, tais como rosetas, formando lótus e palmetas, iconografia simbólica complexa de origem mediterrânea.

Curiosas e exuberantes são as contas de vidro bastante usadas no período monárquico e republicano. Com elas, os romanos executavam colares e pulseiras multicoloridos.

Figura 261 – Pulseiras com contas coloridas, de vidro, 1º milênio

Fonte: *The Metropolitan Museum of Art*, NY, EUA (2022)

Figura 262 – Cinco brincos de ouro com elementos esféricos, romanos, século 1 a.C.-1 d.C. Os brincos estão associados aos ornamentos do vestuário

Fonte: *The Metropolitan Museum of Art*, NY, EUA (2022)

2. PERÍODO REPUBLICANO – 509 a.C. - 27 d.C.

Durante o período republicano, Roma, de uma pequena cidade, transformou-se no maior império da Antiguidade. Os romanos iniciaram suas conquistas pela própria Península Itálica. No século 3 a.C., toda essa região já havia sido dominada. Roma começa, então, uma série de guerras, que culminam com a conquista de todas as terras que circundam o mar Mediterrâneo.

Dois fatos importantes marcaram o Período Republicano de Roma: a luta dos plebeus para conseguirem igualdade de direitos com os patrícios e a formação do grande Império Romano por meio das conquistas militares.

Todo o século 1 a.C. decorreu em meio a lutas internas. Essas lutas afetaram a estrutura do Estado romano enfraquecendo as instituições republicanas. Esses acontecimentos geraram um clima de instabilidade política e diversos militares passaram a disputar o poder político. Roma experimentou os governos militares e autoritários dos generais Mário, que defendia a camada popular, e Sila, que defendia a camada aristocrática.

Nos primeiros séculos da existência da República, as simples modalidades dos romanos tampouco se modificaram essencialmente. Os usos tradicionais que os antepassados praticavam e a áspera disciplina varonil seguiram constituindo sempre o ideal desse povo que havia conseguido subjugar às tribos circunvizinhas e conquistar logo toda a Itália. Mas com o engrandecimento constante do Império, cresceram não somente o poderio e a riqueza do Estado, mas se transformaram também a mentalidade e o nível de vida do cidadão romano.

Civita (1969) elucida que nos primórdios romanos, ainda no tempo da República, a arte romana ainda apresentava muitas características etruscas. O autor referenciado complementa:

> Por influência etrusca, as chamadas artes menores ganharam especial atenção dos romanos. Moedas e medalhas, além das indicações históricas que fornecem, alcançam por vezes a categoria de obras-primas. Os trabalhos em marfim tiveram seu apogeu no Período Bizantino, enquanto as oficinas dos ceramistas produziram, em muitas províncias, notáveis vasos decorados em relevo [...]. As artes suntuárias de Roma não dispensaram taças de cristal esplendidamente lapidadas, e joias de ouro, minuciosamente trabalhadas. No entanto, pareciam ser admiradas mais pelo valor material do que pela delicadeza de confecção. E essa qualidade é inexcedível

> nos camafeus, obtidos de certas pedras cujas diversas camadas podiam ser desigualmente desbastadas pelos artífices. (CIVITA, 1969, p. 270, 182, 183).

Os adornos durante a época republicana se revestiam de luxo e requinte. Os ourives romanos haviam herdado as técnicas etruscas de trabalhar os metais, contudo suas coleções não apresentavam o esmero técnico daqueles.

Para a ourivesaria, os romanos tomaram como modelo tanto a ourivesaria etrusca quanto a grega, e até um toque do Oriente persa. Sem dúvida, porém, os primeiros ourives que serviram a Roma foram os etruscos. Mas o ourives romano também tinha anéis com losango gravado, de derivação grega, ou o besouro giratório. As joias de ouro e gemas multiplicaram-se no final da época republicana e sobretudo a partir da época de Augusto (27 a.C. - 14 d.C.), com a abertura dos mercados orientais de onde vinham as pedras preciosas. A produção de joias de ouro e prata, destinadas à classe dominante, começou no ocidente grego desde o início da colonização, no final do século 8. a.C., com fíbulas e colares de pingentes com formas de discos em folha de ouro, pingentes de prata inspirados em modelos orientais, e conjuntos de escaravelhos em faiança egípcia.

As pérolas, pescadas no Oceano Índico e no Mar Vermelho, se espalharam, usadas não apenas em joias, mas também para enfeitar roupas e até sapatos. Plínio e Tácito se entristeceram com tanto desperdício de dinheiro devido à vaidade feminina, mas não pensaram no artesanato e no comércio que floresciam e alimentavam a população. Preocupavam-se em criar harmonia entre roupas, sapatos e joias. Os vestidos das mulheres romanas estavam entre os mais belos porque não eram complicados, mas flutuantes, leves e femininos, sem constrangimentos, mas em pleno alinhamento do corpo, e de cores pastel e vivas. Até as joias eram inimitáveis, com o aspecto dourado escuro característico do ouro de 22 quilates usado na época, pois os romanos estavam mais atentos ao gosto do que ao peso do objeto.

Pedrosa (2008) menciona que o metal mais valorizado pelos romanos era o ouro, em função de suas características, pois não era corrosivo nem se deteriorava, sendo, portanto, eterno e incorruptível, como os ideias de cidadão da época. Por este motivo, só podiam ser utilizados pela classe mais abastada ou em ocasioes especiais, principalmente em sessões de honras militares. Mais tarde, seu uso foi estendido aos demais cidadãos.

E Dowdle (2021) complementa que os romanos eram apaixonados por pedras preciosas, com especial apreço por esmeralda e pérolas, cujos materiais eram provenientes de diversas regiões do mundo antigo. O ouro vinha das províncias romanas e esmeraldas, ametistas e pérolas do oriente. As esmeraldas eram valorizadas por sua cor verde, conexões com a fertilidade e propriedades curativas. Os joalheiros romanos viam nas esmeraldas um alívio para seus olhos cansados.

Os brincos são uma das formas mais antigas de joalheria que existem. As mulheres do Império Romano usavam brincos principalmente para embelezar o rosto, e também para simbolizar seu valor ou posição na sociedade. A ametista, que servia como sinal de encantamento, era um dos materiais mais populares que podia ser embutida em brincos. Contudo era a esmeralda a pedra mais cobiçada pelas mulheres romanas.

Figura 263 – Brincos de ouro com granada, pérola e esmeralda, século 1. Acervo Museu Nazionale Romano-Palazzo Maximo alle Terme

Fonte: *Cultura & Culture* (2022)

Figura 264 – Par de brincos romanos de ouro, esmeraldas, ametistas e pérolas, século 1-3 d.C.

Fonte: Elizabeth Dowdle (2021) In Johns Hopkins Archaeological Museum (2022)

O valor das esmeraldas era grande, se comparado com o das pérolas. As pequenas pérolas penduradas entre as grandes esmeraldas dos brincos provavelmente teriam atraído mais atenção dos espectadores romanos. As pérolas, ou margaritas, eram importadas da Índia e do Golfo Pérsico, e eram valorizadas tanto por sua singularidade (não há duas iguais) quanto por seu brilho, que era muito maior do que o dos diamantes brutos usados pelos romanos. Possuir uma pérola – quanto mais brincos com duas cada – era considerado um grande luxo. O som das pérolas batendo contra as esmeraldas também chamava a atenção para a mulher que usava esses brincos, aumentando a consciência dos outros sobre sua presença e status. As grandes esmeraldas podiam compor a maioria desses brincos, mas as pérolas eram o que os estabeleciam como verdadeira joia de luxo. Antes das conquistas orientais de Alexandre, no final do quarto século a.C., as pedras preciosas não estavam amplamente disponíveis no mundo grego. Os joalheiros gregos se prezavam por seu domínio da metalurgia e usavam pedras preciosas com moderação. Uma mudança importante no design da joalheria antiga ocorreu, no entanto, no período romano. Em vez de padrões elaborados em ouro, os novos designs apresentavam pedras maiores e mais brilhantes em configurações mais simples que contribuíam para uma aparência menos acabada. Aqui vemos os efeitos dessa mudança em primeira mão: embora os brincos sejam certamente impressionantes, sua beleza deriva da combinação de materiais preciosos e da presença de grandes esmeraldas e pérolas. O exame atento da estrutura dos brincos e dos engastes que abrigam as pedras destaca a aparência inacabada do ouro, apontando claramente para a preocupação do joalheiro em enfatizar as pedras preciosas. (DOWDLE, 2021, s/p).

O emprego de gemas passou a ser um costume usado pelos ourives, que procuravam unir a beleza e o colorido das pedras ao ouro. No período da Realeza, era muito comum a confecção de joias com pasta de vidro (influência herdada dos fenícios e egípcios) e aplicada em camafeus. Nessa época, os camafeus se constituíam numa joia valiosa e usada pelas mulheres. Em Pompéia e Herculano, foram encontrados exemplos preciosos de camafeus com relevos em marfim, e em pasta de vidro.

Estes camafeus a seguir impressionam pelo desenho e pela apurada execução técnica de esculpir. A anatomia dos cavalos se destaca pela posição em corrida, assim como as figuras que conduzem a carruagem. As figuras foram trabalhadas sobre ágata.

Figura 265 – Camafeu Romano com aurora conduzindo sua charrete, da época imperial tardia, séculos 1 a.C.-1 d.C.

Fonte: *Getty Images* (2022)

Figura 266 – Camafeu com Aurora conduzindo uma carruagem, séculos 1 a.C.-1 d.C. Acervo The Metropolitan Museum of Art, NY, EUA

Fonte: antiqueringboutique. Disponível em: https://www.antiqueringboutique.com/blogs/antique-jewellery/cameos-intaglios. Acesso em: 20 abr. 2022.

Figura 267 – Camafeu representando um grupo Baco. Séculos 1 a.C.-1 d.C. Acervo The Metropolitan Museum of Art, NY, EUA

Fonte: lookandlearn.com. Disponível em: https://www.lookandlearn.com/history-images/YM0251876/Sardonyx-cameo-with-a-Bacchic-group. Acesso em: 20 maio 2022

Figura 268 – Pingente Romano representando uma sacerdotisa com a estátua de Apolo sobre a pilastra, século I a.C., em ouro e cornalina. Os sacrifícios constituíam o principal componente do culto dos antigos romanos. Eram sinais de gratidão, empregados para apaziguar os deuses ou obter seus favores. Convencionalmente, os sacrifícios terminavam com um banquete onde eram compartilhadas as oferendas ou carnes da vítima, e o privilégio de comparecer (ou não) representava a hierarquia social. Roma, Museus Capitolinos. Foto: Giovanni Dall'Orti

Fonte: University of Kent, UK. Disponível em: https://blogs.kent.ac.uk/lucius-romans/2018/04/13/women-and-sacrificia-publica-in-the-roman-republic/#. Acesso em: 20 maio 2022

Outras peças que se destacaram entre os romanos, foram os braceletes e colares finamente executados com ouro e vidro colorido. Eram usados tanto pelos homens quanto pelas mulheres.

Figura 269 – Pulseiras romanas ou Gregas, 40-20 a.C., confeccionadas com ouro, esmeraldas e pérolas. Peças geralmente usadas nos pulsos, separadas como um par combinado

Fonte: *Museum of Fine Arts*, Boston, EUA (2022)

  Cada uma dessas pulseiras (Figura 269), consiste em um anel de ouro cravejado de pérolas com um elemento em forma de um vaso central feito de ouro fundido. Dois fios pesados de ouro em torno das saliências de base laterais, enquanto a parte superior de cada fio termina na cabeça de uma cobra, com uma coroa de pérolas. Na imaginação clássica, cobras eram criaturas benéficas associadas com o culto de Asclépio, deus da saúde, e com as atividades de Baco, deus do vinho e da natureza. Braceletes semelhantes são conhecidos a partir de representações de joias em mortalhas do período inicial do Egito romano.

Figura 270 – Bracelete romano executado com ouro e uma pedra de cornalina, século 3 d.C. O aro da pulseira é feito de quatro tubos enrolados em espiral, terminando em cada extremidade em uma manga corrugada. A configuração para a pedra é na técnica de cabochon. Uma dobradiça é fixada permanentemente, enquanto a outra pode ser aberta removendo um pino, permitindo que a pulseira seja suspensa e deslizada sobre o pulso. A cornalina é um cone ovoide, truncado na parte superior. Acervo The Metropolitan Museum of Art, NY, EUA

Fonte: digitalmapsoftheancientworld. Disponível em: https://digitalmapsoftheancientworld.com/ancient-art/roman-art/roman-jewellery/#jp-carousel-5371 Acesso em: 19 maio 2022

Figura 271 – Bracelete romano executado com correntinhas de ouro, 30 a.C.

Fonte: *The Metropolitan Museum of Art*, NY, EUA (2022)

As pulseiras ilustram a mudança das superfícies de ouro altamente decorativas, características de joias helenísticas, como adornos populares durante o Período Romano. No decorrer dessa transição, existe também uma alteração no modo do emprego da cor. Para os gregos, a cor foi adicionada por meio do uso de esmaltes opacos e como realce. Os joalheiros romanos, no entanto, muitas vezes criavam ornamentos para mostrar pedras que eram tipicamente cabochões, definidos em ouro lastreados com molduras. As joias da moda foram a granada, a ametista, a safira, a esmeralda e a pérola. O Egito foi a fonte de esmeraldas, e esta pedra muitas vezes foi incorporada em adornos confeccionados por artesãos.

3. PERÍODO IMPERIAL – 27 a.C. – 476 D.C.

A República Romana durou por mais de quatrocentos anos e o então general César serviu-se de seus soldados para ampliar o seu poder. Empreendeu conquistas que mudaram o rumo da história, como de Gália, atual França. Foi morto pelos republicanos, numa conspiração, sendo substituído por Augusto, o filho adotivo de César. Clemente (2011, p. 14), destaca: "o império nasceu sob a insígnia desta situação ambígua, que exigiu um delicado compromisso entre a tradição republicana e a nova realidade representada pela figura do imperador". Governou apoiando-se no exército, mas respeitando a estrutura social que privilegiava a aristocracia que dominara a República. O mesmo autor complementa que o imperador "era um fator de estabilidade, de identidade forte, coletiva, que dava um sentimento de pertença a um organismo que dominava o mundo da época" (CLEMENTE, 2011, p. 14). Assim, é notório que o luxo e a ostentação tivessem alcançado toda a sociedade do Império Romano de então.

Clemente afirma que

> [...] a arte da Era Imperial não foi só arte dos imperadores, mas também de uma sociedade complexa, em que diferentes aristocracias regionais competiam em luxo, beleza e sofisticação, imitando a corte imperial e a vida na metrópole. (CLEMENTE, 2011, p. 79).

A história do adorno romano, que abrange mais de doze séculos, se divide em dois grandes períodos opostos entre si. O primeiro destes períodos se inicia com a época dos reis, ou seja, no sec. 7 a.C., estendendo-se até o século 2 da mesma era, momento no qual a República Romana se converte em dona e senhora do mundo então conhecido. O segundo período compreende o lapso da hegemonia mundial de Roma e termina com a queda do Império Romano do Ocidente no ano de 476 de nossa era.

Além disso, não carece de interesse a observação de que, em oposição à Grécia, onde a vida de família se mantinha isolada e permanecia ignorada pelo estado, a totalidade da vida da nação romana, desde seus começos, se baseava na existência da família como núcleo fundamental. Enquanto a mulher grega levava uma vida reduzida a suas atividades domésticas no gineceu, a romana aparecia na vida pública, e ao ocupar-se de arte, de literatura e de política tinha a oportunidade de exibir suas joias, dominando com o seu atrativo sensual e espiritual.

Burns comenta:

> Os romanos, nunca igualaram os gregos nas realizações intelectuais e artísticas. As causas podem ser, em parte, de ordem geográfica. A Itália não possuía recursos minerais, exceto algum mármore excelente e pequenas quantidades de cobre, ouro e ferro. Sua extensa costa possui unicamente dois bons portos: Tarento e Nápoles. Por outro lado, a quantidade de terra fértil do solo italiano é muito maior que a da Grécia. Em consequência, os romanos estavam destinados a permanecer um povo essencialmente agrícola durante a maior parte de sua história. (BURNS, 1982, p. 211).

Tanto os adornos quanto outras linguagens da arte se desenvolveram no Império Romano de forma unitária inspirando-se em diversas correntes, seja por influência dos gregos ou dos etruscos. Deve-se acrescentar ainda que as comunicações colocavam os romanos em contato com outras culturas das quais absorveram técnicas e formas de grande valor expressivo. Dificilmente encontram-se nomes que atestam a autoria das obras ou das joias executadas em todo o vasto território dominado pelos romanos. A arte era produzida para mostrar e conscientizar o povo sobre a importância social e cultural, especialmente visível nos retratos e baixos-relevos. Nestes, a história era narrada em detalhes, uma maneira de informar a sociedade sobre os acontecimentos. Os romanos usavam uma seleção diversificada de materiais em suas joias devido a pouca variedade de recursos naturais encontrados no continente Europeu e no Mediterrâneo que estavam sob seu domínio. Eles também tinham uma ampla rede de comércio, que lhes deu acesso a materiais exóticos e pedras preciosas que chegavam da Pérsia, do Vale do Indo, da Índia e do Extremo Oriente. Mas, na época imperial, os soberanos passaram a usar joias, tendo os seus retratos gravados como símbolo de poder.

Os romanos foram hábeis na arte de confeccionar camafeus, assim como pingentes, como exemplifica as imagens a seguir.

Figura 272 – Camafeu de sardônica representando a apoteose do imperador Tibério e Germânico em homenagem ao imperador, civilização romana, por volta de 23 d.C. A direita, Camafeu em sardônica com um sátiro e duas bacantes, grupo báquico com pantera. Século 1 a.C. - século 1 d.C.

Fonte: *Antique Jewelry University* (2022)

Figura 273 – Camafeu com o retrato do imperador Augusto, cerca de 41-54 d.C.

Fonte: *The Metropolitan Museum of Art*, NY, EUA (2022)

    O camafeu da Figura 273 retrata Augusto como um semideus triunfante vestindo a égide, uma capa geralmente associada a Júpiter e Minerva. Aqui, é decorado com a cabeça de um deus do vento, fazendo referência à anexação do Egito por Augusto após a derrota de Marco Antônio e Cleópatra, em Actium, em 31 a.C.

Figuras 274, 275 e 276 – À esquerda, pingente com representação de Roma- Busto da deusa Roma guerreira, com elmo e a empunhadura da espada em forma de cabeça de águia. A deusa segura também o corno da abundância, símbolo de prosperidade e fertilidade. Ao centro, pingente romano com o retrato do imperador Lúcio Vero e a armação em ouro. A direita, Camafeu romano com retrato do Imperador Augusto

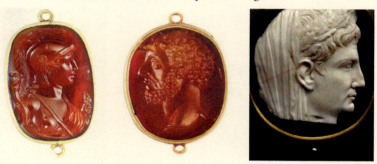

Fonte: Clemente (2011, p. 142, 117, 124)

Na peça (Figura 274) destaca-se o busto da deusa Roma, guerreira com elmo e a empunhadura da espada em forma de cabeça de águia. A deusa segura também o corno da abundância, símbolo de prosperidade e fertilidade. No interior da Figura 275, cornalina com o retrato do Imperador Lúcio Vero. Na Figura 276, camafeu executado em ônix branco sobre fundo de um tipo de alabastro calcário, retrata o Imperador Augusto com a cabeça envolta por um véu olhando para a direita com uma coroa de carvalho como honraria a quem tivesse salvado a vida de um cidadão romano, simbolizando que o imperador era o salvador do estado romano (CLEMENTE, 2011).

Figuras 277 e 278 – Camafeu em sardônica com o retrato da Imperatriz Lívia "A esposa do Imperador Augusto". A direita, pingente com entalhe do Imperador Augusto divinizado, 27 a.C. - 14 d.C.

Fonte: String Fixer (2021) e Clemente (2011, p. 266)

Figura 279 – Entalhe com Eros, uma das joias preciosas que integrou a exposição Roma – A Vida e os Imperadores, no Masp, em São Paulo em out. de 2011. (Museu Arqueológico Nacional de Florença)

Fonte: Clemente (2011, p. 78)

Uma das joias mais populares da época romana era o broche, usado para prender as roupas e os anéis que eram considerados uma das únicas peças de joalheria aceitáveis para serem usadas pelos homens (um em cada dedo das mãos ou nenhum). Foi essa moda de carregar anéis que deu origem aos "anéis de sinete", anéis feitos especialmente com gemas gravadas que eram usadas para imprimir o sigilo da classificação do usuário ou o brasão da família na cera. Mais tarde, essa tradição foi adaptada para a criação de selos autônomos.

Pequenos broches, muitas vezes em formas de animais lunáticos, eram usados tanto pelos soldados romanos estacionados nas províncias quanto pela população nativa. Embora broches nessas formas apareçam em todo o mundo romano, a distribuição de achados e os restos arqueológicos de oficinas sugerem que os principais centros de produção eram na Grã-Bretanha e na Gália.

Figura 280 – Broche romano datado do século 3, na técnica de esmalte *champlevé* e liga de cobre. The Metropolitan Museum of Art, NY, EUA

Fonte: picryl.com. Disponível em: https://picryl.com/search?q=%23brooches. Acesso em: 18 maio 2022

Figura 281 – Broche romano datado do século 2, na técnica de esmalte *champlevé*, liga de cobre. Cachorro atacando um javali. The Metropolitan Museum of Art, NY, EUA

Fonte: picryl.com. Disponível em: https://picryl.com/media/brooch-in-the-form-of-a-dog-attacking-a-boar-8434a6. Acesso em: 26 maio 2022

No século 3, os romanos passaram a criar peças de joalheria com temas imitando animais graciosos, estilizados, como se pode observar nas figuras 282 e 283.

Figuras 282 e 283 – Broches romanos datados dos séculos 2-3, técnica de esmalte *champlevé* liga de cobre

Fonte: *The Metropolitan Museum of Art*, NY, EUA (2022)

Figuras 284 e 285 – Broches romanos datados do século 3, na técnica de esmalte *champlevé* e liga de cobre. Característica marcante deste período foi também a esmaltação denominada *Millefiore* (mil flores) — muito popular na Gália — usada muitas vezes para decorar broches e embarcações. Nesta técnica, o artista funde varetas de vidro de cores diferentes. As hastes coloridas são então cortadas em secções transversais, as quais são colocadas numa base metálica e suficientemente aquecida para que elas possam aderir. O resultado é um intrincado padrão de flores e tabuleiros. The Metropolitan Museum of Art, NY, EUA

Fonte: sketchfab.com. Disponível em: https://sketchfab.com/alienor.org/collections/musee-charbonneau-lassay-a-loudun-france-fa897ff4a22e4faab74797ce935fa2ea. Acesso em: 18 maio 2022

Figuras 286 e 287 – Broches romanos com esmaltação *Millefiore*. século 3

Fonte: *The Metropolitan Museum of Art*, NY, EUA (2022)

Nesse período, o simples agricultor e o corajoso guerreiro romano se converteram nos "dominadores do mundo". Em suas vitoriosas incursões de conquista para a Sicília, Cartago, Grécia e, sobretudo, Egito, recolheram imensos tesouros de valiosos objetos artísticos, especialmente pedras, pérolas e ouro, que logo foram exibidas ao povo nas ruas de Roma em solenes cortejos de triunfo. Então uma cobiça irreprimível surgiu não somente pela nobreza, mas também dos cidadãos romanos; foi um desejo desenfreado de acumular riquezas e objetos de luxo pessoal. Mas não lhes atraía a alta qualidade das formas, nem tampouco a execução das obras de arte ou joias.

O valor material ou a raridade era alvo de admiração, pois o romano nunca amou a arte de forma genuína, mas simplesmente via nela um acompanhamento agradável da vida diária. Passou então a se interessar pela suntuosidade e pela ostentação de suas riquezas calculadas em seus efeitos. Uma espécie de delírio de grandezas se apoderou do romano e minou a moral de um povo, que por espaço de tantos séculos tinha sido modelo de vida austera e simples.

Dessa inclinação, saiu muito favorecido o adorno pessoal, e resultou, assim, que o romano já não podia contentar-se com o desdobramento mais exagerado de joias sobre a sua pessoa; por isso também confeccionava peças isoladas desmesuradamente grandes, pesadas, custosas e de cores chamativas, enquanto a forma, assim como a execução fina, desempenhou somente um papel subordinado. O enfeite do romano no fim da República era o índice da riqueza de seu portador, e não de sua cultura e bom gosto.

Civita menciona que:

> É justamente a partir do Império que as artes menores tomam impulso, graças à popularidade crescente dos combates na arena. As armaduras e elmos de bronze, trabalhados em relevo com motivos guerreiros ou mitológicos, eram parte indispensável na indumentária dos gladiadores. (CIVITA, 1969, p. 283-284).

Por outro lado, Beard enfatiza: "Plínio, O Jovem-cujo tio, 'O Velho', era um dos mais ferozes críticos da extravagância, em tudo, desde mesas de uma perna só até usar vários anéis no mesmo dedo-, descreveu sua própria *villa* no campo, a poucos quilômetros de Roma, em uma de suas cartas. Era, explica ele, 'adequada ao propósito e não muito cara de manter' (BEARD, 2017, p. 430, grifo do autor).

Em vão, Catón, o Censor, o mais zeloso defensor da antiga austeridade dos costumes, manifestava-se contra o luxo e os vícios da nobreza, que se propagavam com a sua sequela de: *ambitio, avaritia, luxuria*. Não se fazia caso algum nem se acatavam uma série de leis, como a *Lex Appia, Lex Vocanía, Lex Cornelia*, e outras. O luxo e a derrota fastuosa seguiam aumentando. Quando, por exemplo, o general Licinio Lúculo, ao terminar as guerras contra Mitridates, rei do Ponto, faz sua entrada triunfal em Roma, não somente ele mesmo e seu séquito estavam sobrecarregados de joias e caudais, mas uma fileira de 52 carros arrastava pesadamente os tesouros, sem contar oito mulas em cujos lombos se carregaram muitas camas incrustadas com ouro.

Cneo Pompeu, o organizador das províncias romanas na Ásia, durante um banquete, fez dividir em copas de ouro a cada um de seus mil convidados o tesouro existente. Certamente o imperador Augusto, um dos governadores mais geniais que teve o Império Romano, conseguiu deter com a mão firme a dissipação e o luxo. Entretanto com a morte deste monarca, generalizou-se novamente o luxo de antes, para não desaparecer mais até quatro centúrias depois, com o fim do Império. A mulher de Calígula, Lolia Paulina, usava constantemente sobre si pedras e pérolas por valor de muitos milhões de sestercios (antiga moeda romana). Um diadema de cerimônia de Nero custou quatro milhões de sestercios, e Popea Sabina, sua segunda esposa, passeava em uma carruagem de prata maciça, em que a atalaia das mulas estavam cobertas de ouro (KERTSZ, 1947).

É ainda Beard que esclarece:

> Por todo o império os ricos ostentavam sua riqueza em acomodações amplas e caras, medidas não pela área do piso, mas pelo número de telhas no teto (segundo uma lei, para se qualificar como conselheiro local a pessoa precisava ter uma casa com 1500 telhas). E desfrutavam dos muitos prazeres que o dinheiro podia comprar, desde sedas a especiarias orientais, escravos capacitados e antiguidades caras. (BEARD, 2017, p. 430).

O enfeite e a técnica romana se difundiram em todas as partes onde dominou a cultura romana, da Espanha até Ásia Ocidental e da Bretanha até o norte da África. Quando o Império do Ocidente sucumbiu ante os povos invasores, a arte romana se salvou no Império do Oriente, até que, ao fim de muitos séculos, ressuscitou a uma nova vida no Renascimento italiano.

Comparados com os gregos e com o encanto de suas criações artísticas, os romanos constituem um povo sob cujo domínio de determinadas disciplinas não evoluiu com um ritmo digno de sua importância histórica, e nada menos que um de seus grandes poetas, Virgilio, o reconhece ao declarar: "outros em verdade, lavrará, com mais primor o animado bronze, tirarão do mármore animadas figuras, tu, oh romano!, atende a governar os povos; essas serão as tuas artes, e também impor condições de paz, perdoar aos vencidos e derrubar aos soberbos" (KERTSZ, 1947).

    Na arte de trabalhar o ouro, os romanos demonstraram que absorveram o conhecimento dos etruscos, porém sem o fino acabamento daqueles. A influência grega foi muito forte na cultura romana, como mostra o bracelete (Figura 288) que apresenta um nó Heracles ou nó de casamento, tipicamente grego. Executado com fios de ouro grossos que foram enrolados em dois semicírculos fechando com o nó. No centro, há uma fileira de pequenos grânulos.

Figuras 288 e 289 – Bracelete Romano, época imperial, século 2. Vista externa. À direita, vista interna. Nota: Existe uma longa tradição de pulseiras com os chamados nós de Hércules, mas por razões de construção esta é atribuída ao Período Romano

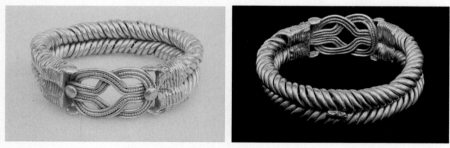

Fonte: *The Metropolitan Museum of Art*, NY, EUA (2022)

Figura 290 – Bracelete de ouro do período imperial romano, séculos 2-4 d.C.

Fonte: *Museum of Fine Arts*, Boston (2022)

Também popular era o motivo romano representando uma serpente enrolada que simbolizava a imortalidade. Ela era tipicamente empregada em pulseiras de ouro como mostra a Figura 291.

Figura 291 – Bracelete em forma de serpente, século 1. As joias com motivos de cobra não se limitavam ao Egito nos períodos ptolomaico e romano e, de fato, não eram um tipo tradicional de joias egípcias antes desse período. Pulseiras com animais, incluindo cobras, apareceram na Ásia Ocidental por volta do século 8 a.C., e se espalharam pela Grécia no século 5 a.C., e chegaram ao Egito principalmente com a dinastia ptolomaica. Na cultura grega certamente havia associações de cura com cobras, mas também pode ter havido outras associações. Acervo The Metropolitan Museum of Art, NY, EUA

Fonte: theadventurine. Disponível em: https://theadventurine.com/culture/jewelry-history/summer-jewels-antique-snakes/. Acesso em: 19 maio 2022

Já a pulseira articulada é geralmente composta por duas peças básicas. A Figura 292 mostra um exemplo, em que a pulseira possui um aro elaborado, o qual é composto de elementos de ouro com granulação adicional. O ornamento central é composto por seis configurações da caixa de quadrados em torno de uma composição central com gemas semelhantes, mas de forma retangular, todas definidas com esmeraldas. Ambas as partes são unidas por dobradiças que permitem que a pulseira possa ser aberta. À primeira vista, a joia parece ser simples, mas um exame mais atento revela detalhes sofisticados. As configurações elevadas tornam-se mais amplas em direção ao topo, dando ao centro um peso e ritmo particular. O método utilizado para apresentar a superfície das esmeraldas, exatamente no mesmo nível das bordas de ouro, não só cria uma harmonia visual, mas também prevê uma técnica que mais tarde tornou-se popular na joia do período de migração. O aro, com a sua superfície em relevo, pequenos glóbulos e pequenas aberturas entre os elementos individuais, cria um efeito brilhante que parece contradizer a elegância discreta da central. Esse tipo de pulseira repete o formato básico de anéis composto por painel e aro.

Figura 292 – Pulseira romana do período imperial tardio, séculos 3-4

Fonte: *Romano Impero* (2022)

Os resultados das pesquisas sobre joias descobertas em túmulos romanos sugerem que os braceletes eram usados em pares, sendo um em cada braço. Alguns túmulos revelaram até sete argolas da joia em cada braço, o que mostra como as convenções para homens e mulheres eram diferentes. Foram descobertos também véus bordados com fios de ouro e coroas executadas com folhas desse metal.

Figura 293 – Coroa funerária de ouro séculos 1-2 d.C. A coroa é composta por folhas de carvalho e bolotas. Os retratos de múmias egípcias do período romano geralmente mostram o falecido usando essas coroas. Isso é verdade tanto para homens quanto para mulheres, mas os últimos também usavam joias laboradas, rincos, colares e grampos de cabelo

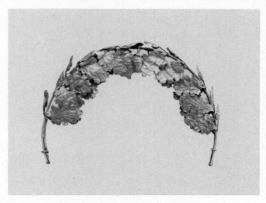

Fonte: *The Metropolitan Museum of Art*, NY, EUA (2022)

Embora grande parte das joias produzidas em Roma inicialmente se assemelhasse a joias gregas e etruscas, os motivos desenvolvidos foram novos ou derivados de outras culturas, e mantiveram-se bem estabelecidos ao longo do período romano antigo. Inicialmente, o costume de fabricar as joias era mais conservador e austero, quando comparado com outras culturas do Mediterrâneo, mas continuou aproximando-se a um estilo de vida mais ostensivo.

Em relação às mulheres, a joia era principalmente uma exposição de riqueza e de status. As mulheres não tinham nenhuma distinção óbvia da posição social por meio do seu vestido como os homens romanos. Consequentemente, os penteados e as joias eram a única maneira de serem diferenciadas. A importância da joia para o status da mulher era destaque em determinados eventos históricos. Quando a lei de Oppian foi aprovada em 195 a.C. que limitava o uso da joia e sugeria que ela fosse cedida para materiais de guerra, as mulheres fizeram uma demonstração contrária a essa lei nas ruas. Contudo, durante as campanhas de Marcus Curellius, as mulheres resolveram doar as suas joias para conseguir bastante ouro para a construção de um grande vaso em oferecimento a Delphi. Essa atitude foi recompensada com discursos nos funerais, que tinham sido, até então, somente para os homens.

O tipo e a quantidade de joias usadas pelas mulheres variavam, mas as mulheres mais ricas eram mais chamativas em termos de quantidade e estilo. A joia com âmbar foi usada somente por mulheres de uma classe mais baixa e era vista como vulgar pela classe rica que favorecia a joia de ouro. Outros artigos usados para fazerem joias incluíam as pérolas, grãos de vidro colorido e pedras polidas. Estes seriam inseridos no ouro e variavam em tamanho e estilo, dependendo do status. Era possível dizer muito sobre uma mulher em Roma pela joia que ela usava.

Dentre as peças decoradas da época romana, tem-se o broche e as fíbulas, usados para unir as roupas. As figuras a seguir são uma afirmação do uso de fíbulas com ouro, prata e pedras.

Figura 294 – Fíbula em ouro, séculos 3-4

Fonte: *The Metropolitan Museum of Art*, NY, EUA (2022)

Este tipo de fíbula (Figura 294) usada para prender uma capa ao redor do pescoço tornou-se parte da insígnia padrão dos militares durante o terceiro século d.C. Este exemplo está escrito em latim: *HERCVLI AVGVSTE SEMPER VINCAS* (Que você seja sempre vitorioso, Hércules Augusto); os títulos provavelmente se referem ao tetrarca Maximiano, que se denominava como Hércules. O broche teria sido feito em uma oficina imperial e apresentado como um presente a um membro experiente da equipe imperial (*THE METROPOLITAN MUSEUM OF ART*, 2021).

Figura 295 – Broche em ouro, prata e quatro gemas de cornalina, século 2, feita em Pannonia. Este broche ricamente decorado, forjado em prata, é um exemplo excepcional de um tipo de broche feito na província fronteiriça romana da Panônia, no rio Danúbio. Esses objetos são chamados de "broches de asa" por causa das extensões semelhantes a asas que flanqueiam o botão na curva do arco. Nesta obra, o botão é decorado com padrão em ziguezague, e as duas asas são adornadas com dois pequenos botões. Um design de punção se estende do botão ao longo do comprimento do arco. Como é típica dos outros exemplos sobreviventes desta qualidade, a grande placa trapezoidal é coberta com folha de ouro, exceto onde é perfurada com padrões elaborados. Fio de ouro torcido disposto em linhas onduladas e motivos de pergaminho e coração decoram a folha. Quatro cornalinas emolduram os dois intrincados padrões perto da ponta da placa de captura — um de círculos ligados e um de corações ligados. Pregos de prata arredondados e em forma de roseta também ornamentam a superfície. Exceto por pequenas perdas na folha de ouro, o broche está completo e em excelente estado. Com base em evidências funerárias e pictóricas, broches de asa como este eram usados por mulheres, em pares, no ombro, com as placas de encaixe intrincadamente perfuradas projetando-se acima de suas vestes, criando um efeito padronizado e relativamente delicado

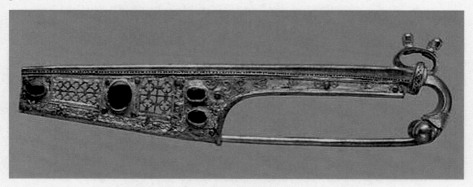

Fonte: *The Metropolitan Museum of Art*, NY, EUA (2021)

Figura 296 - Fíbula em prata, séculos 2-3. Acervo The Metropolitan Museum of Art, New York, EUA

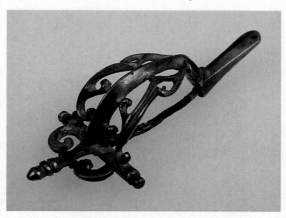

Fonte: garystockbridge617. Disponível em: https://garystockbridge617.getarchive.net/media/crossbow-brooch-3078f1. Acesso em: 15 abr. 2024

Com a ascensão do Império Romano, o ouro foi usado não apenas para fazer joias (muito populares eram os colares feitos de moedas de ouro com o retrato do imperador), mas também para a decoração de interiores e mobiliário. E no século 8 na Toscana, as joias de ouro apresentam uma textura granular. Havia grandes brincos, colares, pulseiras e pingentes que eram ocas por dentro.

O perônio, que é similar ao pino de segurança, era usado como prendedor e muito frequentemente era decorado para fazer parte da joia que era funcional e bela. Os anéis geralmente tinham pedras ou inscrições. Particularmente populares eram alguns artigos de joias com pedras gravadas que eram referidas como o *intaglio*. Essas gemas, como a cornalina, o jaspe e a calcedônia tinham uma imagem gravada, criada com o auxílio de rodas e brocas (KERTSZ, 1947).

Para Roberto Sedycias (2012), tanto no Período Republicano quanto no Império, muitas joias foram decoradas por artistas gregos no estilo grego. Um exemplo de design romano foi derivado do nó Heracles, também conhecido como o «nó de Heracles", ou "nó-casamento", que foi influenciado pelos antigos egípcios e gregos. Esse projeto (amuleto e talismã) foi usado como um amuleto de proteção para afastar o mal. A coroa Isis foi outro motivo emprestado do antigo Egito, esta era usada com frequência em brincos criados durante o século 2 a.C. Outros elementos de joias populares criados pelos romanos em formato circular, usado em colares, pulseiras e brincos, foram o ouro, pedras de vidro colorido e pedras preciosas.

Figura 297 – Colar e vidro com contas de cristal de rocha, século 1 d.C. Romano, Mediterrâneo Oriental. As contas de vidro são decoradas com rostos ou bustos, quatro ou cinco para cada conta, e às vezes separados por desenhos geométricos ou florais

Fonte: *The Metropolitan Museum of Art*, NY, EUA (2022)

Figura 298 – Colar de ouro, romano com esmeralda, cornalina, ônix com faixas e granada cabochon central, século 1 d.C. Acervo The Metropolitan Museum of Art, New York, EUA

Fonte: look and learn. Disponível em: https://www.lookandlearn.com/history-images/YM0246092/Gold-emerald-carnelian-banded-onyx-and-garnet-necklace. Acesso em: 15 abr. 2024.

Figura 299 – Colar de ouro e esmeralda séculos 2-3 a.C. Romano

Fonte: *The Metropolitan Museum of Art*, NY, EUA (2022)

Figura 300 – Colar romano em ouro, ametistas e pérolas

Fonte: Romano Impero (2022)

Figura 301 – Colar e pingente de cristal de rocha e ouro, romanos, do séc. III

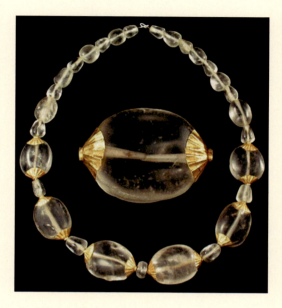

Fonte: Ancienttouch. Disponível em: https://ancienttouch.com/684.jpg. Acesso em: 6 abr. 2024

Figura 302 – Colar de ouro com pendentes, século 3 d.C. Romano, de influência tipicamente grega.

Fonte: *The Metropolitan Museum of Art*, NY, EUA (2022)

Figura 303 – Colar de ouro e pasta de vidro, século 3 d.C. Acervo The Metropolitan Museum of Art, New York, EUA

Fonte: jenikirbyhistory.getarchive. Disponível em: https://jenikirbyhistory.getarchive.net/media/necklace-with-paste-beads-98aded. Acesso em: 15 abr. 2024

Figura 304 – Colar de ouro, granada e pérolas, séculos 1-2 d.C. Acervo The Metropolitan Museum of Art, New York, EUA

Fonte: worldanvil. Disponível em: https://www.worldanvil.com/w/rome-and-the-sassanid-empire/a/roman-hairstyle2C-make-up-and-jewellery-ritual. Acesso em: 15 abr. 2024

O anel é, de todas as joias romanas, a única a receber particulares significados e novas funções. Segundo Plínio (KERTSZ, 1947, p. 221), os romanos nos tempos mais antigos o levaram no dedo anular da mão esquerda, cujo nervo, segundo diziam, vai diretamente ao coração, sendo assim, o anel estaria mais próximo a este. Os anéis que eram um distintivo de nobreza eram colocados no indicador, por serem mais visíveis ali. Para os demais cidadãos, não parecia ser o indicador apropriado para o uso de anéis, tampouco o eram o dedo mínimo e o dedo médio, que, originalmente, se designaram como ineptos.

Plinio afirmava que em seu tempo a mulher romana enfeitava-se nos braços, dedos e orelhas com anéis de ouro, e que cadeias de ouro se enroscavam em torno de sua cintura. A abundância de joias, cujo uso generalizou-se, fez com que a partir do reinado de Augusto se retirassem da circulação grandes quantidades de ouro e prata, provocando paulatinamente uma das causas da crise monetária (KERTSZ, 1947, p. 206).

Nos primeiros anos da Era Imperial, o romano cobria todos os dedos com anéis e frequentemente todas as falanges, já que com o luxo de anéis que se praticava então buscava-se a oportunidade de ostentar o maior número possível. A impressão que devia ter uma mão tão profusamente enfeitada seguramente não era muito agradável, considerando o costume dos romanos de gesticular vivamente, pois Quintiliano, em seu famoso tratado de retórica, recomenda aos oradores não carregarem excessivamente os dedos com anéis.

A peça mais cara usava-se, sobretudo, na mão esquerda, porque ali estavam menos expostas ao dano e podia ser cuidada melhor. Segundo o autor satírico Juvenal (aproximadamente no ano 125), tinha-se para o verão anéis mais leves, observação que nos indica quanto pesados devem ter sido os anéis romanos. Como signo de luto, relata o historiador Tito Livio, tiravam-se os anéis de ouro. É interessante ver que o material determinava não somente o valor efetivo da joia, mas o status do portador.

Na Roma Antiga os homens usavam anéis de ferro para selar e no transcurso da República, o anel de ouro era um distintivo de classe. Primeiramente apenas os nobres tinham direito de levá-lo, mas mais tarde se estendeu o mesmo privilégio também aos cavaleiros. Os embaixadores lhes entregavam o anel de ouro a modo de credencial e de vez em quando representava um privilégio temporário, não era permitido usá-lo depois de ter dado término a sua missão, mas podiam conservá-lo em seu poder, apesar de ter sido custeado com fundos públicos (KERTSZ, 1947, p. 222).

Até que ponto o anel de ouro se estimava e considerava honorífico? Demonstra-se isso no feito em que os romanos, depois de sua terrível derrota na batalha de Cannae, em Apulia, sofrida na mão dos cartagineses, deveriam entregar ao senado de Cartago todos os anéis dos cavaleiros públicos, e esse menosprezo de seu prestigio individual era algo particularmente humilhante. Teriam sido no total três mil anéis, posto que muito nobres, patrícios, senadores e legados fizeram parte na batalha.

O direito de usar anéis de ouro foi estendendo-se, pois os cônsules os podiam outorgar como condecoração por serviços militares ou civis. A importância duradoura, que no organismo do Estado romano correspondia ao anel de ouro como signo de dignidade ou privilégio, se evidencia com a promulgação de uma resolução respectiva do senado que data do ano 23. Proibia o uso indevido daquele, mas não obstante, não podia impedir que usasse anel qualquer um que pelo censo fosse considerado cidadão romano. Até os libertos lhes era concedido a condição de que dispusessem da fortuna necessária para adquirir joias e pudessem progredir.

Sob o imperador Adriano, a investidura com um cargo público estava condicionada à posse de um anel de ouro, o que significava a elevação de classificação de cavaleiro. Os imperadores soldados outorgavam anel de ouro a todos os soldados, mas no século 6, sob o imperador Justiniano, foi permitido usar um anel de ouro a todo aquele que pela lei se considerasse livre. O anel de ferro, que os reis e todos os romanos usavam, permanecia reservado aos escravos. Conforme a tradição segue sendo o enfeite cerimonioso do triunfador e também dos noivos, quando trocavam simples anéis feitos de ferro (KERTSZ, 1947).

Uma distinção muito apreciada constituía o anel de ouro com o retrato do imperador, já que ao mesmo tempo concedia o direito ao portador ser admitido ante o monarca em qualquer instante sem prévia autorização. Para o romano, o anel era ainda muito mais que um mero enfeite, era documento e privilégio, e ele sabia dar-lhe uma função puramente prática ao combiná-lo com a chave com a qual encerrava seus caudais: cofres, ânforas e inclusive celeiros. Às vezes esse anel com chave continha também um selo aderido a ele para controlar que a fechadura permanecesse intacta. A ideia era simples e prática: na argola do anel se fixava a chave, de tal modo que esta ia paralela ao dedo e se adaptava ele sem molestar.

A preferência pelas pedras preciosas ou pedras artisticamente talhadas, determinou que se rompesse com a tradição de usar somente anéis lisos, e o anel se transforma então em uma joia de grande valor. De acordo com o cronista Plinio, o vitorioso general da segunda guerra Púnica Cipião, o

Africano, vencedor de Aníbal em Zama, teria sido o primeiro em usar um anel com uma sardônica como pedra de enfeite. Mas logo os anéis com pedras talhadas artisticamente foram tão apreciados que não se vacilava ante o crime ou a proscrição para apoderar-se de um valioso anel.

Além dos anéis com pedras ornamentais, existiam outros com pedras simples à guisa de amuletos com o desenho do olho. Juvenal menciona um anel com diamantes; os anéis com várias pedras eram designados com um nome especial: *polypsephoi*. Os anéis feitos de uma só pedra possuíam mais valor. Frequentes eram os anéis ocos, servindo-lhes de fecho a pedra de selar. Aníbal teria bebido o veneno mortal de um desses anéis. Também as mulheres começaram a mostrar anéis de ouro em oposição às numerosas leis contra o luxo (KERTSZ, 1947).

A partir do primeiro século de nossa era se generalizaram suportes e pequenos cabides de distintas formas, chamados de *dactilioteca*, para guardar os anéis, por exemplo, trípodes com uma varinha denticulada no meio ou estojos de marfim, cuja tampa arrematava em um botão sobre o qual se colocavam os anéis. O valor de seu conteúdo fez com que se os considerasse especialmente nas leis da herança, e que se controlassem judicialmente aqueles que os herdavam. Julio César consagrou vários desses estojos no templo da Venus Genetrix. O imperador Tibério, segundo se conta, tirou em seu leito de morte seu anel para entregar a seu sucessor. Mas então mudou de parecer e voltou a colocá-lo no dedo, fechando firmemente o punho.

Como mencionado, o anel era um sinal de status de alta classe. Na Roma Antiga, o imperador Augustus permitiu o uso de anéis de médicos e Septimo Severo, em 197, deu liberdade aos soldados para que pudessem usá-los. As figuras a seguir ilustram modelos de anéis romanos em ouro encrustados de gemas e pastas de vidro.

Figura 305 – Anel com representação de esfinge, joia do Império Romano, acervo do Museu Arqueológico Nacional de Florença

Fonte: Clemente (2011, p. 261)

Figura 306 – Anel triplo, romano-sírio, séculos 3-4 d.C. Este anel exemplifica um tipo extravagante de bijuteria que era especialmente popular na metade oriental do Império Romano. As três faixas de dedos suportam cinco configurações coloridas, contendo pérolas, gemas de imitação de vidro e uma conta verde central. Em ouro e gemas coloridas em cabochon

Fonte: *The Metropolitan Museum of Art*, NY, EUA (2022)

Outro modelo de anel de larga difusão foi aquele com haste lisa que se alarga em direção a uma luneta, com a incrustação de pedras. Por outro lado, anéis circulares são raros, com seção circular lisa ou, mais raramente, serrilhados. Ainda mais raros são aqueles em que a haste dobra para formar dois anéis com molduras lisas correspondentes. Porém, mais comuns eram os anéis-selos.

O anel também tinha a função de selo e por isso foram encontrados muitos anéis com aros ou com gemas gravadas. A gravura de gemas torna-se assim uma verdadeira arte e seu uso diz respeito tanto a mulheres quanto a homens. Eram especialmente feitas em ouro, poucos em prata ou ferro e menos ainda em bronze.

Figura 307 – O anel-selo de ouro com gemas gravadas

Fonte: Romano Impero (2022)

Divindades, símbolos romanos, cabeças de imperadores e animais foram gravados na pedra ou jaspe, mas moedas ou pequenas medalhas também o foram em anéis de ouro. Entre os vários modelos documentados, prevaleceram claramente os anéis decorados com uma gema, muitas vezes gravada. A haste é lisa e principalmente oca, feita com uma folha preenchida com resina ou outra substância que lhe dava maior solidez.

Figura 308 – anel romano do II século, de ouro e cornalina com entalhe. O tema principal dos anéis foi direcionado à vida diária e cenas mitológicas. Gemas com esse tipo de imagem incrustadas em anéis, provavelmente eram usadas por oficiais militares. Anéis e joias de estilo semelhante são conhecidos em Pompéia e devem datar de antes de 79 d.C, quando a cidade foi destruída

Fonte: 1stdibs.com. Disponível em: https://www.1stdibs.com/en-gb/jewelry/rings/signet-rings/roman-intaglio-carnelian-ring/id-j_19146272/. Acesso em: 25 ago. 2023

Figura 309 – Anéis Romanos do século 2

Fonte: Clemente (2011, p. 261)

Figura 310 – Anel de ouro com entalhe de cornalina retrato de Tibério cerca de 14-37 d.C. Tibério, enteado de Augusto, já tinha 56 anos quando se tornou imperador em 14 d.C. Sua ascensão estabeleceu o precedente do governo dinástico em Roma pela família Júlio-Claudiana. Apesar de longos anos de experiência como general e administrador sob Augusto, Tibério não era um governante popular e passou os últimos dez anos de seu reinado vivendo recluso na ilha de Capri. Acervo The Metropolitan Museum of Art, New York, EUA

Fonte: tamilandvedas. Disponível em: https://tamilandvedas.files.wordpress.com/2014/12/tiberius.jpg. Acesso em: 19 maio 2022

Figura 311 – Anel Romano com relevo da fundação de Roma (Loba com Rômulo e Remo), em ouro e vidro colorido

Fonte: *Grupenciclopedia* (2022)

Apesar do tamanho modesto do principal território da antiga Grécia, esta não evitou a propagação da influência de sua cultura para além da Península do Peloponeso. Não foi só o comércio o mestre da cultura grega para o Oriente e Ocidente. Muitas vezes, aqueles que amavam o luxo das reservas comerciais gregas feitas por artesãos locais nas colônias nem sempre cumpriram rigorosamente o "estilo grego" e inseriram seus ornamentos nacionais, e até mesmo de formas similares, nas suas joias. Isso contribuiu grandemente para a criação e desenvolvimento nas províncias e colônias de escolas de arte originais. Em comparação com os gregos, os egípcios não acreditavam na qualificação dos ourives. Mas os gregos tiveram uma forte influência sobre a imagem da arte de joias, que foi a base para o desenvolvimento das artes decorativas da Europa Ocidental. Assim, os romanos se inspiraram tanto nas joias gregas como nas de outros povos.

Pedras e pérolas foram particularmente valorizadas pelos antigos romanos, como os colares de ouro encontrados nas ruínas de Pompéia, formando um conjunto com esmeraldas e pérolas. Dentre as gemas, o âmbar era a pedra favorita dos romanos. Uma das expedições mais famosas para a aquisição de âmbar ocorreu durante o reinado do Imperador Nero, quando um membro da ordem equestre romana teria levado para Roma o suficiente para construir um palco inteiro para as lutas de gladiadores. Foram comuns os camafeus, na técnica de cabochon, especialmente em anéis e pingentes.

Dentre as peças cobiçadas, citamos a popularidade de Agripina, personagem muito conhecida entre o povo romano, não menos importante por causa de seu casamento com o muito amado Germanicus, cujas cinzas ela trouxe de volta a Roma depois de sua morte, no Leste, em 21 d.C. Quando Agripina morreu, foi sepultada em Roma no Mausoléu de Augusto.

À medida que o edifício do Estado romano oferece fendas sempre mais abertas e profundas, sua arte, e com ela o seu enfeite, acusa os sintomas de uma mudança que se manifestará no abandono das formas greco-romanas. Estas acabam relegadas em segundo plano, pois, com a irrupção dos bárbaros, o mundo antigo decai e se assiste ao triunfo do velho espírito oriental, vendo-se Roma submetida pelas artes da Pérsia e do Egito.

Isso porque o Oriente, com a suntuosidade de seus materiais ricos em tecidos e joias, exercia sempre uma forte atração, e os produtos que os mercadores sírios introduzem diretamente em Roma intensificam ainda mais o gosto pelos costumes exóticos. Argolas nos tornozelos e pesadas carretilhas de prata nas pernas se incorporam à moda feminina, e inversamente, os homens passam a utilizar enfeites de mulheres, como o imperador e sacerdote do sol, Heliogábalo, quem usava um diadema incrustado de pedras, como o costume feminino (KERTSZ, 1947, p. 206).

Do ponto de vista técnico, o adorno romano oferece todos os procedimentos conhecidos e todas as qualidades possíveis, pois no mercado mundial do imenso império se amontoavam as mercadorias que afluíam de todas as partes.

Mas desde os primeiros imperadores, revelaram-se os indícios de uma mudança radical na execução artística. A modelagem diminuiu porque já não se estimavam as formas que perderam, por conseguinte, em plasticidade e nivelamento, processo paralelo e simultâneo ao da arte dos relevos. A animação das superfícies se efetua agora por meio do trabalho calado ou pela justaposição de cores contrastantes, resultado da mistura de esmalte celta-romano, esmalte campeado, o vidro em células ou incrustações de pedras preciosas. As oficinas de Roma e Alexandria se superavam na imitação de pedras preciosas, não sendo raras assim as falsificações. As pérolas foram muito solicitadas e se classificavam por seu tamanho e brilho. Os exemplares mais belos vinham do Oriente e Egito.

Brincos com modelos diferenciados como flores foram também, comuns na época imperial romana, assim como pingentes pendurados a brincos, empregados nos séculos 2 e 3 durante o império.

Muito mais populares eram os brincos, sendo eles as joias mais usadas. As mulheres também usavam mais de um em cada orelha. Amplamente utilizado eram os pingentes duplos com uma pérola nas pontas que produziam um tilintar agradável. O pingente podia consistir em uma única pérola, talvez grande, ou então em duas ou três pérolas, ou mesmo vários pares de pérolas: "[...] não nos limitamos a apenas colocar uma única pérola grande em cada orelha [...] as orelhas agora estão acostumadas a suportar pesos pesados: elas unem e sobrepõem pares de pérolas" (SENECA, Benefícios, VII, 9, 4). Provavelmente se referia ao tipo pingente, devido ao tilintar que as pérolas produziam ao colidir umas com as outras. Os modelos com mais de duas pérolas eram naturalmente para os mais ricos, com destaque para os brincos "cacho" ou "cesto", em arame ou folha de ouro, de formato hemisférico, nos quais se inseriam densamente contas ou outras gemas. Bastante difundido até o século 3 d. C., foi também o brinco de origem helenística constituído por um simples anel de fio de ouro, decorado com pequenas pedras preciosas, do qual pendem contas desse fio.

Figura 312 – Brinco de ouro e pérola século 1 d.C. Conhecido como "crotalia" (da palavra grega para chocalho ou castanholas) porque os pingentes de pérola produziam um som de tilintar quando usados, brincos desse tipo eram extremamente populares entre as senhoras romanas. Numerosos exemplos foram encontrados em Pompéia e Herculano

Fonte: *The Metropolitan Museum of Art*, NY, EUA (2022)

Figura 313 – adereço para penteado de grande elegância, em ouro e decorado com pedras preciosas. Este diadema da região do Vesúvio em folha de ouro perfurada na qual estão incrustadas grandes pérolas barrocas, evidentemente pertencia a uma mulher de alta posição. As pérolas favoritas dos romanos eram provenientes do mar Vermelho e da Índia. Pendente do tipo crotália, de ouro, pérolas, granadas e vidro. Século III

Fonte: nationalgeographic.pt. Disponível em: https://www.nationalgeographic.pt/historia/as-perolas-que-conquistaram-as-romanas_2988. Acesso em: 16 ago. 2023

    O brinco de argola foi também outra invenção importante dos romanos, aparecendo cerca de 300 a.C. Brincos de argola eram comumente decorados com florões representando animais, bacantes, escravos, ou o deus grego *Eros*.

Figura 314 – Par de brincos com o deus Eros na parte superior. Volutas com folhas de acanto e cordões com pequenas bolhas na parte terminal

Fonte: *Romano Impero* (2022)

A clara mistura de estilos pode ser identificada na diversidade de joias expostas a seguir, como brincos em forma de rosetas e argolas.

Figura 315 – Brincos do período Galo-Romano, com cabeças de leão

Fonte: *AJU – Antique Jewelry University* (2022)

Figuras 316, 317 e 318 – Brinco romano, de ouro em forma de flor, século 3. Brinco inspirado numa rosa com pequenos recortes nas pétalas, século 3. À direita, brinco romano, de ouro, século 2 formado por meias-luas com grânulos acima de uma haste com remate em esfera oca

Fonte: *The Metropolitan Museum of Art, New York*, EUA (2022)

Figuras 319, 320 e 321 – Brincos romanos de ouro. Século 2. À direita, Brinco romano com pendente em forma de jarra em miniatura, confeccionado com ouro e pasta de vidro. Séculos 4-5

Fonte: *The Metropolitan Museum of Art, New York*, EUA (2022)

Figuras 322, 323, 324 e 325 - Brincos romanos. Séculos 2-3

Fonte: *The Metropolitan Museum of Art, New York*, EUA (2022)

Figuras 326, 327 e 328 – Brincos romanos do final do século 4 e início do século 5. Ao centro, pingente de brinco com ouro, pérolas e esmeraldas, século 4. A direita, pintura datada de 190 d.C. com a imagem representada, portando um par de brincos semelhante ao da figura central

Fonte: AJU – Antique Jewelry University (2022); *The Metropolitan Museum of Art, New York*, EUA (2022)

Na área do Vesúvio, foram encontrados colares, quase tão comuns quanto brincos, dificilmente eram de ouro ou prata muitas vezes em material alternativo, como pasta de vidro ou pérolas, coral, âmbar etc. O modelo mais utilizado, de vários comprimentos, possui uma série de grãos esferoidais de cor turquesa, sulcados por nervuras longitudinais.

Figura 329 – Colar com contas coloridas de vidro

Fonte: *Romano Impero* (2022)

Numa análise conjuntural, os brincos confeccionados na época imperial possuem um refinamento técnico, diferentes daqueles da época republicana. Os ourives do Império Romano também passam a utilizar moedas de ouro, prata e bronze como elementos construtivos de enfeite. Na Grécia Clássica, o uso de moedas como elemento de uma joia havia sido inconcebível, porque a adaptação de uma obra artística a um fim distinto do originário tinha sido repudiada pela sensibilidade grega.

Cabe ressaltar que o enfeite romano de moedas e medalhas é especialmente interessante principalmente pelos temas que estão cunhados. Nos primeiros dois séculos do império, gravaram-se com maestria os bustos dos imperadores a imitação dos grandes retratos esculpidos da época. O reverso dessas moedas oferece uma verdadeira crônica ilustrada dos respectivos acontecimentos históricos mais dignos de comemoração para Roma: suas vitórias, tratados, construção de monumentos etc.

As figuras a seguir mostram o uso de moedas como elementos construtivos de joias.

Figuras 330 e 331 – Colar Romano da época imperial tardia, século 3. À Direita, Colar Romano com medalhas, séculos 5-6. O segundo colar exibe medalhões contendo moedas dos imperadores LuciusVerus e Alexandre Severo e de Julia Domna, esposa do imperador Septímio Severo. O uso de moedas retratos imperiais como joias, quase exclusivamente o aureus, generalizou-se com o terceiro século d.C.

Fonte: *The Metropolitan Museum of Art, New York*, EUA (2022); *Met Museum* (2022)

A partir do século 3, os desenhos das moedas, que até então se distinguiram por sua precisão e a reprodução fiel dos originais, resultaram borrados, e por debaixo do emaranhado dos detalhes supérfluos desapareceram os desenhos tão claros. O valor histórico do enfeite com moedas e medalhas é desde então insignificante.

Além disso, se substitui logo a estrutura suave das formas isoladas por certa rigidez e peso. Como nos tempos passados, as joias voltam a ser frequentemente grandes e pesadas. Por seu aspecto exterior, essas tendências distinguem o enfeite romano do grego. Afirma-se, pois, que apesar de Roma depender da arte helênica, a vontade artística do fator autóctone itálico primitivo é ainda tão forte que em um período em que a arte de Roma busca novas orientações, a arte helênica se impõe conscientemente e aponta novos rumos por si mesmo (KERTSZ, 1947).

Os ricos enfeites são realizados por artistas e artesãos de distintas nacionalidades. Ourives etruscos, cujo trabalho se apreciava tanto em Roma desde os tempos mais remotos, habitam um bairro próprio, o "vicustuscus". Além disso, Roma é um ponto de atração para os artistas internacionais, posto que o mercado mundial e a demanda de joias no Império, o assegurava um proveitoso campo de atividade. Plínio disse que os generais vitoriosos não somente mandavam à pátria ouro e pedras, mas também apressavam os ourives, que na sua maioria, em Roma, teriam sobrenome grego.

Na arte das pedras talhadas, gravadas e esculpidas, os romanos produziram tecnicamente obras que se destacam. O interesse pelas pedras era muito profundo já na República. No período de Augusto e ainda no reinado de Nero, a talha dos camafeus estava em seu ponto culminante. O número das camadas cortadas das pedras, como o Ônix, e a delicadeza do tratamento das superfícies eram um critério de alta qualidade. A *gemma Augustea* do ano 12, que se encontra no Museu de História da Arte de Viena, o camafeu de Paris, e o de Holanda, constituem os exemplos mais famosos. Sua representação serve à apoteose da dinastia de Augusto. Outros camafeus mostram temas mitológicos seguindo modelos gregos e helenísticos. Muitas peças são obras mestras de artistas gregos que trabalhavam a serviço dos romanos, e até se conhecem alguns nomes, como o do artista Dioscórides, gravador a serviço de Augusto, e os de seus dois filhos e ajudantes, Eutyches e Hyllos.

As pulseiras eram difundidas, tanto nos braços como nos pulsos e também nos tornozelos. Eram quase sempre em ouro, poucas em prata e menos ainda em bronze.

Figura 332 – Pulseira romana de ouro com incrustação de vidro, séculos 3-4 d.C. Acervo The Metropolitan Museum of Art, New York, EUA

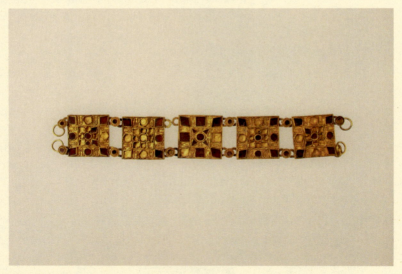

Fonte: Higgins, 1980

Figura 333 – Pulseira romana de ouro, séculos 3-4 d.C.

Fonte: *The Metropolitan Museum of Art, New York*, EUA (2022)

Um modelo de efeito notável e de grande valor é o colar composto por várias correntes de ouro colocadas lado a lado, de modo a formar uma fita na qual as pedras preciosas são fixadas. Poucos exemplares são conhecidos, dois dos quais da área do Vesúvio. Esse colar podia ser enrolado em várias voltas em torno do pescoço e colocado sobre os ombros ou cruzado no peito e nas costas, com os fechos nos pontos de cruzamento, como documentam algumas pinturas funerárias.

O número de peças menos caras encontradas em locais romanos sugere que a maioria das pessoas estava acostumada a usar algum tipo de joalheria. Figuras femininas, que decoram tampas dos sarcófagos também documentam o uso de joias. Após a morte, as mulheres romanas abastadas eram enterradas em um caixão pintado ou sarcófago decorado com encáustica. Estes retratos iriam mostrar a falecida numa idade mais jovem, adornada com suas melhores roupas e joias.

Figuras 334, 335, 336 e 337 – Pinturas de mulheres dos sarcófagos romanos, portando muitas joias. Chamadas de "Retratos de Fayum"

Fonte: *SEDYCIAS* (2012)

Figuras 338 e 339 – Pintura de um sarcófago romano de uma mulher portando uma coroa e brincos de ouro. À direita, a mulher ostenta um grande colar e brincos

Fonte: *The Metropolitan Museum of Art, New York*, EUA (2022); *The Walters Art Museum* (2022)

A Figura 338 é o retrato de uma jovem de vermelho 90-120 d.C. do Período Romano. O fundo deste retrato foi originalmente dourado, enfatizando o status divino da jovem falecida. Ela olha para o espectador com grandes olhos sérios, acentuados por longos cílios. Uma massa de cachos soltos cobre sua cabeça, e alguns fios caem ao longo da nuca. Emoldurada pelos cabelos negros, pescoço profundamente sombreado e túnica vermelho-escura, seu rosto brilhantemente iluminado destaca-se em atraente juventude, impressão que é realçada pela coroa de ouro e joias cintilantes.

Já a Figura 339 retrata uma mulher ricamente adornada com joias, desde seus brincos de ouro e pérolas até os enfeites de ouro em sua roupa roxa e seu pesado colar de ouro. As formas elevadas são criadas com gesso e os elementos são dourados. O design central do grande pingente de disco parece ser uma moeda de ouro, e exemplos de joias antigas romanas e tardias que incorporam moedas de ouro sobreviveram. A vestimenta branca da mulher está amarrada com um nó que pode a ligar ao culto da deusa Ísis. Acredita-se que o formato do painel — mais estreito ao redor de sua cabeça e mais largo em seus ombros — seja característico de retratos de múmias da cidade de Antinoópolis, Egito. Este painel é extraordinariamente grosso, e restos de tecido estão presos nas laterais e nas costas. Antes do Período Romano, a semelhança do falecido na máscara de múmia, caixão e sarcófago era uma representação idealizada que se conformava ao estilo geral do período. Com a chegada do domínio romano no Egito, os retratos de múmias tornaram-se cada vez mais naturalistas. Os retratos foram colocados sobre a cabeça do falecido e presos pelas tiras de linho que prendiam a múmia. Os temas dos retratos são geralmente mostrados no auge de sua vida e muitas vezes são mostrados adornados com roupas e joias luxuosas (The Walters Art Museum, 2022).

Figura 340 – Medalhão com mãe e filho em ouro e vidro, século 4. Nota: a mãe, uma matrona elegantemente penteada, é mostrada com seu filho. Ele usa um grande peitoral de ouro, ou anel de pescoço. Medalhões como este, destinados a serem usados como joias, estão intimamente associados a Alexandria

Fonte: reddit. https://www.reddit.com/r/ArtefactPorn/comments/gwjusd/roman_gold_glass_medallion_with_a_mother_and/. Acesso em: 13 abr. 2024

Numerosas descobertas, procedentes de todos os séculos e de todas as regiões do Império Romano, por exemplo, de Lyon, pertencente à província Gália, de Boscoreale, Herculano e Pompéia, na Itália, permitiram seguir detidamente as distintas correntes artísticas também em matéria de enfeites.

O panorama mais instrutivo e completo da vida dos antigos romanos é oferecido pelas escavações de Herculano e Pompéia. Com o seu trabalho incansável, várias gerações de arqueólogos conseguiram escavar sistematicamente as três quintas partes destas duas cidades provinciais romanas, que em agosto do ano de 79 foram sepultadas pela erupção do Vesúvio sob uma chuva de cinza e lava. Essas duas cidades da Província de Campania, localizadas na baía do Mar Tirreno, foram frequentadas durante os meses de verão pela elegante sociedade romana que possuía ali suas residências para a temporada. O luxo que primava em muitas delas, como banhadeiras de prata, lembra em sua suntuosidade a cidade de Alexandria no Período Helenístico, quando era uma florescente metrópole do Egito e a cidade mais suntuosa do mundo antigo.

Na escavação da casa de Menandro, em Pompéia, chamada assim pelo retrato do proprietário que enfeita o edifício, foi encontrado, em 1931, um baú que continha parte de um serviço completo de mesa de prata maciça, composta de 115 peças, uma grande quantidade de valiosos braceletes e pulseiras de ouro, custosos anéis e colares em perfeito estado de conservação. Apesar de tudo, a descoberta desse tesouro não parece ser nada extraordinária, pois o informante Plínio disse: "Logo, se enfeitou a vasilha de mesa com pedras preciosas, de modo que o ouro da mesma constitui somente o suporte daquelas" (KERTSZ, 1947, p. 216).

As técnicas usadas no fabrico das joias, mesmo no Período Helenístico, embora não com tanto sucesso, foram a filigrana e a granulação que começaram a aparecer com menos frequência, enquanto, a técnica de *opus interrasile* surgiu e ganhou notoriedade. (*opus interrasile* é uma técnica de joalheria que consiste em perfurar um objeto de metal com um cinzel para criar uma decoração. Foi amplamente adotada a partir do século terceiro, em Roma).

O esmalte foi cada vez mais comum em joias romanas, e especialmente nos camafeus, atingindo um ápice de habilidade técnica. Camafeus, muitas vezes de grande tamanho, foram produzidos em grande número.

Uma forma muito utilizada de joias romanas era a fíbula, um broche ou alfinete de segurança para a toga. Anéis também foram populares na joalharia romana e nos primeiro e segundo séculos muitas vezes usados em todos os dez dedos, embora predominantemente na frente da junta, e não atrás como no uso moderno. Uso de anéis e outros itens de ouro, bem como para o enterro de peças, foi legalmente restrito no Império Romano no início, mas os costumes tornaram-se mais liberais e joias tornaram-se amplamente usadas. No entanto o ouro não era barato e o grande número de joias em bronze e prata, e até mesmo anéis de ferro, estavam disponíveis para o portador romano.

O favorecimento de efeitos policromos utilizando gemas aumentou nas joias romanas. Foi usada uma técnica de fixar a pedra ao longo dos bordos em vez de usar a configuração de fecho moderno. Porém a técnica de esmaltação diminuiu e as peças de ourivesaria perderam muito de sua delicadeza. Outras pedras como topázio, safira, esmeralda, diamantes brutos ocasionais e água-marinha foram introduzidas no repertório da joalheria romana e incorporadas também granada, cornalina, pérolas e até esmeraldas do Egito e do Mar Vermelho. Contas de osso, vidro e cerâmica foram utilizadas em peças procuradas pela classe menos abastada socialmente.

A técnica de *niello,* retorno ao passado, reapareceu com um modesto toque de habilidade. *Niello* é uma mistura negra geralmente de enxofre, cobr e, prata e chumbo, usada como incrustação em metal gravado, especialmente prata. É adicionado como um pó ou pasta, depois queimado até que se derreta e seja empurrado para as linhas gravadas no metal. Ele endurece e escurece quando esfria, e o *niello* na superfície plana é polido para mostrar as linhas preenchidas em preto, contrastando com o metal polido, geralmente prateado, ao redor (JOSÉ, 2022).

Os romanos da época imperial usavam todo o tipo de joias: anéis em todos os dedos das mãos e dos pés, fivelas, agulhas de cristal, redes de ouro, diademas e pedras preciosas para os cabelos ou fitas adornadas para serem inseridas nos cabelos, pulseiras nos braços e antebraços, franjas de ouro em lenços, fios de ouro bordados em tecidos, camafeus, pedras preciosas, âmbar, coral, pérolas, prata, colares, tornozeleiras. O âmbar foi também uma demanda nas joias romanas e, no final do Império Romano, a partir do século 3 d.C., foi muito comum em colares e pulseiras. Foi a explosão da arte e do bom gosto da ourivesaria, para declinar já no final do Império, pois a sofisticação e alta habilidade técnica da joalheria clássica diminuíram e logo terminaram.

CAPÍTULO X

O MUNDO CRISTÃO

1. AS JOIAS CRISTÃS PRIMITIVAS - BASES HISTÓRICAS GERAIS

1.1 ROMA OCIDENTAL

A arte dos povos clássicos antigos era a expressão mais eloquente de seu otimismo sensual e o meio, graças ao qual podiam dar forma a seu ideal mais elevado, era a beleza corporal de seus deuses e de seus homens. Seu domínio era o mundano, a matéria.

Mas o Novo Evangelho exigia de seus partidários valores morais, preparação e concentração para uma vida sobrenatural e imaterial, e, ante tudo, o culto do único Deus verdadeiro. Não se fazia nenhuma imagem deste Deus, pois tal imagem poderia servir à idolatria. Rejeitava-se o antigo ideal da beleza na arte: a representação perfeita do homem nu, pois era característica do paganismo e podia servir à imoralidade.

A arte clássica era, por conseguinte, em sua essência, antagônica à primitiva ideologia cristã. Pela força de sua riqueza interior e de sua grandeza moral, essa nova religião pode abster-se por completo de toda manifestação material. E, no entanto, a arte acompanha, tímida e suavemente, ao incipiente cristianismo a partir do momento de sua aparição e divulgação. Como isso foi possível?

A arte, que havia se tornado uma necessidade vital para os habitantes do Império Romano, era um hábito que já estava separado da vida diária e não poderia ser removido do mundo, mas poderia ser canalizada por diferentes meios que correspondessem diferentes propósitos, e poderia também encontrar outros meios de expressão adequados (KERTSZ, 1947).

Em vez do antigo ideal de beleza, a nova arte enfatizava a intenção piedosa, o conteúdo espiritual e significado simbólico do objeto. Assim, a escultura monumental, realização suprema da Antiguidade Clássica, não tinha razão de ser, e logo renascerá para uma nova vida — depois de quase um milênio — inspirada por novos ideais abstratos, cuja fonte é a fé cristã.

Em contrapartida, nos lugares subterrâneos de reunião, a pintura mural toma seu lugar em seguida, pois ainda sob as formas do fim da Antiguidade, constituía o meio adequado para transmitir simbolicamente aos pobres e oprimidos os acontecimentos sagrados e as conexões espirituais.

O enfeite pessoal nos primeiros séculos cristãos era uma missão especialmente importante e honrada. Como a igreja lavrava uma intensa luta pela sua existência, não exigiu aos gentis, que tão alegre e valentemente aceitavam a palavra de Deus, que renunciassem às pequenas amenidades inocentes da vida diária, e por isso continuou o costume de usar enfeites também entre os convertidos. O anel, o bracelete, o colar, a fivela, para citar alguns exemplos, conservaram as formas básicas originais, comuns no povo romano. Inclusive a decoração desses enfeites apenas separou-se dos temas habituais da arte greco-romana.

Mas o simbolismo cristão se apoderou dessas formas concretas universalmente conhecidas, outorgando-lhes um novo conteúdo e uma nova consagração, com o propósito de expressar pelo seu meio, da maneira menos chamativa, uma metamorfose ou uma parábola bíblica, e de administrar as ideias benéficas da fé e da esperança a todos aqueles que estavam ansiosos em recebê-las. A âncora, por exemplo, que simbolizava para a Antiguidade o fim afortunado da viagem da vida, aparecia na pintura das catacumbas, e em forma isolada também em primitivos enfeites cristãos, mas agora revestida com o significado da cruz, o mais importante de todos os símbolos cristãos de salvação. Também a letra grega T "tau" ocultava imperceptivelmente a mesma cruz ante os olhos profanos. A estes se agregavam outros símbolos, como o monograma de Cristo; O Alfa e Omega; o peixe, (Χριστός) acróstico, formado pelas palavras gregas Jesus Cristo, Filho de Deus, e outros mais que facilmente podiam localizar-se em anéis, fivelas, pingentes e outras joias.

O iniciado sabia o que significava. Além disso, eram esses enfeites o distintivo menos chamativo que podia usar o correligionário, uma muda profissão de fé e de comunidade na união espiritual. Até que a arte cristã mais despegada representou, com traços mais definidos, as imagens de Cristo e da Virgem, que adivinhavam sob esses signos simples. Tinha quem servisse de muitos símbolos antigos tradicionais, sendo o enfeite pessoal, em suas formas antigas, um de seus primeiros mediadores. Não é difícil, pois, imaginar-se que aspectos terão apresentado as primeiras joias cristãs (KERTSZ, 1947).

Tão somente depois do triunfo da Igreja pelo Edito de Milão (313) a fé cristã saiu de seu retiro nas catacumbas à luz do dia e a religião oficial cristã teve no imperador o seu protetor. Assim, entraram todas as artes com a sua íntegra riqueza de formas expressivas ao serviço da poderosa Igreja que lhes assegurava a existência pelos próximos séculos, prestando-lhes conteúdo e significado.

Dessa fase, restaram poucos indícios sobre o uso de adornos pelas classes mais humildes, contudo nas pinturas catacumbárias, nos arredores de Roma, algumas se constituem em verdadeiras relíquias dessa época. A Figura 341 ilustra uma mulher portando um grosso colar, o que referenda o uso de joias pelos primeiros cristãos.

Figura 341 – Afresco representando uma mulher orando, com muitas joias. Pintura na Catacumba de San Calixto, Roma, século IV

Fonte: *Rome Central* (2022)

Esses antigos cemitérios subterrâneos foram usados pelos primeiros cristãos, especialmente em Roma, e nasceram no século 2. Devido à sua importância, hoje as catacumbas de Roma são visitadas por milhares de peregrinos de todo o mundo, especialmente por seu precioso patrimônio de pinturas, inscrições e esculturas. Dessa forma, são considerados como verdadeiros arquivos da Igreja cristã primitiva, que documentam os hábitos e costumes, os ritos e a doutrina cristã.

Figura 342 – Afresco representando Jesus, Maria e José, na catacumba de San Genaro, zona norte de Nápoles e funcionou até as primeiras décadas do século quinto. É bastante extensa e muito importante cujos afrescos se mantêm em perfeito estado de conservação. José e Maria estão representados como reis, e Jesus com muitas joias, como rei supremo

Fonte: *Redazione Rome Central* (2015)

As Catacumbas de San Gennaro são um cemitério subterrâneo esculpido na rocha porosa da encosta de Capodimonte, na zona norte de Nápoles, sendo o cemitério cristão mais antigo da cidade e data do século 2 d.C.

Figura 343 – Orante da catacumba de Santa Priscila, Roma. Esta figura foi representada com colar e brincos e uma túnica bordada com pedrarias, o que demonstra sua elevada classe social

Fonte: Galeria *Google* (2022)

Figura 344 – Afresco representando A Virgem Maria e o Menino Jesus, Século 4, Catacumba de Santa Priscila, Roma. A Virgem foi representada como uma princesa da Roma Imperial, com um colar suntuoso e brincos

Fonte: Galeria *Google* (2022)

Nos séculos seguintes ao Edito de Milão, cresceu constantemente a autoridade da Igreja. Ela era o único poder que se opunha à decadência moral dos costumes, preparando uma mudança interior por sua doutrina sublime. Ricos e pobres se congregavam em torno a seus diretores espirituais que, em oposição aos magistrados romanos que durante as repetidas invasões dos bárbaros empreenderam a fuga, permaneceram em seus postos e em suas igrejas, demonstrando assim pelos fatos a que mãos tinham passado o verdadeiro governo espiritual depois da decadência de Roma.

A veneração especial que a Igreja inspirava aos fiéis aumentava a disposição dos benfeitores a fazer sacrifícios. E não somente levantavam esses templos adequados para a sua fé em todas as partes do Império, mas faziam resplandecer nessas basílicas o brilho do ouro e das gemas. Cobriam-se os altares de ouro e prata, e as sagradas relíquias se guardavam em pequenos cofres de marfim e metal com gemas incrustadas; os cálices e outros objetos litúrgicos, e os livros que entravam em contato direto com o Santíssimo se enriqueciam com ouro, pérolas e enfeites de esmalte, para levantá-los e magnificá-los ante o profano cotidiano.

Depois do arquiteto e do oleiro, era o ourives o artista mais atarefado ao serviço da Igreja, para a qual fazia valer o melhor de sua arte. Nas desordens das migrações dos povos, se fundiu todo um mundo de cultura, salvando-se tão somente os tesouros que se encontravam nas igrejas e aqueles artesãos que encontraram asilo e trabalho depois dos muros protetores dos monastérios.

E assim continuou o mesmo panorama durante os próximos séculos. De acordo com as indicações de San Benito (depois de 542), segundo as quais cada convento devia formar seus próprios artistas e artesãos, se estabeleceram oficinas monásticas de ourivesaria que trabalhavam para a igreja, aceitando também encargos civis, em particular das cortes e dos nobres. Contudo, foi necessário passar muitas gerações até que o ourives monarca fosse substituído pelo professor ourives autônomo. Este abria a sua oficina leiga no coração das cidades florescentes, onde o rico cidadão presunçoso seria seu melhor cliente, os nomes de muitas ruas de cidades medievais o recordam (KERTSZ, 1947). Assim, foram sendo criadas medalhas e cruzes com correntes para serem usadas como símbolos contra o mal.

Figura 345 – Medalha com o busto de um Apóstolo, executado em Roma no século 3. Técnica de incisão, que indica o uso de osso, pintura em cera e cor dourada. Acervo The Metropolitan Museum of Art, NY, EUA

Fonte: picryl. Disponível em: https://picryl.com/media/medallion-with-the-bust-of-an-apostle-62f326?zoom=true. Acesso em: 12 abr. 2024.

Entre as primeiras representações populares de Cristo encontram-se aquelas que lembram imagens romanas de magos usando uma varinha para fazer milagres. As imagens a seguir ilustram a imagem de Cristo que provavelmente podem ter sido usadas como amuletos de proteção.

Figura 346 – Medalha em pasta de vidro e folha de ouro, com imagem de Cristo como um fazedor de milagres, datada de 300-500. Cultura Romana ou Bizantina

Fonte: *The Metropolitan Museum of Art,* NY, EUA (2022)

Figura 347 – Aplique de ouro em forma de cruz de 600. Uma vez na Itália, os Longobardos adotaram o costume de costurar uma ou mais cruzes nas mortalhas dos falecidos. A origem e o significado do costume permanecem incertos. Este conjunto de objetos foi encontrado no túmulo de um cavaleiro lombardo, que foi sepultado em traje de guerreiro, com armas, escudo, capacete e acessórios para seu cavalo. O que resta são as muitas peças de ouro que teriam ornamentado suas roupas e equipamentos, e elas atestam a grande riqueza da aristocracia Longobarda uma geração depois de se estabelecer na Itália. Acervo The Metropolitan Museum of Art, NY, EUA

Fonte: twcenter.net. Disponível em: https://www.twcenter.net/forums/showthread.php?-190623-Faction-Research-Thread-TheLombards&styleid=54. Acesso em: 28 ago. 2023

Figura 348 – "O sacrifício de Isaac". Parte inferior de uma patena ou taça de vidro paleocristã pintada a ouro, pertencente às coleções do Vaticano. É uma obra do século 5 em que Isaac aparece no como em algumas pinturas das catacumbas, ajoelhado e com os olhos vendados. A inscrição da peça teria para alguns um significado funerário

Fonte: *Jstor* (2022)

Outro relato de uso de joias é percebido na pintura a seguir, em que Placídia está adornada com um colar e brincos de pérolas, o que indica a delicadeza das joias da época.

Figuras 349 e 350 – Medalhão de vidro folheado a ouro pintado com o retrato da Imperatriz Galla Placidia com seus dois filhos Onoria e Valentiniano III, do seu mausoléu em Ravena, Itália. Estudo e comentário de Ana María Vázquez Hoys – Professora de História Antiga, U.N.E.D., Madrid, Espanha

Fonte: *Uned* (1999)

Gala Placídia viveu do final do século 4 até a metade do século 5, era neta de Valentiniano I, filha de Teodósio, o Grande, e meia-irmã do imperador Honório. Casou-se com Ataúlfo e assim tornou-se rainha dos visigodos. Posteriormente casou-se com o imperador romano Constâncio, e desta união gerou dois filhos: o imperador Valentiniano III e Onória. Durante a mocidade foi efetivamente imperatriz de Roma, por direito próprio como uma Augusta oficial. Quando da morte de seu marido Constâncio e posteriormente de seu irmão Honório controlou a política do Império Romano do Ocidente em nome de seu filho Valentiniano III, que fora imperador aos seis anos (ABREU, 2011, p. 2). A Figura 351 ilustra uma moeda cunhada em sua homenagem.

Figura 351 – Medalhão de Galla Placidia, cunhado em Ravenna em 425. Fazia parte, com o medalhão de Honório, de um tesouro monetário, o Tesouro de Velp (Holanda), enterrado pouco depois de 425 e descoberto fortuitamente em 1715. Estes dois medalhões de ouro com ricos engastes foram montados como um colar

Fonte: gratispng.com. Disponível em: https://www.gratispng.com/png-4hrd5m/. Acesso em: 2 set. 2023

Além de joias como colares, brincos e medalhões, as cruzes foram confeccionadas em grande número, tanto para serem usadas como pingentes, quanto para serem levadas em procissões. As figuras a seguir ilustram exemplos de cruzes que demonstram a capacidade dos artistas em trabalhar o metal e a incrustação de gemas.

Figura 352 – Ornamento de cinto, século 4. Um casal está na pose tradicional do casamento romano sob um cristograma

Fonte: *The Metropolitan Museum of Art,* NY, EUA (2022)

    As tradições clássicas foram combinadas com a nova fé quando o cristianismo se tornou a religião dominante no Império. À medida que o cristianismo foi sendo aceito e difundido, as imagens cristãs foram cada vez mais encontradas em joias. As cruzes aparecem no século 5; a Virgem Maria, santos, anjos e outras figuras sagradas tornaram-se populares no século 6. As imagens foram pensadas para proteger o usuário, ajudar nas orações e até mesmo realizar milagres.

Figura 353 – Cruz de ágata. Período de 300-700, norte da França. A cruz era um sinal do triunfo de Cristo sobre a morte e a esperança da vida eterna e foi frequentemente atribuído ao símbolo de proteção e poderes por parte dos fiéis. Acervo The Metropolitan Museum of Art, NY, EUA

Fonte: picryl. Disponível em: https://picryl.com/media/shell-cross-a6aa6c. Acesso em: 31 maio 2022

    Um grande número dessas cruzes foi encontrado em locais de sepultamento. Cruzes estavam em toda parte no primitivo mundo bizantino, onde marcaram edifícios religiosos, seculares e domésticos, obras públicas, roupas, joias e objetos da casa.

Figura 354 – Pingente de Cruz com incisão em madrepérola, século 3

Fonte: *The Metropolitan Museum of Art,* NY, EUA (2022)

Figura 355 – Pingente de Cruz com liga de cobre, 500–600. França. Acervo The Metropolitan Museum of Art, NY, EUA

Fonte: picryl. Disponível em: https://picryl.com/media/cross-30f9aa. Acesso em: 31 maio 2022

Figura 356 – Pendente de cruz de bronze cristão-primitivo em configuração moderna de ouro séculos 4 a 7 dC. Pátina verde e avermelhada com três gemas de rubi. Este tipo de cruz é uma das primeiras cruzes cristãs, que apareceu pela primeira vez no final do século 4 d.C. Antes dessa época a cruz não era usada como um símbolo cristão

Fonte: Y. israeli e Mevorah D., 2000

Figura 357 – Cruz com lâmina de ouro. Século 7. Cruz para ser presa no vestuário

Fonte: Acervo do *Museu de Santa Giulia*, Brescia, Itália (2022)

Figura 358 – Cruz em lâmina de ouro, séculos 3-5. Exemplo da arte dos primeiros fabricantes de vidro quando o vidro era usado no lugar de pedras preciosas. Os braços da cruz de vidro verde claro embutidos em ouro em torno de um medalhão central com embutidos de vidro escuro. Três pingentes também de vidro

Fonte: *Lot-art* (2022)

Figura 359 – Cruz de Gisulfo. Século 7, a cruz de Gisulfo (Gisulfo I, duque de Friuli, 569-581) foi construída pela técnica de relevo em folha de ouro, executada no século 7 por artesãos lombardos. Tem 11 cm de altura e dois braços iguais, com várias gemas incorporadas. É um dos exemplos mais ilustrativos dos tipos espalhados em Cividale del Friuli, caracterizada pela presença de pequenas cabeças estilizadas, de Cristo com cabelos longos, repetidas nos dois braços e intercaladas com gemas. Acervo Museo Archeologico Nazionale - Cividale del Friuli

Fonte: garganoverde.it. Disponível em: https://www.garganoverde.it/cronologia-del-medioevo/secolo-vi/158-note-di-via-dell-angelo/1063-i-longobardi.html. Acesso em: 31 maio 2022

De acordo com relatos históricos, mesmo antes da invasão da Itália (568), a principal expressão artística dos lombardos foi a arte de ourives, a mescla das tradições germânicas, com influências da província romana tardia de Pannonia. Deste período inicial, as cruzes em folha de ouro em relevo, de acordo com uma tipologia de origem bizantina, eram usadas com aplicações em vestuário (Figura 360). Em espécimes mais antigas são figuras estilizadas, mais reconhecíveis de animais, e como resultado, estão decorados com elementos vegetais intrincados em que aparecem, por vezes, figuras zoomórficas. Uma decoração semelhante tem as fíbulas do século 6 encontradas em Nocera, Umbria.

Figura 360 – Cruz Bizantina feita de ouro em forma de cruz latina, tendo uma cruz maior no cruzamento dos braços e uma cruz menor inserida num pequeno círculo em cada braço. A técnica é o repuxado, século VII

Fonte: dassalessm.xyz. Disponível em: https://dassalessm.xyz/product_details/1928893.html. Acesso em: 28 ago. 2023

Durante o século 7, em paralelo com a conversão dos lombardos ao cristianismo, as cruzes tomaram o lugar de moedas de ascendência germânica, já amplamente utilizadas como amuletos. As cruzes que as substituíram, ao lado da devoção cristã, tinham o mesmo valor que o propiciatório, do ponto de vista formal, mostrando elementos ornamentais da mitologia pagã (um sinal de um estágio sincrético na transição do paganismo ao cristianismo). Nas primeiras décadas dos lombardos houve um abandono dos estilos antigos, também devido ao despovoamento das cidades. Predominaram os elementos da tradição germânica, especialmente animais monstruosos que testemunham a percepção de uma natureza hostil e ameaçadora.

No século 7 continuou-se a produção de cruzes de folhas de ouro em relevo, de vários formatos e tamanhos. Nelas foram adicionados os primeiros exemplos de cunhagem e alguns anéis de sinete com cabeças humanas e letras latinas. A cruz do Rei Desidério (Figura 361) é considerada uma das maiores joias desse período, coberta com duzentos e onze gemas nos quatro braços.

Figuras 361 e 362 – Cruz de Desidério. Frente e verso, respectivamente. A cruz é coberta por duzentas e doze peças dispostas em seus quatro braços e em ambos os lados: pedras preciosas, camafeus, vidros coloridos e até retratos. Estes seguem um alinhamento de três linhas em cada braço, inserindo as peças maiores em cada linha central e nas extremidades. Cerca de cinquenta destes objetos são mais antigos do que o próprio crucifixo, provêm de outros artigos ornamentais que datam do século I. Outros, embutidos tardiamente, são do século 17, o que se explica pela substituição de alguns por motivos diversos, entre eles que, em 1812, foram substituídas 17 pedras que as freiras consideravam pagãs ou ofensivas ao seu sentimento cristão

Fonte: world-in-words.com. Disponível em: https://www.world-in-words.com/gallery-europe-2/#a14-z1700342d-jpg. Acesso em: 1 jun. 2022

Figuras 363 e 364 – Detalhes da Cruz de Desidério

Fonte: world-in-words.com. Disponível em: https://www.world-in-words.com/gallery-europe-2/#a14-z1700342d-jpg. Acesso em: 1 jun. 2022

A cruz do Rei Desidério se constitui numa grande cruz que era levada em carros alegóricos durante as procissões. A cruz foi doada, ao mosteiro de San Salvatore e Santa Giulia pelo rei lombardo Desidério, que com sua esposa Ansa, tinha fundado o mosteiro entre 753 e 760. O objeto mais antigo do Tesouro que esse museu exibe é a Cruz de Desidério com uma série de gemas coloridas montadas em talhe cabochão (esmeraldas, jaspes, águas-marinhas, ágatas, cristal de rocha). No centro há uma cápsula contendo possíveis fragmentos da Santa Cruz. Nos braços da cruz está a dedicatória do imperador que enviou a oferta votiva a Roma por causa de seus sofrimentos físicos. O verso tem alguns medalhões com figuras: no centro um Agnus Dei; acima e abaixo do Salvador, na primeira representação com o Livro, e na segunda em bênção; nos dois lados, os retratos de Justino II e sua esposa, Sophia. Uma das peças mais marcantes da parte frontal encontra-se no antebraço. É um grande medalhão esmaltado com o retrato de três membros de uma família romana que é identificada com a imperatriz nascida em Constantinopla Aelia Galla Placidia e seus filhos Valentiniano III e Giusta Grata Onoria. Nelas está escrita em grego a suposta assinatura do ourives (BOYNNEPI KEPAMI), Bunneri Kerami. (NICOLAS, 2018, s/p).

A cruz de joias Vaticana aumenta a paixão e morte de Jesus na cruz, como um prelúdio para a glória da ressurreição e o conceito de glorificação. Inspirada nas cruzes-relicários dos santuários e catedrais que preservam fragmentos da cruz de Jesus, a chamada Cruz Vaticana encontra-se no museu histórico da arte do Tesouro de São Pedro e é de particular importância pela riqueza dos ornamentos, tanto para a Antiguidade, uma vez que remonta ao século 6, como para a dignidade do doador, Justino II (565-578), e o destinatário, a cidade de Roma (KERTSZ, 1947).

Figura 365 – Cruz Vaticana conhecida também como cruz de Justino II, 578 d.C. Museo Storico Artístico-Tesouro de São Pedro, Roma

Fonte: new liturgical movement. Disponível em: https://www.newliturgicalmovement.org/2022/06/fr-carlo-braga-on-1955-holy-week-reform_4.html. Acesso em: 28 ago. 2023

Marcante neste período foi Teodolinda (Figura 366), conhecida como a Rainha dos lombardos. Teodolinda era filha de Garibaldo I, primeiro duque dos bávaros e de Valdrada, filha de Vacone, rei dos lombardos. Não se conhece com certeza a data e local de nascimento. Até o momento acredita-se que a princesa nasceu por volta de 570 ou alguns anos mais tarde, e supõe-se que ela tinha cerca de vinte anos ou menos na época de seu primeiro casamento, que ocorreu em 589, em Regensburg, com o assentamento principal do Ducado da Baviera e dos governantes bávaros. Casou-se duas vezes, primeiro com Autario e, posteriormente, com Agilulfo.

Figura 366 – Teodolinda, Rainha dos lombardos e esposa de Agilulfo, Duque de Torino. Detalhe do afresco do Duomo de Monza

Fonte: *A casa con i Longobardi: il ruolo della donna nel Regno longobardo* 2021)

Autario, esposo do primeiro casamento de Teodolinda, morreu (possivelmente envenenado), um ano após o casamento. Em 591, Agilulfo, esposo do segundo casamento, recebeu em Milão a investidura oficial dos reis em uma assembleia do povo. Teodolinda teve uma influência considerável sobre as escolhas políticas de seu marido. Passou então a exercer muita influência na restauração do cristianismo, dividido em 1054 em catolicismo romano e ortodoxia oriental, a uma posição de primazia na Itália, contra o cristianismo ariano.

Católica (ao contrário de seu marido e de uma grande parte dos lombardos arianos), depois do cisma com a Igreja, retomou o diálogo com a Igreja do Papa Gregório, o Grande (590-604), com quem ela trocava cartas. Era a mediadora para garantir a paz entre os romanos e lombardos. Após a conversão de Agilulfo à fé católica, Teodolina passou a construir igrejas na Lombardia e na Toscana, entre elas a Catedral de Monza e o primeiro Batistério de Florença, todos dedicados a João Batista.

Identificada como a mais eminente entre as rainhas dos lombardos, Teodolinda aparece-nos como exemplo insuperável de soberana sábia e piedosa, capaz, apesar da sua condição feminina e da complexa situação em que se encontrava a operar, a desempenhar um papel importante nos acontecimentos políticos e religiosos do seu tempo. Apoiou ambos os maridos na difícil tentativa, que só se concretizou um século depois com Liutprando, de dar vida a um reino de importância nacional, fruto da superação de divisões religiosas e da união pacífica das etnias lombardas e romanas, com a fundação do Reino da Itália, tendo um papel muito importante na história da Europa Medieval.

A possível influência da Teodolinda fez com que fossem devolvidas propriedades da Igreja. Agilulfo morreu em maio de 616, deixando o título para seu filho Adaloaldo, ainda menor de idade. Teodolinda manteve-se no ápice do poder ao lado de seu filho, exercendo a regência e intensificando seu apoio à Igreja Católica. Quando de sua morte, foi sepultada ao lado de seu marido, na Catedral de Monza, de acordo com seu desejo, e mais tarde seria canonizada. Com a sua morte termina o período dos reis lombardos de Monza. As paredes da capela são cobertas com afrescos (pelos irmãos Zavattari, século 15) com as histórias da vida da rainha (MUSEU E TESOURO DO DUOMO DE MONZA, 2017).

As Figuras a seguir mostram alguns pertences da rainha Teodolinda.

Figura 367 – Cruz de ouro e cristal, de Teodolinda

Fonte: Pischel (1979, p. 30)

Figura 368 – Coroa da rainha Teodolinda. Fim do século 6, início do século 7. Peça em ouro, gemas e madrepérola. Acervo do Museu e Tesouro do Duomo de Monza. A superfície da coroa está toda revestida com gemas incrustadas em cabochon, em azul e madrepérola

Fonte: academic-accelerator.com. Disponível em: https://academic-accelerator.com/encyclopedia/kingdom-of-the-lombards. Acesso em: 31 maio 2022

Figura 369 – Ampulla, século 6, em prata lavrada. Garrafas como esta, trazidas de Jerusalém pelos peregrinos, teriam contido óleo da madeira da cruz. Esta ampola de chumbo, ou frasco, é decorada em ambos os lados com imagens de eventos centrais da vida de Cristo, a saber, a Crucificação e a Ascensão. As inscrições que cercam essas imagens revelam que o frasco continha "óleo da madeira da vida", ou seja, óleo que havia sido posto em contato com a relíquia da Verdadeira Cruz. Guiados pela crença de que o contato físico com a matéria sagrada resultaria na transferência de suas propriedades milagrosas, os peregrinos cristãos à Terra Santa desejavam não apenas tocar e beijar objetos associados à Paixão de Cristo em locais como o Monte Gólgota e o Monte Sião; também procuravam preservar e levar consigo substâncias que pudessem alegar algum contato físico ou proximidade com os locais e objetos que tinham visto e venerado

Fonte: *Projects Mcah Columbia* (2022)

É também conhecida como a cruz de Adaloaldo ou São Gregório Magno (Figura 370), que parece corresponder à cruz (relicário), que foi doada pelo Papa Gregório Magno para a rainha, em 603, por ocasião do batismo de seu filho Adaloaldo. A cruz foi usada pelo Papa Paulo VI durante a sua viagem à Terra Santa, em janeiro de 1963, durante o primeiro ano de seu pontificado. O objeto é exibido no Museu do Tesouro da Catedral de Monza.

Figura 370 – Cruz de Adaloaldo. Início do século 7. Nota: Incrustação de gamas de vários tamanhos, embutidas simetricamente ao longo dos braços. Acervo do Museu e Tesouro do Duomo de Monza, Itália.

Fonte: *Deedel La Terra* (2022)

Figura 371 – Cruz de Adaloaldo em prata, início do século 7. Acervo do Museu Histórico de Estocolmo, Suécia

Fonte: *Europeana* (2022)

Figura 372 – Pulseira com figuras sagradas, séculos 5-7. Este tipo de pulseira popular geralmente incluía uma invocação para a proteção do usuário. Aqui oito medalhões mostram anjos e figuras sagradas que estão em oração posam ou carregam cruzes e incensários. Um medalhão pode mostrar a Anunciação. Ferro embutido com discos de cobre

Fonte: *The Metropolitan Museum of Art,* NY, EUA (2022)

Ainda no século 7, outros tipos de peças foram processadas, como brincos, bainhas em folha de ouro com revestimento das placas de sela, laço e relicários, o que provocou a queda na produção de artefatos e cruzes de joias de alto nível, como a Cruz de Adaloaldo. Outro exemplo é a capa do Evangelho de Teodolinda mostrada na figura 366 (Monza, Tesouro da Basílica de São João Batista), onde as placas de ouro são gravadas nos dois cruzamentos com um padrão decorativo, e que foi dada a Teodolinda pelo Papa Gregório, o Grande, em 603.

Beard esclarece que "durante os dois primeiros séculos do cristianismo as autoridades romanas puniram os cristãos. Nesse período não houve uma perseguição geral ou sistemática; só se registraram sinais disso em meados do século III d.C." (BEARD, 2017, p. 507). Foi a partir da grande perseguição que os cristãos passaram a produzir poucas joias, pois seriam identificados com os novos símbolos do cristianismo. Visto que era, em tese, um monoteísmo excludente, rejeitava os deuses que por séculos haviam garantido o sucesso de Roma.

CAPÍTULO XI

O MUNDO BIZANTINO

1. O IMPÉRIO ROMANO DO ORIENTE- IMPÉRIO BIZANTINO

Figura – 373

Fonte: Galeria *Google* (2022)

Historicamente, a arte do Mediterrâneo Oriental, desde 330 d.C., denomina-se bizantina, quando Constantino transferiu o trono do Império Romano para Bizâncio (mais tarde chamado Constantinopla) até a queda da cidade nas mãos dos turcos, em 1453. Assim, "enquanto Roma era devastada pelos bárbaros e declinava até se desfazer em ruínas, Bizâncio se tornou o centro de uma brilhante civilização, combinando a arte primordial cristã com a predileção grega oriental pela riqueza das cores e da decoração" (STRICKLAND, 1999, p. 24).

Kertsz (1947) destaca que: no século 4 se inicia uma intensa atividade artística na parte oriental do Império Romano, quando o seu centro de gravidade, e inclusive da cristandade, se transfere para o leste como consequência das agressões dos bárbaros. A primeira época dessa nova arte que se denominou bizantina se manteve em estreito contato com o Império

Romano do Ocidente, de modo que não somente se pode falar de unidade imperial, mas da unidade de seu acervo artístico. Sob o Imperador Justiniano I (527-565), a arte bizantina alcança sua primeira idade do ouro, e as obras arquitetônicas, pinturas, mosaicos, trabalhos de ourivesaria, manuscritos, marfins e tecidos da época e nos séculos seguintes, constituem com sua suntuosidade e majestosa beleza, obras primas de todos os tempos.

A Querela, iconoclasta do século 8, separa a primeira época da segunda, cujas características são totalmente distintas, e do século 10 ao 12 como arte magnífica do Oriente cristão, que "segue projetando sua luz", apesar das investidas do Islã, pela Rússia Meridional até o Cáucaso, a leste, e por Ravena e Veneza a oeste, a fim de infiltrar novamente a Europa de tradições clássicas dominada pela arte bárbara.

No Império Romano do Oriente, com sua tendência à suntuosidade e ostentação, os trabalhos artísticos de ourivesaria desempenharam um papel de destaque na época. Assim, o Imperador Constantino estimulava os ourives fazendo-lhes pedidos oficiais. Não somente se assinalam os lugares sagrados, como as rochas do Gólgota, com cruzes adornadas de ouro e pedras, mas também o palácio imperial, o Palácio Sagrado, e muitas praças principais da nova metrópole, Constantinopla. A segunda Roma vai surgindo vertiginosamente, com diversas obras valiosas similares, com cruzes e estátuas de ouro e prata. Seguindo o exemplo dos soberanos orientais, os sucessores de Constantino estimularam a criatividade e a fantasia dos ourives. O imperador Constantino VII, Porfirogeneto, exercia pessoalmente a profissão de ourives.

Os objetos artísticos de ouro, esmalte e pedras preciosas que saíam das oficinas do Império Bizantino, em particular de sua capital, logo alcançaram fama mundial, o mesmo de suas figuras de tecidos de seda, veludo e brocado, seus marfins e seus cristais dourados. Nada estranho que mercadores de todos os países se encontrassem ali, pois Bizâncio era uma cidade bem situada geograficamente, um porto que ligava o Oriente com o Ocidente e depois Cairo e Bagdad. Foi também o centro da moda e da elegância, "a Paris da Idade Média". Imensas riquezas afloraram, por conseguinte, de forma que, segundo relatos da época, logo parecia um grande museu (KERTSZ, 1947).

De toda essa magnificência do Império Romano do Oriente, especialmente, os adornos e obras de arte das igrejas e palácios, pouco restou, pois o mesmo material somente despertou a cobiça humana. Havia aqueles que, para melhor se apoderar dos metais e pedras ornamentadas, destruía por completo essas manifestações de gênios e da inteligência dos homens. Por outro lado, nenhuma cidade europeia da Idade Média possui uma história tão agitada como Bizâncio. As desordens do período iconoclasta do século 8 não foram senão um prelúdio das devastações que a cidade sofreu nos séculos seguintes. Atraídos por sua riqueza fabulosa, peregrinos pobres, franceses, e venezianos em sua maioria, se precipitaram durante a Quarta Cruzada (em 1204) sobre a cidade conquistada, saqueando os inestimáveis tesouros amontoados pelos imperadores romanos do Oriente. Um cronista francês, Godofredo de Villehardouin (em 1212), pode relatar que nunca dantes, desde que o mundo fora criado, se havia feito um saque semelhante numa cidade, e que depois da pilhagem todos os que haviam entrado pobres em Constantinopla, puderam viver do produto roubado, sem preocupações e na abundância até os fins de seus dias (KERTSZ, 1947).

O Império Romano do Oriente voltou a ressurgir sob os Paleólogos (1261-1453), mas esses dois séculos trouxeram unicamente guerras sociais e religiosas intensivas e decadência no exterior. No ano de 1453, Mahomé II, Sultão Otomano, deu um golpe no Império do Oriente e a capital, Bizâncio, caiu depois de sofrida defesa, em mãos dos Turcos. Somente a vitalidade de sua cultura, baseada nos nobres ideais da tradição helenística, mante-ve-se incólume, de modo que um renascimento das ciências e das artes, semelhante ao Renascimento Italiano do século 15, glorificou o caso desse império milenar. Entretanto a esse renascimento deve o mundo muitas e grandes criações, especialmente no domínio da ourivesaria, como exemplos os ícones, cruzes esmaltadas de ouro, vasos sagrados, cofres, relicários que adornam até nossos dias as igrejas da Rússia, como Novgorod e Moscou, e que com sua suntuosidade e sua técnica completam o caráter bizantino da arquitetura desses tempos.

Mas Bizâncio não havia dado mais que os primeiros passos na orientação desta arte renascente. Logo esgotou suas energias na herança demasiada pesada do Oriente, que submeteu os homens ao absolutismo de sua monarquia e ao dogma inflexível de sua teologia. Dessa forma, Bizâncio perdeu a hegemonia artística e o verdadeiro renascimento das artes ocorreu como na antiga Grécia, numa terra livre de semelhantes restrições: na Itália. A esses e a outros trabalhos de ourivesaria dispersos pelo resto da Europa que ali chegaram, em parte como presente dos soberanos bizantinos às cortes de príncipes aliados, em parte também como obras de encargos executadas diretamente pelas distintas igrejas do continente, deveu-se, por conseguinte, o conhecimento da técnica dos adornos e joias pessoais desta época, artística e historicamente importante. O costume de ofertar joias nos sepulcros, cujos resultados haviam sido uma das fontes mais ricas e seguras para a história dos adornos pessoais durante toda a Antiguidade, logo deixou de praticar-se ao difundir-se a fé cristã no Império Romano do Oriente.

No Império de Bizâncio as circunstâncias eram, por distintos motivos, diferentes. Aqui se teve a convicção de que Bizâncio, de cuja população o elemento principal era o grego, estava predestinada a ser o guardião das antigas tradições artísticas, que ali não tinham perdido nada de seu vigor, e ao mesmo tempo das revelações de Cristo, frente aos bárbaros que haviam ocupado Roma. Deste ponto de vista, o antagonismo entre o espírito da Antiguidade pagã e o cristianismo aparece aqui em forma atenuada. Assim se explica também que enquanto os primeiros cristãos em Roma deviam lutar diretamente pelo seu direito à existência, seus correligionários no Império do Oriente gozavam de privilégios, de modo que a arte cristã encontrou suas primeiras formas em Bizâncio, o ponto de reunião de todas as correntes artísticas do oriente.

Braceletes de ouro, prata, cristal e também de ferro difundiram-se em todo o âmbito cristão. De toda esta magnificência do Império Romano do Ocidente, especialmente dos enfeites e obras de arte das igrejas e palácios, relativamente pouco tem sido conservado, pois os materiais abundantes, como ouro e pedras talhadas, despertavam a cobiça humana, que não respeitava o valor artístico de uma joia, mas somente o material. Havia pessoas que, para apoderarem-se melhor dos metais preciosos e das gemas de que estavam feitos, destruíam por completo essas manifestações do engenho e da inteligência do homem.

Em Bizâncio, elegantemente trabalhadas, as joias eram confeccionadas também na técnica *opus interrasile*. É uma técnica de metalurgia que envolve a prática da perfuração de uma folha de metal com um cinzel ou outra ferramenta afiada. O estilo entrou em moda durante o Período Etrusco e foi desenvolvido por ourives romanos. A partir do ano 200 para o 600, a *opus interrasile* era uma técnica popular bizantina utilizada pelos ourives para fazer joias elegantes. Os padrões formados por perfuração através do metal incentivaram o jogo de luz e sombra sobre a superfície de um objeto (Figura 374).

Exemplos de braceletes bizantinos, a seguir, que primam pelo luxo e ostentação e pelas técnicas empregadas na confecção.

Figuras 374 e 375 – Bracelete bizantino, com destaque à técnica da granulação. À direita, detalhe do interior da peça (*opus interrasile*)

Fonte: *The Metropolitan Museum of Art*, NY, EUA (2022)

No Império Bizantino, a joalheria desempenhou um papel importante. As joias eram usadas como uma forma de expressar seu status social, mas também como uma ferramenta diplomática. Em 529 d.C. o Imperador Justiniano emitiu leis que regiam o uso e a maneira como cada peça de joalheria seria usada. Está explicitamente escrito que safiras, esmeraldas e pérolas eram destinadas ao imperador, mas também todo homem livre tinha o direito de usar um anel de ouro. Isso nos mostra o quão popular era a joalheria naquela época. "Dentre as peças de joalharia, o bracelete era o preferido pelas aristocráticas damas bizantinas. Consistia em um delicado e curvo cilindro de ouro, sólido ou vazado, que podia ser plano ou com apliques elaborados. Possuíam, também, desenhos estampados na superfície ou com cenas de cunho religioso retratadas em *repoussé*, dentre outras incontáveis técnicas, eram invariavelmente decorados com gemas" (GOLA, 2008, p. 19).

Figuras 376 e 377 – Bracelete de ouro bizantino, produzido em Roma, em 400. À direita, verso da peça. Os medalhões e aros foram trabalhados traçando o desenho em uma folha de ouro, seguidas de perfurações para revelar o padrão de pequenos pontos. O bracelete ricamente decorado foi confeccionado na técnica *Opus Interrasile*, cujo estilo continuou a florescer em joias Bizantinas. Esta técnica geralmente aplicada como plano de fundo fez com que o ouro restante, perfurado, nos pareça uma teia composta de fios ultrafinos de ouro

Fonte: *The Metropolitan Museum of Art*, NY, EUA (2022)

Figuras 378 e 379 – Bracelete de ouro bizantino, feito em Roma, datado de 400-450. À direita, detalhe. Personificações, como esta de Roma, foram criações do mundo clássico que permaneceram populares em Bizâncio. Esta obra fazia parte de um tesouro encontrado na base do Monte Capitolino, centro da atividade comercial de Roma mesmo após a transferência da capital imperial para Constantinopla. As joias provavelmente foram escondidas durante o saque de Roma pelos visigodos em 410 ou pelos vândalos em 455. Com acabamento técnico esmerado o encaixe do pino no medalhão é perfeito, além da granulação e *repoussé*

Fonte: *The Metropolitan Museum of Art*, NY, EUA (2022)

Figura 380 – Bracelete bizantino, 1000-1100. Feito, possivelmente, em Constantinopla na técnica *Opus Interrassile*, pedras em cabochon e ouro. Tradicionalmente, os motivos em ouro eram produzidos de algumas maneiras: motivos repetitivos eram gravados em ouro com a ajuda de um molde, mais trabalhos individuais eram executados com detalhes finos e eram obtidos por gravação com uma ferramenta de ponta muito fina. Os mestres bizantinos acrescentaram e aperfeiçoaram a técnica de destacar esses detalhes finos em relevo com o uso do *niello*. Essa técnica era popular no Império Romano e continuou a ser um método favorito de decoração de ourivesaria nos tempos bizantinos

Fonte: *Antique Jewelry University* (2022)

A beleza luminosa de pérolas também foi altamente valorizada no mundo bizantino (Figura 381). Essa pulseira é apenas uma das 34 peças de joias de ouro do Egito encontradas perto de Lycopolis (agora Assiut), ou Antinoópolis (Antinoe, agora Sheik Ibada), no Egito na virada do século. Foram descobertas em conjunto, e reunidas mais tarde, e representam o padrão de luxo comum entre a elite no Egito durante o período de domínio bizantino e as ligações estreitas entre a província rica e a capital em Constantinopla. Multicolorida ou policromada, a joia era muito popular no mundo bizantino.

Figura 381 – Bracelete bizantino, confeccionado em Constantinopla, séculos 5-7. Nota: Esta pulseira elaboradamente decorada têm o exterior ricamente cravejado de pedras e padrões *opus interrasile* finamente detalhados em seu interior. A beleza luminosa das pérolas era altamente valorizada no mundo bizantino.

Fonte: reddit. Disponível em: https://www.reddit.com/r/museum/comments/5gytfo/byzantine_bracelets_of_gold_silver_pearl_amethyst/. Acesso em: 6 abr. 2024

Figuras 382 e 383 – Pulseira de ouro em *niello*, séculos 5-6, bizantina. A direita, parte interna. A caixa da pulseira abrigava uma relíquia destinada a proteger o dono, cujo nome, provavelmente Myras, aparece em um monograma. À medida que o cristianismo se tornou a religião dominante na sociedade bizantina, as imagens cristãs foram cada vez mais encontradas em joias. As cruzes aparecem no século 5; a Virgem Maria, santos, anjos e outras figuras sagradas tornaram-se populares no século 6. As imagens foram pensadas para proteger o usuário, ajudar nas orações e até mesmo realizar milagres

Fonte: *The Metropolitan Museum of Art*, NY, EUA (2022)

A prata dourada também compôs o acervo das joias do Império Romano do Oriente, ilustrada na Figura 384.

Figura 384 – Pulseira bizantina de ouro com cruz e leões, séculos V-VI d.C. Esta pulseira de ouro foi descoberta no Egito e tem origem no início do Período bizantino, por volta de 600 d.C. Tem um aspecto profundamente intrincado desenho composto por pavões e cisnes, todos cercados por pergaminhos e faixas de trabalho aberto em pastilhas. No centro, há um busto da Virgem Maria com as mãos levantadas

Fonte: researchgate. Disponível em: https://www.researchgate.net/ figure/Gold-bracelet-embossed-with-a-bust-of-the-Virgin-c-AD-600_No-4-in-the-table_fig2_241037727. Acesso em: 6 abr. 2024.

Phillips faz uma abordagem muito interessante sobre a corte Bizantina. Segundo o autor, o esplendor da corte é possível de ser visto na igreja de San Vitale, em Ravenna, que havia sido conquistada dos ostrogodos em 540, como parte do plano de Justiniano I de unir novamente o Império Romano. Na obra, há mosaicos do imperador e de sua esposa vestindo túnicas elaboradas, grandes adornos de broches, brincos, cordões e pedras preciosas, como safiras e esmeraldas. Os assistentes também aparecem de maneira luxuosa, denotando a magnífica presença da autoridade imperial.

Numa estimativa geral, enquanto a classe dos adornos e a maneira como foram levados pela elegante sociedade bizantina, podemos encontrar nas pequenas miniaturas, nos retratos dos Evangeliários e nos famosos saltérios do tipo cortesão, especialmente nos grandes conjuntos de mosaicos que cobrem as paredes das igrejas e palácios, como se fossem tapetes pintados e que constituem a ilustração da liturgia. Nessas imagens, resplandece sobre fundo dourado uma esfera celestial, a vida cerimonial da corte como uma única festa de gala em que os participantes aparecem solenemente vestidos de sedas brilhantes e variados desenhos de joias suntuosas. O efeito luxuoso das vestes está representado nos mosaicos da igreja de San Vitale, no exarcado de Ravena, Itália, o Imperador Justiniano I (Figura 385) e sua esposa Teodora (Figura 387) de acordo com o espírito da época, com profusão de coroas, colares, broches, pérolas que formavam parte da indumentária.

Figura 385 – O Imperador Justiniano I e seu séquito, mosaico da Igreja de San Vitale, Ravena, Itália. O Imperador usa um broche que parece apresentar uma pedra central vermelha brilhante colocada em uma pinça de ouro cercada por pérolas. O broche tem três grandes pérolas em forma de gota suspensas por correntes de ouro. Atrás dela vemos o azul de três belas safiras e o verde do que pode ser uma esmeralda. Em sua cabeça está uma coroa de ouro, elaboradamente decorada com pérolas e pedras preciosas. Compare a decoração da orelha do imperador com a da imperatriz e observe a diferença; seus brincos foram explicitamente descritos como sendo perfurados no lóbulo, enquanto os de Justiniano não são e parecem estar pendurados em suas orelhas

Fonte: *Antique Jewelry University* (2022)

Figura 386 – Imperador Justiniano I, Basílica de San Vitale, Ravena, Itália. O Imperador Justiniano está representado com uma coroa, brincos e um broche imitando pedras preciosas

Fonte: Galeria *Google* (2022)

Figura 387 – Imperatriz Teodora e seu séquito. Ela está usando uma grande quantidade de joias. Sua cabeça é decorada com longos fios de pérolas pendurados em um diadema de algum tipo que, por sua vez, é decorado com safiras, esmeraldas e pedras preciosas vermelhas, possivelmente rubis ou granadas. Ela está usando brincos de pingente típicos de Bizâncio com uma esmeralda, pérola e safira, as três gemas que eram prerrogativas do imperador. Em volta do pescoço, ela usa um colar de pedras preciosas de pedras perfuradas presas umas às outras com laços de arame de ouro. A parte superior de seu vestido é decorada com pérolas, grandes esmeraldas e pedras preciosas vermelhas. Algo que parece ser um prendedor de roupa é visível sobre o ombro direito da imperatriz, apresentando mais uma esmeralda e uma grande pérola que podem ser observadas nos detalhes a seguir

Fonte: *Antique Jewelry University* (2022)

Figuras 388 e 389 – A Imperatriz Teodora e membros da corte. À Direita, detalhe do Mosaico — San Vitale, Ravena, Itália. A Imperatriz está representada com muitas joias: coroa, brincos, colar e na vestimenta

Fonte: Galeria *Google* (2022)

Os traços básicos que caracterizam a arte bizantina são múltiplos e se manifestam claramente nos objetos artísticos menores como as miniaturas, nos marfins talhados e em especial nas obras de ourivesaria. O terreno no qual essa arte está arraigada é a terra clássica helênica de Antioquia, Alexandria e mais tarde Constantinopla, são guardiãs fiéis das tradições gregas. Por outro lado, a monarquia absoluta dos soberanos cristãos do Império do Oriente se formou desde Constantino, o Grande. Este deu um novo centro e um marco digno, ao exemplo do Oriente imortal, que precisamente nesse tempo experimentou um renascimento de sua arte no império neo-persa, dos Sassânidas.

Logo, fazem, pois, sua entrada na corte bizantina, homens do Leste exibindo toda a suntuosidade de sua vestimenta oriental, cuja riqueza em materiais, como as sedas, o ouro e pérolas, completa a grave dignidade de sua postura. Assim enriquecida a Arte bizantina que está plasmando de elementos gregos antigos e cristãos, conta ainda com uma terceira característica: o da magnificência oriental em materiais e cores vistosas.

A joia mais antiga, procedente provavelmente de uma oficina bizantina, é um relicário de ouro, em forma de cruz, obséquio do Imperador Justiniano II à basílica de São Pedro, em Roma, pelo ano de 520, se conserva até hoje como um de seus tesouros mais apreciados. A parte dianteira com uma cavidade não tem enfeite algum. No lado posterior, pelo contrário, há um medalhão que representa o cordeiro divino, o imperador e à imperatriz entre ornamentos de palmeiras e ramos, executados em relevo. Tais obséquios custosos como esse relicário costumavam guardar-se em cofres igualmente primorosos com pedras talhadas e reluzentes esmaltes. As crônicas contemporâneas lembram muitos casos em que a magnificência do imperador se manifestou presenteando joias até em remotas regiões.

As relíquias da Vera Cruz passaram a precisar de relicários dignos de sua singularidade. Um glorioso exemplo é o *Tríptico de Stavelot*, feito no vale do rio Mosa por volta do ano de 1150, hoje propriedade valiosa da Biblioteca e Museu Morgan, na cidade de Nova Iorque. Ele mostra um pedaço do Madeiro Santo em forma de cruz, em um painel dourado decorado com gemas, prata e requintados medalhões esmaltados narrando a conversão de Constantino e a descoberta de Santa Helena. Constantino, considerado santo em Bizâncio, e Santa Helena também, figuram abaixo da relíquia como as usuais imagens de Maria e São João nas cenas da crucifixão. A Cruz foi e continua a ser o emblema de Santa Helena na arte religiosa, tanto no Ocidente quanto no Oriente (MIESEL, 2021, s/p).

Figura 390 – Tríptico de Stavelot. O imperador Justino II obsequiou a Santa Radegunda, mulher de Clotario I, quando esta se retirou a um monastério em Poitiers (França), esse tríptico de ouro. Em suas portinhas existem três medalhões, cada um com o busto de um santo, cujo nome está em caracteres gregos. A decoração mostra flores que crescem elevando-se desde o fundo, executadas em esmalte colorido e enquadradas em um marco de ouro repuxado. O Stavelot é um relicário medieval e altar portátil em ouro e esmalte destinado a proteger, homenagear e exibir peças da Verdadeira Cruz. Criado por artistas de Mosan — "Mosan" significa o vale do rio Mosa — por volta de 1156, na Abadia de Stavelot, na atual Bélgica

Fonte: *The Morgan Library & Museum*, Nova York (2022)

Agregando às joias-relicários citados, a cruz dourada da catedral de Limburgo de Lahn (Prússia) mostra uma rica guarnição de pedras preciosas à maneira oriental e motivos helênicos, outra da catedral de Estergòm, Hungria, assim como alguns outros objetos similares distribuídos em diferentes coleções de propriedade particular. Pequenas cruzes peitorais, das quais um dos melhores exemplares tem data anterior ao ano 1000, se encontra hoje em South Kensingtton, Museu de Londres, e nos permitem acrescentar ainda mais nossos conhecimentos sobre a ourivesaria bizantina.

Muito instrutivos para a história dos adereços bizantinos são, também, os numerosos objetos de ourivesaria do tesouro da catedral de São Marcos de Veneza (Figura 391). A cidade dos canais se encontrava artística e tecnicamente por inteiro sob a influência de Bizâncio. Conserva-se, por exemplo, no mencionado templo veneziano uma obra capital bizantina, chamada a *"Pala d'Ouro"*, isto é, alguns paramentos de altar de ouro e pedraria e uma série de cópias de amuletos antigos realizados em esmaltes. Também devem ser mencionadas as custosas capas dos Santos Evangelhos, que de acordo com a tendência reinante, então em Bizâncio, se adoravam e beijavam como relíquias e eram essenciais para a liturgia.

Figura 391 – Ícone bizantino na Basílica de San Marco, Veneza, Itália

Fonte: *Antonia Benutti* (2022)

Figuras 392 e 393 – Ícone de pingente de dupla face com a Virgem e Cristo Pantokreator, cerca de 1100, em ouro, esmalte cloisonné. Este pingente é um dos objetos devocionais pessoais mais bonitos e tecnicamente realizados que sobreviveram de Bizâncio. De um lado Cristo Pantokreator (Governante de Todos) abençoa o espectador com a mão direita e segura o livro do Evangelho com a esquerda. O fundo dourado ao redor lembra a superfície cintilante que emoldura imagens do Pantokrator nas cúpulas das igrejas bizantinas. A Direita, A Virgem, mostrada em perfil de três quartos, levanta as mãos em oração ao filho no céu. Sua pose é modelada em um famoso ícone da Virgem conhecido como Virgem Hagiosoritissa, ou Virgem dos Santos Soros (Relíquia)

Fonte: *The Metropolitan Museum of Art*, NY, EUA (2022)

Figura 394 – Cruz numa fivela de bronze - Arte Cristã Primitiva. Período bizantino inicial: séculos 4 a 7 d.C. com pátina verde e vermelha

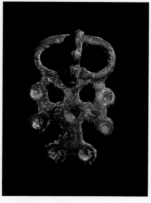

Fonte: sasson ancient art. Disponível em: http://www.sassonancientart.com/artwork_show_70.html. Acesso em: 9 abr. 2024

Figuras 395 e 396 – Medalhão bizantino com a Virgem de uma moldura de ícone, cerca de 1100. Esse medalhão, de um grupo de dez que uma vez cercaram um ícone do Arcanjo Gabriel. Os medalhões podem ter sido enviados como presente da corte bizantina ao vizinho estado cristão da Geórgia. Os três medalhões no topo formam uma Deesis, com Cristo entre a Virgem e São João Precursor (o Batista). Abaixo está a hierarquia da Igreja: apóstolos (Santos Pedro e Paulo), evangelistas (Santos Mateus e Lucas), teólogos (São João, o Teólogo) e, em toda a base, santos militares (São Jorge). Esmalte Cloisonné, ouro

Fonte: *The Metropolitan Museum of Art*, NY, EUA (2022)

Figura 397 – Medalhão bizantino de São Nicolau, bispo de Mira do século IV, em esmalte Cloisonné e ouro. Os ourives bizantinos desenvolveram ferramentas e uma técnica precisa para criar alguns dos melhores esmaltes. Os esmaltes Cloisonné são feitos preenchendo pequenas células formadas por fio de ouro, chamadas cloisons, com pó de vidro e queimando em forno. Aqui, São Nicolau é feito de oito cores distintas – dez cores é o máximo visto em uma imagem esmaltada no período bizantino. Ao contrário de outros medalhões que teriam sido usados ao pescoço, os furos mostram que este teria sido fixado à capa de um livro religioso, emoldurando uma imagem de ícone central. Provavelmente foi criado em um mosteiro no país da Geórgia

Fonte: Fairfield University, Connecticut. Disponível em: https://www.fairfield.edu/undergraduate/academics/schools-and-colleges/college-of-arts-and-sciences/programs/visual-and-performing-arts/art-history/greek-roman-and-byzantine-resources/index.html. Acesso em: 6 jun. 2022

Figura 398 – Um de um par de brincos de ouro bizantino dos séculos 10 a 11. Esta peça se destaca pela técnica do repuxado e granulação por meio de uma primorosa execução. Acervo Museu Britânico, Londres, Inglaterra

Fonte: south-rus. Disponível em: https://www.south-rus.org/articles/?ELEMENT_ID=8921. Acesso em: 17 abr. 2024

Figura 399 – Painel com talha bizantina, crucificação em marfim do século 10 (marfim); final do século 11 (cenário). Cravação em prata dourada com pseudofiligrana, cabochões de vidro, cristal e safira, marfim sobre suporte de madeira. Os marfins bizantinos eram altamente valorizados na Europa Ocidental, onde sobreviveram nos tesouros da igreja ou foram incorporados em encadernações de luxo. O marfim do painel à esquerda originalmente formava o centro de um ícone bizantino de três painéis. Pode ter sido um dos muitos presentes para o Convento de Santa Cruz de la Serós, fundado pela rainha Felicia (1085), esposa de Sancho V Ramírez (1076–94), rei de Aragão e Navarra. A suntuosa capa também contém um selo de safira, localizado à direita de São João, inscrito em árabe com quatro dos noventa e nove "Belos Nomes" de Deus

Fonte: *The Metropolitan Museum of Art*, NY, EUA (2022)

Quanto aos objetos profanos, genuinamente bizantinos, se conservaram duas coroas imperiais. Uma delas foi obséquio do Imperador Constantino IX, Monomaco ao rei Andrés I, da Hungria, e consta de sete placas retangulares de ouro, recobertas com esmalte. Três placas representam o imperador, a imperatriz e sua irmã, outras duas, figuras profanas, e as duas restantes, personificações de virtudes.

A segunda coroa é a de Santo Estevão (Figura 400), o santo patrono da Hungria, e lhe foi presenteada ao rei Geisa I na oportunidade de sua ascensão ao trono daquele país, em 1074. Na decoração da coroa há bustos de santos, arcanjos e soberanos sentados entre ciprestes, e composições similares às existentes nas paredes do palácio imperial.

> Durante os séculos III e IV, as joias tornam-se mais abstratas e simbólicas. No final do século IV começam a aparecer símbolos cristãos, como cruzes, representações de Cristo, da virgem Maria e de santos. Combinando diferentes técnicas, novas e antigas que revivem nesse período, os artesãos procuram satisfazer um desejo de luxo e esplendor divino, utilizando uma vasta gama de materiais – metais preciosos e pedras quando disponíveis, pedras semipreciosas, pérolas e vidros. O final do século IV ao VII marca o período de dominação mundial bizantina. As artes e as letras florescem. O antropocentrismo ainda caracteriza as artes, como na pintura, onde é evidente o desejo de encontrar formas de expressar e transmitir a espiritualidade divina através da forma humana. A joalheria é outra forma de arte que reflete as características desse período. As peças de joalheria sobreviventes e as representações em pinturas dão-nos uma ideia do luxo e da elevada qualidade dos ornamentos. O uso de pedras preciosas e semipreciosas torna-se muito popular e os ourives concentram-se principalmente nelas em vez de elaborar técnicas de trabalho do ouro. A partir do século IX, a arte e, consequentemente, a joalheria são caracterizadas por um "renascimento macedônio" – um retorno aos antigos padrões gregos. Um aspecto particular deste período é a utilização do esmalte como alternativa às pedras, enquanto a riqueza e o luxo ainda se expressam pela utilização de pedras preciosas. Técnica de filigrana e camafeus, símbolos cristãos para amuletos também são muito utilizados. O século XIV traz uma escassez de materiais preciosos. Nesse período, a técnica da filigrana atinge o nível de perfeição, enquanto a prata é utilizada em vez do ouro. (JEWELRY - BRIEF HISTORY, 2017).

Figura 400 – Coroa de Santo Estevão, Patrono da Hungria. A coroa é repleta de pérolas, gemas talhadas e esmaltes, semelhantes à coroa imperial que mostram os mosaicos de São Vitale. A Coroa da Hungria é uma obra bizantina, supostamente feita no século 10 ou 11. É uma das três coroas bizantinas conhecidas que sobreviveram. Mais de cinquenta reis da Hungria foram coroados com ela

Fonte: Comunidade Católica Pantokrator (2022)

Se analisarmos, ainda que sejam superficiais esses trabalhos de ourivesaria, podem fazer-se as seguintes deduções a respeito dos enfeites da distinguida sociedade bizantina.

Do ponto de vista técnico se manifesta: o emprego de ricos materiais como o ouro, pérolas, pedras lapidadas e esmaltes do tipo *cloisonné* ou tabicado. Sua tendência artística consiste em aplanar os relevos como sucedia na revolução das moedas no fim da época romana. Ao mesmo tempo, existia o afã de quebrar a superfície do objeto para conseguir por meio de um calado autêntico a justaposição de distintas cores brilhantes. Pode também ser compreendida como *Cloisonné*, do francês: cloison = partição, é uma técnica de esmalte em que fios formados em formas fechadas são fixados em uma base e depois preenchidos com esmalte. Os fios formam as paredes levantadas ou divisórias que cercam essas células individuais. Este é o inverso da técnica de *champlevé*, em que as paredes das células estão no mesmo nível do metal base. *Cloisonné* foi elevado a uma alta arte pelos chineses durante a Dinastia Ming, quando foi usado em porcelana. Já *champlevé* é uma técnica de esmaltagem nas artes decorativas, ou um objeto feito por esse processo, em que bacias ou tigelas são esculpidas, gravadas, estampadas ou moldadas na superfície de um objeto de metal e preenchidas com células de esmalte vítreo. A peça é então queimada até o esmalte se fundir e, quando esfria, a superfície do objeto é polida. Porções não esculpidas da superfície original permanecem visíveis como uma estrutura para desenhos de esmalte; eles são tipicamente dourados em trabalhos medievais. O nome vem do francês "campo de relevo", "campo" significando fundo.

A gradual introdução e prática dos trabalhos calados trouxeram como consequência o aperfeiçoamento da filigrana e dos tabiques de ouro, que servem para separar cores; o esplendor dos matizes brilhantes se conseguiu mediante incrustações de cristal em células, pedras ou esmaltes. Algumas técnicas não são romanas por sua origem como ocorre com o uso do esmalte, que procede da Pérsia ou da Índia e por via desses países chega finalmente a Bizâncio no século 7, quando os ourives bizantinos começam a empregar este material no metal.

Chama a atenção que nos primeiros trabalhos de incrustações os alvéolos estivessem cheios de *granates almadinos* da Índia, que o comércio bizantino fazia trazer em quantidades (granada ou granate, do latim *granatus*, um grão é o nome geral dos membros de um grupo de minerais), enquanto as peças de épocas anteriores continham somente vidro vermelho ou, mais raramente, verde.

As obras mais perfeitas de esmaltes bizantinos correspondem à época entre 950 e 1050 e foram consequência de profundos estudos científicos dos procedimentos químicos, realizados pelos artistas bizantinos. Nunca mais se conseguiu posteriormente oferecer igual perfeição, riqueza, clareza e magia das cores do esmalte bizantino. Ao mesmo tempo, se seguiam praticando também outras técnicas, como a aplicação do *niello* ou nigela (liga metálica de cor negra usada para preenchimento) sobre ouro e prata, procedimento no qual se especializaram os ourives de Alexandria.

Tão ricamente policromadas e preciosas por seus valiosos materiais e técnicas, devemos imaginar a grande quantidade de joias bizantinas perdidas e outros objetos de ourivesaria, como cruzes, cálices, relicários e capas para Evangelhos. Estas saíram das oficinas bizantinas e se difundiram pelo mundo, chegando até a corte dos Merovíngios, onde se professava grande afeição pela ourivesaria, e mais tarde até a corte dos Carolíngios. E nisso resulta a grande importância da Roma oriental para a história dos enfeites, ainda quando relativamente poucas joias originais têm sido conservadas. Bizâncio, depois Constantinopla e atual Istambul, preservava a herança antiga de muitas das técnicas fundamentais em sua melhor perfeição, como a do esmalte *cloisonné*.

Foi o mestre que não somente ensinou aos jovens povos eslavos que estavam por incorporar-se aos acontecimentos históricos, mas também o modelo para as oficinas medievais do Ocidente, até que estes souberam interpretar a sua própria maneira. A ourivesaria da Idade Média, não importa qual seja o material que tenha sido utilizado, reflete a magnificência, elegância e perfeição técnica da arte bizantina.

Sobre os enfeites burgueses dos bizantinos, possuímos como documentação, unicamente poucas peças originais. Além disso, o enfeite da burguesia cede ante o colorido e a riqueza de sua roupagem. A larga orla colorida no decote dos vestidos fechados, fez com que os colares e outros enfeites resultassem supérfluos. Somente os homens usavam, em casos isolados, no começo da época bizantina, um colar rígido de metal como distintivo de sua linhagem que tinha a forma habitual entre os gregos e povos das costas do Mar Negro. A fivela, ao contrário, era muito forte e grande, para sustentar sobre o ombro direito o comprido e pesado manto.

Fíbulas do tipo de armas estavam em voga como presentes imperiais suntuosos de 280 para meados do século 6. Uma das sete fíbulas existentes com a parte superior perfurada representa um estágio intermediário no desenvolvimento de tais objetos, datáveis de cerca de 480. Por causa de sua sofisticação como um mecanismo, o parafuso se tornou um símbolo de status em joias. Os mais belos exemplares da primitiva arte cristã são, portanto, de origem oriental, como a fíbula que era muito mais frequente do que na Itália.

Figuras 401, 402 e 403 – Fíbula Bizantina, do ano 430. À direita, detalhes do mecanismo. Os broches de besta estavam em voga como presentes imperiais suntuosos de 280 a meados do século 6. Um dos sete existentes com rebordo vazado, este broche representa um estágio intermediário no desenvolvimento de tais objetos, datado de cerca de 480. Neste exemplo, tem uma cruz latina no centro do painel superior, tornando-o abertamente cristão. A ponta do alfinete é inserida em um soquete no pé do broche, e a cabeça do alfinete se encaixa em uma perfuração no centro traseiro da cabeça. A cabeça do pino é liberada desparafusando o terminal hexagonal esquerdo. Por sua sofisticação como mecanismo, o parafuso tornou-se um símbolo de status na joalheria

 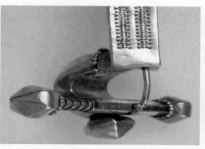 

Fonte: *The Metropolitan Museum of Art*, NY, EUA (2022)

Em numerosas sepulturas de mulheres cristãs, se tem encontrado grande quantidade de grampos cujas pequenas cabeças enfeitadas com o monograma de Cristo, foram feitas de marfim, osso ou metal e se usavam muito, tendo por indecente usar o cabelo solto. Como relata a hagiografia, a mártir Perpétua prendeu seus cabelos antes de sofrer o martírio: *"dispersos capillos infabulavit"*, ou seja, "cabelos ao vento", esta última palavra nos permite supor que se usaram agulhas em forma de fíbulas (KERTSZ, 1947).

Entre os enfeites femininos, os colares eram menos usados porque as castas das mulheres cristãs usavam os vestidos fechados até o pescoço, ou permaneciam reduzidos a pingentes de formas significativas. Igualmente nos colares usados pelos escravos, em lugar do estigma, se encontram mais frequentemente os símbolos cristãos, como o monograma de Cristo.

Os colares, em geral, gozavam de grande favor já na primeira época cristã. Alguns são espécies de relicários e são denominados *enkolpia*, que significa em grego "o que se usa sobre o peito", como medalhões com símbolos cristãos, pequenas cápsulas de metal que contém relíquias ou versículos bíblicos; outros, ao contrário, têm a forma de frascos redondos, como as ampolas palestinas trazidas pelos peregrinos como lembrança de seus lares. Continham óleo de lâmpada ou terra de lugares sagrados. Suas paredes abauladas reproduzem copias artísticas de famosos mosaicos ou afrescos eclesiásticos. Encontraram-se objetos semelhantes até na Pérsia ou Mesopotâmia, e estes pequenos objetos tão apreciados difundiram a iconografia cristã muito longe até nas comunidades cristãs mais longínquas.

Figura 404 – Este colar elegantemente simples alterna pérolas brancas luminosas com gemas verdes suaves trabalhadas a partir de um tipo de quartzo, uma das várias pedras que foram chamadas de esmeraldas em Bizâncio. Século VI-VII. Nota: Os mosaicos de Ravenna retratam as senhoras da corte imperial de Teodora usando este tipo de joias. Peças comuns durante o início da era cristã do Século V. À direita, detalhe do fecho. Acervo The Metropolitan Museum of Art, NY, EUA

Fonte: reddit. Disponível em: https://www.reddit.com/r/ArtefactPorn/comments/wd7f5o/byzantine_gold_necklace_with_pearls_and_stones_of/. Acesso em: 6 jun. 2023

Figura 405 – Uma cruz relíquia bizantina com ouro, pérolas e pedras preciosas, do séc. XI. Foi encontrada dentro da cabeça de Cristo no crucifixo em arco da capela-mor da Catedral de Roskilde no início do século XIX. (A cabeça dividida de Cristo é vista em outras partes do Cumulus)

Fonte: Nationalmuseet, Dinamarca. Disponível em: https://en.natmus.dk/historical-knowledge/denmark/middle-ages-1000-1536/. Acesso em: 9 abr. 2024

Figura 406 – anel bizantino de ouro e pedras preciosas do século VIII

Fonte: greekcultureellinikospolitismos. Disponível em: https://greekcultureellinikospolitismos.wordpress.com/2017/06/10/20-fabulus-byzantine-rings/. Acesso em: 28 ago. 2023

Figuras 407 e 408 – Frente e verso de medalhão bizantino com a imagem de Cristo, século 11. Esmalte Cloisonné e ouro. No verso havia gemas em cabochon. Para ser usado com corrente no pescoço. Acervo The Metropolitan Museum of Art, NY, EUA

Fonte: picryl.com. Disponível em: https://picryl.com/media/medallion-with-christ-f20bcf?zoom=true. Acesso em: 6 abr. 2024

Figuras 409 e 410 – Colar Peitoral com moedas e pseudo-medalhão, cerca de 539 –550, bizantino. A Direita, detalhe. Anéis de pescoço, como este imponente exemplo de ouro, são citados em fontes antigas como desempenhando um papel tanto na glorificação de heróis militares quanto nas cerimônias de coroação. Esse colar peitoral é composto por uma argola de pescoço liso e vazado presa a uma moldura cravejada de um grande medalhão central ladeado por moedas e dois pequenos discos decorativos. Embora tenha sido encontrado no Egito, acredita-se que o peitoral tenha sido feito em Constantinopla, uma vez que uma personificação dessa cidade está representada no verso do medalhão central. A frente do medalhão e as moedas menores retratam imperadores bizantinos. Os dois anéis com nervuras na borda inferior do peitoral já abrigaram um grande medalhão do imperador Teodósio I. Essa imagem imperial sugere que o peitoral é composto por uma coleção de troféus militares que pertenceram a um distinto general ou a um membro da corte imperial

Fonte: nationalclothing.org. Disponível em: https://nationalclothing.org/959-authentic--byzantine-gold-jewelry-exhibits-from-museum-collections.html. Acesso em: 7 set. 2023

Quando a Rússia, estado ao norte do Império Bizantino, aceitou o cristianismo como religião oficial, em 988, a aristocracia também adotou as maneiras e a moda da corte bizantina. Artistas locais logo produziram suas próprias versões da moda em Constantinopla. Os pingentes (Figuras 411 e 412) de metais trabalhados em esmalte *cloisonné* ou *niello* são variantes locais das obras mais cheias de detalhes feitas para a corte bizantina. Como em Bizâncio, os pingentes podem ter sido usados ao lado do rosto tanto pelos homens quanto pelas mulheres de Kiev. As obras mostradas aqui talvez tenham sido enterradas por seus proprietários quando os exércitos mongóis sob Batu Khan saquearam Kiev, em 1240.

Figuras 411 e 412 – Pingente bizantino, de ouro, confeccionado em Kiev 1000-1200, com pássaros e motivos geométricos, em Esmalte Cloisonné e ouro. As correntes, chamadas "riazni", foram criadas a partir de pequenos medalhões de esmalte cloisonné. Para as correntes podem ter juntado camadas de vestido, usadas como colares ou pulseiras, ou usadas para suspender pingentes circulares ou em forma de crescente conhecidos como "pingentes de templo ou kolti". As mulheres de Kiev usavam pingentes de templo em pares, suspensos ao lado do rosto, no templo, como parte de seu elaborado vestir

Fonte: *The Metropolitan Museum of Art*, NY, EUA (2022)

Figura 413 e 414 – Um de um par de pingentes, com dois pássaros flanqueando uma árvore da vida (frente) e motivos de folha e roseta (verso), séculos 11-12. Quando surgiu Kiev, um novo e poderoso estado ao norte do Império Bizantino aceitou o cristianismo como sua religião oficial em 988, a aristocracia também adotou os costumes e roupas da corte bizantina. Em esmalte Cloisonné e ouro

Fonte: *The Metropolitan Museum of Art*, NY, EUA (2022)

Figuras 415, 416 e 417 – Pingentes bizantinos, de ouro, confeccionados em Kiev, datados dos séculos 11-12, em esmalte Cloisonné e ouro

Fonte: *The Metropolitan Museum of Art*, NY, EUA (2022)

Figuras 418 e 419 – Frente e verso de pingente, datado de 1080–1150, feito em Constantinopla. Juntamente, um alfinete. Nota: Os Pingentes Templo ficavam pendurados no peito, suspenso do cabelo ou cocar. O pequeno bastão teria sido usado para guiar objetos para dentro e fora do pingente. Acervo The Metropolitan Museum of Art, NY, EUA

Fonte: anciettimes. Disponível em: https://ancientimes.blogspot.com/2020/11/byzantine-temple-pendants.html. Acesso em: 7 jun. 2022

328

O pingente (Figura 420) produzido em Constantinopla, tecnicamente, é um dos mais belos e talentosos objetos devocionais pessoais que sobreviveu a partir de Bizâncio. De um lado Cristo Pantokreator (Governante de Todos) abençoa o espectador com sua mão direita e segura o Evangelho em sua esquerda. Sua pose é modelada em um famoso ícone da Virgem conhecida como a Virgem Hagiosoritissa, ou Virgem do Santo Soros. A imagem desse pingente/broche exibe um camafeu bizantino azul, esculpido em uma moldura de ouro. Pedras esculpidas no Império Bizantino foram valorizadas em todo o mundo medieval como presentes diplomáticos e religiosos e como bens de comércio. O tamanho e a decoração do pingente sugerem que ele pode ter sido feito por um prelado importante da Igreja Ortodoxa. Tudo isso é um sinal privilegiado das relações artísticas complexas dentro da esfera bizantina (*THE METROPOLITAN MUSEUM OF ART*, 2022).

Figura 420 – Pingente/broche bizantino, com Camafeu, representando a Virgem com o Menino. Séculos 10-11. O camafeu elaboradamente esculpido retrata a Virgem entronizada e o Menino Jesus ladeados por arcanjos, um assunto frequentemente retratado na abside das igrejas ortodoxas. No verso da caixa de ouro há uma imagem de Cristo Pantokreator, que teria sido encontrada na cúpula de uma igreja. A moldura é típica dos povos do Norte que foram convertidos pelo clero cristão ortodoxo de Constantinopla e que, portanto, valorizavam as obras bizantinas

Fonte: *The Metropolitan Museum of Art*, NY, EUA (2022)

No Império Bizantino os pingentes se constituíam numa tipologia de jóias muito usadas pelas classes sociais mais elevadas, contudo por uma lei de Justiniano, foram também usadas pelas classes menos favorecidas. Outros exemplos podem ser observados a seguir.

Figura 421 – Pingente de Cristal de Rocha com um camafeu de Cristo Pantokreator. Século XII. O camafeu representando Cristo Pantocreator (Senhor do Mundo) foi esculpido em cristal de rocha. Pedras como esta eram transformadas em pequenos pendentes chamados encolpia que eram usados como ornamentos a serem inseridos em capas de Bíblias ou em diademas. O suporte é do século XVI em prata dourada.Todos os camafeus bizantinos conhecidos mostram temas sagrados. O cristal era considerado uma pedra especialmente pura e era muito adaptado ao tema. Este é um exemplo de lapidação bizantina, claramente estimada após ter sido feito. Acervo Benaki Museum, Atenas

Fonte: pallasweb. Disponível em: https://www.pallasweb.com/deesis/collection-byzantine-treasures.html. Acesso em: 28 ago. 2023

Figura 422 – Frente e verso de Cruz de ouro com uma pedra vermelha central ou incrustação de vidro cercada por design circular dourado "trançado", elementos finos nas extremidades. Império Bizantino, século VIII-XI

Fonte: ancientresource. Disponível em: http://www.ancientresource.com/images/byzantine/byzantine_crosses/byzantine-gold-cross-jm2233.jpg. Acesso em: 6 jun. 2023

Figura 423 – Pingente em forma de esfera de 900–950. Esta esfera oca e bem trabalhada pode ter decorado a borda de uma veste oficial, como usados pelo imperador bizantino, ou ter sido usado como um botão para unir as vestes mais externas dos membros do clero ortodoxo. Obras semelhantes foram encontradas em Preslav, capital do império búlgaro no início do século 10. Acervo The Metropolitan Museum of Art, NY, EUA

Fonte: nationalclothing.org. Disponível em: https://nationalclothing.org/959-authentic--byzantine-gold-jewelry-exhibits-from-museum-collections.html. Acesso em: 7 jun. 2022

Como o cristianismo se tornou a religião dominante na sociedade bizantina, imagens cristãs foram encontradas cada vez mais em joias. Cruzes apareceram no quinto século, a Virgem Maria, santos, anjos e outras figuras tornaram-se populares no século 6. As imagens foram pensadas para proteger o usuário, auxiliar nas suas orações, e até mesmo realizar milagres.

Figura 424 – Cruz bizantina cerca de 1100. Esta elegante cruz pendente é representativa dos melhores objetos de devoção pessoal produzidos para a elite do império bizantino. Ambas as faces da requintada cruz em miniatura são decoradas com intrincados padrões florais trabalhados em esmalte *cloisonné* multicolorido, em uma única folha de ouro. Acervo The Metropolitan Museum of Art, NY, EUA

Fonte: Antonia Benutti, 2014. Disponível em: https://antoniabenutti.wordpress.com/2014/06/02/o-adorno-como-expressao-artistica-e-cultural/. Acesso em: 7 jun. 2022

Figuras 425 e 426 – Pendente circular com solidus duplo de Constantino I, 370–390 dC. Norte da África, início do período bizantino. Ouro.

Durante a Antiguidade Tardia, as moedas de ouro, em particular, recebiam frequentemente dispositivos de moldura ornamentados, como este pingente do século IV do Norte de África. Aqui, um medalhão (duplo solidus) de Constantino, o Grande (r. 306–337) é colocado dentro de uma grande moldura que compreende elaborados orifícios de ouro - uma especialidade dos ourives da antiguidade tardia - intercalados com bustos de ouro esculpidos em molduras de alto relevo. À direita, detalhe

Fonte: Museum Dumbarton Oaks, Washington, DC. Disponível em: https://museum.doaks.org/objects1/info?query=Portfolios%20%3D%20%223671%22&sort=175&page=1237. Acesso em: 17 abr. 2024

Figura 427 – Pingente e Relicário Bizantino, ano 800, com Cristo ao centro e circundado por seus seguidores. Granulação, esmalte *Cloisonné* e ouro

Fonte: *Antique Jewelry University* (2022)

Figura 428 – Pingente em forma de cruz dupla, dourada e inserção de lápis-lazúli. A inscrição no verso menciona Georgios Varangopoulos como titular com o título de respeitado, o que indica uma elevada posição social, o luxo dos materiais e a elegância do objeto. A cruz com três fileiras de braços é um padrão muito encontrado na Valáquia e na Moldávia. Séculos 13-14. A cruz peitoral com duas fileiras de armas pertenciam a um soldado bizantino. Acervo Benaki Museum, Atenas

Fonte: hagiasophiaturkey. Disponível em: https://hagiasophiaturkey.com/byzantine-treasures/listing/byzantine-pectoral-cross#prettyPhoto/0/. Acesso em: 6 jun. 2023

Nesse período, também se difundiu o grande brinco chato, em forma de lua, executado em trabalho calado ou enfeitado com pequenas figuras. Parece proceder da antiga Síria, e ainda hoje está em voga no Oriente. Essa forma chata dos brincos, geralmente executada em esmaltes aureolados, é típica de Bizâncio e se distingue essencialmente dos brincos chatos do Império do Ocidente.

Figura 429 – Um bracelete bizantino em ouro, granada e esmeralda, século V- VIII. Faixa dourada de seção plana perfurada representando pares de pombas frente a frente flanqueando um vaso com folhagem; no centro, uma moldura quadrada substancial posterior com preenchimento de arame enrolado e cruz. As joias bizantinas foram uma continuação completa das tradições romanas e onde técnicas e estilos continuaram a formar a base das habilidades dos ourives bizantinos. A produção nos antigos centros joalheiros de Alexandria e Antioquia deu lugar a um aumento da produção em Constantinopla

Fonte: reddit. Disponível em: https://www.reddit.com/r/ArtefactPorn/comments/p12p97/a_byzantine_jewelled_gold_bracelet_with_cabochon/. Acesso em: 6 jun. 2023

O brinco, por outro lado, conserva em Bizâncio sua grande importância, especialmente como símbolo de prenda. Velhas prescrições eclesiásticas exigem dos homens um anel de compromisso de ouro; para a mulher, um de prata ou de ferro, provavelmente porque a esposa devia submissão ao marido. Faltam, no entanto, as provas de que estas ordens tenham sido observadas sempre com o devido rigor; isso se pode dizer das numerosas proibições contra o uso exagerado de joias suntuosas em Roma e França, que não foram tidas em conta.

Das Figuras 430-436 há exemplos de brincos bizantinos.

Figura 430 – Brinco de ouro, séculos 5-6. Nesse período quando os Ávaros recebiam regularmente enormes pagamentos do Império Bizantino, praticamente todos os homens e mulheres livres usavam brincos grandes e distintos, feitos de ouro puro de moedas bizantinas derretidas. Técnica do repuxado e granulação

Fonte: *The Metropolitan Museum of Art*, NY, EUA (2022)

Figura 431 – Par de brincos bizantinos em ouro, granada e esmeraldas, por volta dos séculos V-VI d.C.

Fonte: langantiques. Disponível em: https://www.langantiques.com/university/earrings/. Acesso em: 17 abr. 2024

Figura 432 – Brincos Bizantinos, de ouro com motivo de dois pavões flanqueando um poço ou vaso (o chamado kantharos). O emblema permaneceu popular como motivo cristão na era bizantina. A técnica de trabalho perfurado usada para criar o desenho é chamada de *opus interrasile*, um método de formar padrões fazendo aberturas em superfícies metálicas planas. Esta técnica destaca o jogo de luz e sombra e foi um dos métodos de fabricação de joias mais inovadores usados nos estilos da Antiguidade Tardia e do início do período bizantino

Fonte: pemptousia. Disponível em: https://www.pemptousia.ro/2013/11/viata-cotidiana-in-bizant-la-muzeul-benaki-din-atena/. Acesso em: 6 set. 2023

Figuras 433 e 434 – Brinco cesta bizantino, Século X-XI. Foi confeccionado de ouro com formas intrincadas, imitando ramos e flores

Fonte: nationalclothing.org. Disponível em: https://nationalclothing.org/959-authentic-byzantine-gold-jewelry-exhibits-from-museum-collections.html. Acesso em: 6 set. 2023

Figura 435 - Brinco de ouro com gemas em cabochon que foram retiradas. Havia três pingentes, séculos 6-7, bizantino ou Lombardo. Na moda na Itália pelo menos um século antes da chegada dos Lombardos, brincos da variedade "cesto", como os muitos mostrados neste caso, rapidamente se tornaram parte do vestido das mulheres Lombardas. Acervo The Metropolitan Museum of Art, New York, EUA

Fonte: alamy. Disponível em: https://www.alamy.com/stock-photo/gold-earring-jewellery.html?sortBy=relevant . Acesso em: 8 jun. 2022

Figura 436 – Brinco bizantino, feito no norte da França, datado do século 6. Peça confeccionada na técnica *Opus Interrassile*. Brinco "Cesta" de ouro, século 6, bizantino

Fonte: *The Metropolitan Museum of Art*, NY, EUA (2022)

Com esses enfeites puramente cristãos, encontram-se outros que têm um caráter pagão-cristão, e que foram usados apesar das proibições da Igreja. Demonstram a confusão de ideias cristãs e pagãs nos séculos de transição. O exemplo mais conhecido deste sincretismo são as pedras Abraxas, que serviam de amuleto. Interpretando em cifras as letras gregas gravadas na superfície expressavam provavelmente o número 365 pelo meio do qual a seta gnóstica dos Basilidianos em Alexandria, no século 2, designava a totalidade dos espíritos do universo e a Deus que neles se revelava.

O anel é um daqueles enfeites que serviu aos primeiros cristãos para aplicar-lhes os emblemas de sua fé. Sua grande importância se baseia em seu uso simbólico ao serviço da Igreja, como anel pastoral, com o qual se eleva por sobre a esfera dos simples enfeites.

Até o século 4, o anel não mostra características exteriores especiais e não se distingue tampouco dos demais anéis cristãos típicos, posto que não somente era um emblema religioso, mas também um distintivo de dignidade e de honra desde os tempos imperiais romanos. Somente depois desse tempo aparece a função do anel que usa o Bispo, formulada exatamente em uma epístola de Optato de Milevi em Argelia, um dos santos padres: *"ut se sponsum Ecclesiae cognoscat"* (Ele sabe que ele é o esposo da Igreja), como signo de suas bodas espirituais com a Igreja. A partir de então, pertence o grande anel de ouro, frequentemente enfeitado com pedras preciosas, aos ornamentos pontificais, e o Papa o usa com a cruz peitoral e o cajado.

Figura 437 – O anel de ouro com uma moldura em forma de cálice, formando uma cruz, século VI-VII. Este anel em ouro pesado tem uma forma de cruz quadrifólia de cálice chanfrado. Originalmente montado com uma pedra preciosa, era uma peça de joalheria vistosa. Chanfraduras elevadas são típicas em anéis deste período. Acervo Benaki Museum, Atenas

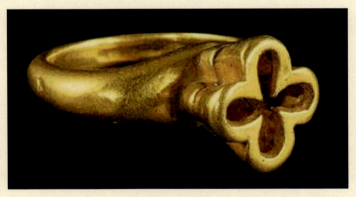

Fonte: hagiasophiaturkey. Disponível em: https://hagiasophiaturkey.com/byzantine-treasures/listing/gold-ring-early-byzantium?tab=photos&photo_id=1640#sabai-entity-content-1640. Acesso em: 8 jun. 2022

Figuras 438 e 439 – Vista superior e lateral do Anel de Sinete de João, Espatário Imperial, século 10, bizantino. O título Spatharios, portador da espada, era originalmente uma honra reservada para o guarda-costas imperial. No Período Bizantino Médio, tornou-se um título honorífico apenas, indicando o status respeitável de João

Fonte: *The Metropolitan Museum of Art*, NY, EUA (2022)

Figura 440 – Aliança de ouro com os bustos dos santos sobre a haste e uma representação da Anunciação no painel com detalhes em *niello*, séculos 6-7. Acervo Benaki Museum, Atenas

Fonte: hagiasophiaturkey.com. Disponível em: https://hagiasophiaturkey.com/byzantine-treasures/listing/gold-ring-early-byzantine. Acesso em: 28 ago. 2023

Figura 441 – Frente e lateral de anel bizantino, de ouro com medalha. Virgem com o Menino, do século VI-VII, cujas técnicas repoussé e granulação se destacam no madalhão e nas bordas. Acervo The Metropolitan Museum of Art, New York, EUA

Fonte: nationalclothing.org. Disponível em: https://nationalclothing.org/959-authentic-byzantine-gold-jewelry-exhibits-from-museum-collections.html. Acesso em: 8 jun. 2022

Figuras 442 e 443 – Anel bizantino, de ouro com safira em niello, século V-VI. Intaglio é uma antiga técnica de joalheria onde a imagem é gravada na parte de trás da pedra preciosa, como um camafeu invertido. A impressão oca dos entalhes era comumente usada em selos no final do século XIX e foi totalmente eliminada quando os selos de cera deixaram de existir. Uma técnica icônica de joalheria do século III. Um camafeu é uma imagem esculpida em uma pedra preciosa com um relevo elevado criando uma ilusão multidimensional. Geralmente eram projetados com temas religiosos ou rostos da realeza. Originados do Império Romano, eles inicialmente esculpiram os rostos dos deuses usando vidro e pedras preciosas. Acervo The Metropolitan Museum of Art, New York, EUA

Fonte: innovatodesign.com. Disponível em: https://innovatodesign.com/blogs/featured/byzantine-jewelry-history-and-art-during-themiddle-ages . Acesso em: 8 jun. 2022

Figura 444 – Uma aliança de casamento bizantina do século 7 d.C representando Cristo abençoando a união de uma noiva e um noivo. Inscrição: "OM(o)NYA" = harmonia ou concórdia. Ao redor do aro está uma citação da Bíblia. "Minha paz eu te dou". Anel de ouro; gravado. Luneta aplicada com quatro lóbulos salientes gravada com a figura de Cristo entre a noiva e o noivo com a mão direita no ombro do noivo e a esquerda no da noiva. Atrás dos noivos há uma inscrição. Estrela sob os pés da noiva. Inscrição em aro plano. Esta aliança de casamento bizantina de Agrigento, na Sicília, foi feita no século VII d.C. Durante o início do período bizantino, assim como atualmente, o anel era o objeto mais associado ao ritual de casamento. Romanos e bizantinos acreditavam que uma veia especial corria do quarto dedo (anular) diretamente para o coração

Fonte: turk.deminasi. Disponível em: https://turk.deminasi.com/. Acesso em: 6 set. 2023

Pascolati esclarece que no Império Bizantino do Oriente:

> As coleções de joias bizantinas nos maiores museus do mundo possuem um grande número de peças que podem ser ligadas a cerimônia do casamento. Essas joias são destinadas aos laicos, mas apresentam inscrições e motivos iconográficos que fazem alusão ao sagrado ou até mesmo o representam, pois na sociedade bizantina o limite entre o sagrado e o profano não era sempre bem nítido. Também em Bizâncio, o casamento é visto como um dom de Deus, uma união criada pelo divino, que pode ser desfeita somente por Ele. Os anéis matrimoniais eram usados, como hoje, no quarto dedo da mão esquerda, seguindo a crença egípcia de que a veia que ali passa leva diretamente ao coração. Os menos afortunados usavam anéis simples de bronze, enquanto os ricos e membros da corte podiam se presentear com anéis em ouro como o exemplo estudado, ricamente decorado, sendo assim um símbolo de status na sociedade. Também é importante lembrar que o

uso de objetos de luxo em Bizâncio era controlado pelas leis suntuárias, herdada dos romanos (PASCHOLATI, 2017, s/p).

Figuras 445 e 446 – Anel matrimonial bizantino, octogonal em ouro e *niello*, século 7. Conservado no Dumbarton Oaks, Washington, Estados Unidos. Nota: Nessa imagem podemos ver a cena da Anunciação e da Visitação. Na parte superior do anel, vemos a representação do casal de noivos, prática frequente em objetos desse tipo, sendo que, na maioria das vezes, não existia nenhuma intenção de semelhança com os personagens reais. O corpo dos noivos encontra-se vazio, onde, provavelmente, existiam incrustações de pedras preciosas. O Cristo, figura frequente em anéis matrimoniais, e a Virgem — representando a Igreja — são mostrados entre o casal, abençoando-os e tocando suas coroas. Sempre sobre a cabeça dos noivos, as coroas fazem alusão à tradição romana de coroas florais na cerimônia de casamento. Essa tradição teve continuação em Bizâncio, onde as plantas e flores foram substituídas por metais preciosos. Seu uso continua até hoje nas cerimônias de casamento ortodoxas (PASCHOLATI, 2017)

Fonte: *ARTRIANON* (2022)

Gregorio de Tours relata que o rei Clodoveo oferece aos bispos reunidos no Concilio de Orleans (511), a entrega de prisioneiros godos que eles reclamam, e pede que selem a resposta com seus anéis. Um dos mais antigos anéis do bispado provém da propriedade de San Arnulfo, bispo de Metz, no ano de 614. É este um simples anel de ouro com ágata branca antiga, na qual estão representados de acordo com o Evangelho que compara os Apóstolos com pescadores e os fiéis com peixes.

Figura 447 – Anel do bispo Arnulfo no tesouro da Catedral de Métis, datado de 614. Ouro e gema de ágata em cabochon

Fonte: archinform. Disponível em: https://www.archinform.net/projekte/9580.htm. Acesso em: 2 abr. 2024.

Figuras 448 e 449 – Anel de Leontios, ano 1000. O anel pertencia a Leôncios, da província de Opsikion, onde hoje é o noroeste da Turquia. Patrikios e komes eram títulos romanos que mudaram de significado durante o período bizantino; parece provável que Leôncio fosse o governador da província ou um general de alto escalão. Acervo The Metropolitan Museum of Art, NY, EUA

Fonte: academic-accelerator. Disponível em: https://academic-accelerator.com/encyclopedia/opsikion. Acesso em: 8 jun. 2022.

Dos sofisticados ornamentos burgueses merece destacar as fivelas que, com as fíbulas, se constituíam em importantes acessórios com as vestimentas.

O tesouro de Vrap contém uma série de acessórios para cintos, alguns elaboradamente decorados, alguns inacabados ou fundidos defeituosos. Alguns não apresentam sinais de uso, enquanto outros estão bastante desgastados. Os ávaros eram uma tribo nômade de guerreiros montados da estepe eurasiana. O imperador bizantino Justiniano negociou com eles no século VI para proteger a fronteira norte do Império ao longo do Mar Negro. Encorajados pela subjugação de numerosas tribos, eles tentaram sem sucesso tomar a capital do Império, Constantinopla. Eles permaneceram um flagelo tanto de Bizâncio quanto dos reinos ocidentais até que Carlos Magno os derrotou através de uma série de campanhas na década de 790 e início de 800. Todo o dinheiro e tesouros que os ávaros vinham acumulando foram confiscados, e nenhuma guerra em que os francos jamais se envolveram trouxe-lhes tantas riquezas e tanto espólio. Até então, os ávaros passavam por um povo pobre, mas tanto ouro e prata foram encontrados que se pode pensar que os francos tiraram dos ávaros com justiça o que os ávaros haviam anteriormente tirado injustamente de outras nações. — Einhard (770–840), biógrafo do governante franco Carlos Magno, início dos anos 800. O Tesouro Vrap Os pagamentos de tributos do Império Bizantino e os saques de guerra forneceram aos ávaros enormes quantidades de ouro e prata. Os ourives de Avar criaram trabalhos de qualidade excepcionalmente alta e foram contados entre a classe dominante dos Avars. Esse conjunto de objetos, todos encontrados juntos em Vrap, na atual Albânia, parece atestar a riqueza dos ávaros. Por que esse grupo variado foi reunido permanece um mistério. Alguns estudiosos sugeriram que esses objetos faziam parte de um tesouro pertencente a um chefe Avar; outros especularam que eram materiais de um artista Avar. Outros questionam se um ferreiro avar os fez e afirmam que esses objetos são produtos de um artista bizantino provincial (METROPOLITAN MUSEUM OF ART, 2022).

Figura 450 e 451 – Fivela e acessórios do Tesouro de Vrap

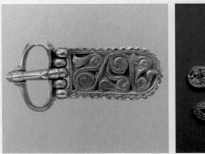 

Fonte: *The Metropolitan Museum of Art*, NY, EUA (2022)

Figura 452 – Fivela com cabeça de perfil em relevo. Bizâncio, início do período bizantino, séculos V-VI, em ouro, lápis-lazúli e vidro

Fonte: Cleveland Art Museum. Disponível em: https://www.clevelandart.org/art/1948.23. Acesso em: 6 abr. 2024

Figura 453 – Fivela Bizantina em ouro, final do século VI ao VII (Antiguidade Tardia).

As fivelas douradas dos cintos geralmente eram personalizadas com o nome do proprietário, como o pequeno monograma de Theodore visto neste luxuoso exemplar. As fivelas dos cintos já eram usadas no Império Bizantino por volta do século V, quando a toga romana começou a ser substituída por calças como parte da influência cultural dos povos migratórios do norte. Acervo The Walters Art Museum

Fonte: Heddels, 2024. Disponível em: https://www.heddels.com/2023/11/strapping-into-the-history-of-belts/. Acesso em: 2 abr. 2024

Numa visão geral as técnicas decorativas utilizadas pelos joalheiros bizantinos durante o período inicial foram em grande parte herdadas. Motivos repetitivos foram utilizados como relevo nas folhas de ouro macio, enquanto que ferramentas manuais foram utilizadas para trabalhos mais individuais. Ambos os métodos-padrão criados pela aplicação de uma pressão suave sobre a superfície, ao contrário da gravação (que foi usada para detalhes mais nítidos), esse metal era removido usando uma ferramenta pontiaguda.

O *niello* permite realçar a peça perfurada geometricamente, era concluída com *opus interrasile*, mantendo-se uma técnica decorativa popular nos primeiros anos do Império Bizantino. Foi utilizada em todos os tipos de joias, muitas vezes para formar quadros redondos ou hexagonais para moedas individuais ou agrupadas montadas como pingentes. Outra sobrevivência era o amor romano por pedras policromadas, que permaneceu como característica das joias bizantinas. Pedras polidas em grânulos irregulares suaves eram perfuradas para serem fixadas como formas. Isso criou um ambiente muito seguro, mais permanente do que as pinças retas. A arte da escultura com entalhes e camafeus permaneceu viva no império oriental, e esta foi fixada em anéis e pingentes durante todo o Período Bizantino.

A cor também foi adicionada em joias com esmaltes *cloisonné* por ser uma das melhores e mais marcantes características do trabalho dos joalheiros bizantinos entre os séculos 9 a 13. Foi usada para produzir imagens detalhadas e brilhantes, muitas vezes dos profetas e santos, que se assemelham a desenhos de linhas finas, preenchidas com uma variedade de cores opacas.

O contorno e detalhes do projeto eram realizados por uma rede de pequenos *cloisons* ou partições de fio de ouro soldados sobre o reverso da placa. O fluxo de esmalte era feito a partir de pó de vidro colorido por meio de vários óxidos metálicos. Estes tinham diferentes pontos de fusão, portanto não podiam ser todos colocados ao mesmo tempo, e aqueles que requeressem temperaturas mais quentes tinham de ser adicionados em primeiro lugar. Cada cor podia necessitar de reaplicação várias vezes para compensar o ligeiro encolhimento, uma vez fundida em esmalte.

Quando todos os *cloisons* eram preenchidos a peça podia ser polida para dar uma superfície lisa e nivelada. Uma ampla variedade de cores podia ser usada, mas apenas uma em cada *cloison*, dando uma aparência de duas dimensões. Esta técnica tinha recebido potencial para ornamento figurativo em joias e foi usada para decorar coroas, pulseiras, brincos, medalhões e painéis. Isto favoreceu a metalurgia eclesiástica, pois painéis foram usados para decorar vasos e para fazer capas de livros e até mesmo retábulos.

Gil *et al.* (1996) refere que a decadência do Império Romano pode ser sentida a partir do século III no oriente meditarrâneo, com o retrocesso do helenismo e ascesão do império persa sassânida. Nesse lugar floresceu o Império Bizantino, cujo apogeu chegou a durar quase mil anos, perecendo com a queda de Constantinopla, em 1453, para os turcos.

Os citados autores ainda enfatizam que sob uma dupla influência da Grécia e da Pérsia surgirá uma nova arte decorativa acompanhada de prestígio do poder político que alcançará o ocidente europeu. Esses elementos decorativos, acrescidos com os do islamismo, alcançarão grande repercussão no entorno meridional do Mediterrâneo, integrados numa profunda síntese. Os estados emergentes da Europa Ocidental absorveram essa arte, porém a vivificaram com interpretações próprias, que aos poucos acabaram se diferenciando com o decorrer dos anos, porém sem perder a unidade estilística. Essa arte alcança seu apogeu nos séculos 11 e 12 com o estilo românico, fundindo-se com as raízes bárbaras, as influências do orientalismo bizantino, do classicismo grego, e, mais tarde vai derivar para o estilo gótico, já nos séculos 13, 14 e 15.

CONCLUSÃO

O período estudado como o Período Pré-dinástico com produtos culturais mais complexos embasados pelo conhecimento e desenvolvimento da escrita, foi marcado por notáveis progressos das técnicas, dos materiais e estéticos. Pode-se evidenciar na vidragem, nos artefatos cerâmicos habilmente decorados, levando os egípcios a excelência artística na criação de artefatos e utensílios. Pois, para os egípcios os adornos eram carregados de significados atribuídos a uma simbologia com forte sentido de racionalidade que diferenciava as classes sociais.

As joias do mundo Egeu Pré-helênico da civilização Cíclades dispunha de terras férteis com abundância em recursos minerais, o que estabelece a Idade do Bronze Inicial denominada Cíclades Precoce, que foi caracterizada pela produção de armas de bronze com liga de cobre e arsênico. Joias em âmbar e pasta vítrea com características estéticas e simbólicas peculiares.

Em Micenas, considerada um dos maiores centros da civilização grega, o ouro era usado para fazer diademas, pingentes e prendedores de cabelo trabalhado em chapas finas, com a adoção de novos materiais como o lápis-lazúli, e de faiança e técnicas como a granulação e a filigrana, ainda utilizadas na joalheria atual. Observa-se, nas imagens estudadas em que se destaca a arte com vivacidade nos objetos de ourivesaria, o que denota a influência da cultura micênica em relação a cultura grega posterior.

As joias fenícias refletem influências de variadas estéticas e de técnicas sofisticadas. Os fenícios usaram elementos estilísticos como flores, botão de lótus, bolas, máscara humana e de animais, esfinges, pequenos vasos entre outros. Foram hábeis comerciantes ensinando aos gregos o alfabeto dos signos para anotações comerciais.

As joias gregas tratadas não apresentam a sequência de sofisticação dos períodos que a antecederam. Basicamente, observou-se o uso de placas estampadas ou gravadas em ouro e prata, os quais apreciavam a durabilidade do ouro. Para os gregos, as joias denotavam poder da classe dominante e eram confeccionadas também em prata, marfim, bronze e gemas.

Com o povo etrusco, os estudos revelam a vaidade da mulher etrusca que atribui valor especial a indumentária, vestidos elegantes e joias preciosas, estas com destaque para a confecção na técnica de granulação, estética simétrica e delicadas gravações em relevo. Foi também importante e significativa a fivela em forma de animais com cabeças de leões, esfinges e outros, incluindo na joalheria a fabricação de fíbulas ou fechos, colares com franjas, pendentes, braceletes, anéis e brincos.

O período intitulado na obra como O Mundo Romano, inicialmente traz à baila a decadência da sofisticação dos adereços e joias pela escassez de materiais devido a conjuntura histórica marcada pelas constantes guerras e o adorno de metal torna-se raro. Com as novas conquistas, o Período Republicano retoma o enriquecimento da Realeza, as artes ganham especial atenção, e os adornos se revestem de luxo e requinte. Tem-se o uso de gemas para unir beleza e colorido, camafeus são confeccionados sob a influência fenícia e egípcia. Os camafeus eram apreciados pelas mulheres que os consideravam uma joia valiosa, em relevo de marfim e pasta de vidro. Pulseiras e anéis eram cravejados de pérolas executados a ouro fundido. Os ourives evidenciavam as gemas como a granada, ametista, safira e esmeralda com lapidação cabochon cravadas em ouro. Outra técnica marcante desse período foi a esmaltação e a joia foi usada com ostentação de riqueza e poder.

As joias cristãs primitivas denotam esteticamente o conteúdo espiritual que os objetos eram portadores, com apelo simbólico ao cristianismo, em que o uso da cruz é confeccionado para pingentes, medalhões e brincos em metal.

O Império Romano do Oriente mostra suntuosidade e ostentação com trabalhos de ourivesaria que ultrapassaram as fronteiras das oficinas do Império Bizantino em direção ao Ocidente. O mesmo ocorreu com os tecidos de fina seda, veludos e brocados, como o marfim e os cristais dourados. Constantinopla, como a grande cidade imperial cristã, desempenhou um papel importante na conversão da Europa ao cristianismo. A riqueza de Constantinopla também a tornou um dos grandes centros de arte e arquitetura por muitos séculos.

Portanto, a pesquisa sobre os adornos e as joias criadas no decorrer dos períodos elencados cumpre o papel de descortinar um passado histórico, contribuindo efetivamente para o desenvolvimento dos materiais, das técnicas e da estética dos objetos. Proporciona ao Design um suporte de conhecimentos necessários aos projetos e aos profissionais, abarcando diferentes áreas de interesse.

REFERÊNCIAS

ABRAMO, Maria Cristina Cavallari. **Estruturas portuárias nas apoikias da Magna- Grécia e Sicília entre os séculos VIII a.C. e V a.C.:** relação entre porto e malha urbana. São Paulo: Universidade de São Paulo, 2013.

ABREU, Rafaela do Rocio Gomes de. 2011. **Gala Placídia:** a imagem de um penhor especial. 2011. 41 f. Monografia (Graduação em História) - Universidade Federal do Paraná, Curitiba. 2011.

ACADEMIA BRASILEIRA DE JOALHERIA (ABRAJOIA). **O design etrusco durante o período neoclássico.** Disponível em: https://www.abrajoia.com.br/inspiracao/historia-da-joalheria/o-design-etrusco-durante-o-pero-neoclico/117/. Acesso em: 15 out. 2021.

ACTAS. **I Jornadas internacionais de MIAA.** Museu Ibérico de Arqueologia e Arte de Abrantes. Abrantes: Ed. Câmara Municipal de Abrantes, 2011.

ALFARES, Teresa *et al.* **História geral da arte.** Madrid: Ediciones Del Prado, 1996. v. III.

AND, José. **Gravação em metal:** o que é niello? Disponível em: https://gravacaoemmetal.home.blog/2021/02/01/o-que-e-o-niello/. Acesso em: 15 out. 2021.

ARNT, Ricardo. O tesouro de Tróia. **Super Interessante.** Publicado em 31 ago. 1996. Disponível em: https://super.abril.com.br/historia/o-tesouro-de-troia/. Acesso em: 15 mar. 2021.

ARQUIVO STARNEWS. **Grande Enciclopédia Larousse Cultural.** 2001. v. 4.

ARTE NOS SÉCULOS. **Milão, Itália.** Fratelli Fabbri Editori, 1969. v. 1.

ARTE NOS SÉCULOS. **Milão, Itália.** Fratelli Fabbri Editori, 1969. v. 2.

ARTRIANON - Coluna: **Obra de Arte da Semana:** Aline Pascholati, 19 de setembro de 2017.

BEARD, Mary. **SPQR:** uma gistória da Roma Antiga. São Paulo: Editora Planeta do Brasil, 2017.

BIGELOW, Marybelle S.; KUSHINO, Kay. **Fashion in history&**western dress, prehistoric to present. Burgess Publishing Company, 1979.

BOMENTRE, Nancy Maria Antonieta Braga. **Imagens femininas em Tarquínia:** estudo acerca de arte e gênero. Dissertação (Mestrado em História da Arte) Universidade Federal de São Paulo, São Paulo, 2019. Disponível em: https://ppg.

historiadaarte.sites.unifesp.br/images/dissertacoes/2019/NANCY_MARIA_ANTONIETA_BRAGA_BOMENTRE.pdf. Acesso em: 17 out. 2021.

BROMBERG, Anne. Eros earrings. *In:* DALLAS MUSEUM OF ART. A **Guide to the Collection**. New Haven: Yale University Press, 1997.

BURNS, Edward McNall. **História da civilização ocidental:** do homem das cavernas até a bomba atômica. 28. ed. Porto Alegre: Ed. Globo, 2005. v. 2.

CARTWRIGHT, Mark. **Minoan Jewellery &**ancient history encyclopedia, 2012. Disponível em: http://www.ancient.eu.com/article/449/. Acesso em: 13 out. 2013.

CARVALHO, Úrsula. **Apostila de história da Indumentária**. Disciplina de História da Indumentária do Curso Técnico em Moda e Estilo. Centro Federal de Educação Tecnológica, Araranguá.

CASGRAVE, Bronwyn. **História da indumentária da moda:** da antiguidade aos dias atuais. São Paulo: Editorial Gustavo Gilli, 2012.

CHERRY, John F.; DAVIS, Jack L. As cíclades e o continente grego no final das Cíclades I: a evidência da cerâmica. **American Journal of Archaeology**, v. 26, n. 3, jul. 1982.

CIVITA, Victor. **Arte nos séculos**. São Paulo: Abril Cultural, 1969. v. 2.

CIVITA, Victor. **Arte nos Séculos**. São Paulo: Editor Victor Civita, 1970.

CLEMENTE, Guido. O Império Romano. *In:* CLEMENTE, Guido. **Roma:** a vida e os imperadores. Catálogo da Exposição. Itália, Cagliari, Fabula, 2011.

DEMAKOPOULOU, Katie. **The Aidonia Treasure- seals and Jewellery of the aegean late bronze age**, Pergamos S.A. Production, 1998.

DEPPERT-LIPPITZ, Barbara. Ancient Gold Jewelry at the Dallas Museum of Art. Dallas: Dallas Museum of Art in association with the University of Washington Press, 1996.

DOWDLE, Elizabeth. Emerald earrings. *In:* **Johns Hopkins Archaeological Museum**, 2021.

DUBIN, Lois Sherr. **A history of beads**: from 30,000 B.C. to the present. London: 1987.

ENCICLOPÉDIA CONHECER. **Verbete sobre a coroa de ferro**. São Paulo: Editora Abril, 1967. v. 5.

FLOURENTZOS, Pavlos; VITOBELLO, Maria Luisa. *In:* ANTIQUE JEWELRY UNIVERSITY. **Phoenician Jewelry-The Phoenician Gold Jewellery from Kition**. Cyprus. 2009.

G1. EUA devolvem à Turquia joias da antiga Troia. 2012. Disponível em: http://g1.globo.com/mundo/noticia/2012/09/eua-devolvem-turquia-joias-da--antiga-troia.html. Acesso em: 15 out. 2021.

GARBINI, Giovanni. **O mundo antigo**. Londres: The Hamlyn Publishing Group Limited, 1979. Tradução para o Português Encyclopedia Britannica do Brasil Publicações.

GIL, Santiago Alcolea *et al.* **História geral da arte:** artes decorativas III. Espanha: Ediciones Del Prado, 1996.

GOLA, Eliana. **A joia:** história e design. São Paulo: SENAC Editora, 2008.

GONZÁLEZ Antón; LÓPEZ PARDO, Fernando; PEÑA ROMO, V. **Los Fenicios y el Atlántico,** Madrid: Ed. Universidad Complutense/CEFP, 2008.

GUIA, Miriam Valdés. **El sinecismo y la formación de la polis:** entre mito y realidad. *In:* Coldstream Geometric Greece. (Benn study: archaeology.) London: Benn. 1977.

HOMERO. **Ilíada,** Tradução Carlos Alberto Nunes. São Paulo: Ediouro, 1996.

IMBROISI, Margaret; MARTINS, Simone. **Museu Arqueológico Nacional de Atenas.** História das Artes, 2022.

IMBROISI, Margaret; MARTINS, Simone. **Você conhece a Arte Etrusca?** História das Artes, 2022. Disponível em: https://www.historiadasartes.com/sala-dos-professores/arte-etrusca/. Acesso em: 11 maio 2022.

JAMES, Henry T.G. **Tutancâmon**. Biblioteca Egito. Barcelona: Ediciones Folio, S.L., 2005.

KAZA-PAPAGEORGIOU, Kardamaki Kontopigado Alimou; DEMAKOPOULOU. Katie. **The aidonia trasure:** Seals and Jewellery of the Aegean Late Bronze Age, Athens: Hellenic ministry of Culture Archeological Receipts Fund, 2006.

KERTSZ, Margarita Wagner de. **Historia universal de las joyas**. Buenos Aires: Ediciones Centurión, 1947.

KYRIAKIDIS, Evangelos. How to see the minoan signet rings transformations in minoan miniature iconography, Encontro Internacional do Egeu. **[Anais]**. Universidade de Copenhague, Centro de Pesquisa Têxtil da Fundação Nacional de Pesquisa Dinamarquesa, 21-26 de abril de 2010.

LASSUS, Jean. *In:* LASSUS, Jean. **O mundo da arte.** Volume: Cristandade Clássica e Bizantina. Paris: Editora EXPED, 1979.

MANNING, Sturt.W. **The absolute chronology of the aegean early bronze age, archaeology, radiocarbon and history**. Sheffield, England: Sheffield Academic Press, 1995, Disponível em: http://www.fhw.gr/chronos/02/crete/en/gallery/diagr2.html. Acesso em: 21 mar. 2022.

MASCETTI, Daniela; TRIOSSI, Amanda. **Earrings:** from antiquity to the present. New York: Rizoli International Publications, Inc., 1990.

METROPOLITAN MUSEUM OF ART. 2014. **The Metropolitan Museum of Art, NY, EUA.** Disponível em: http://www.metmuseum.org/. Acesso em: 7 out. 2013.

MIESEL, Sandra. **História, lendas e relíquias da Vera Cruz.** Tradução: Equipe Christo Nihil Praeponere. 2021. Disponível em: https://padrepauloricardo.org/blog/historia-lendas-e-reliquias-da-vera-cruz. Acesso em: 21 mar. 2022.

MONTERADO, Lucas de. **História da arte.** Rio de Janeiro: Livros Técnicos e Científicos Editora, 1978.

MORONEY, Morgan. **Egyptian jewelry&** window into ancient culture. American research center in Egypt. Washington: Johns Hopkins University, 2021. Disponível em: https://www.arce.org/resource/egyptian-jewelry-window-ancient-culture. Acesso em: 11 set. 2021.

NATIONAL ARCHAEOLOGICAL MUSEUM. **National Archaeological Museum of Athens**. 2014. Disponível em: http://www.namuseum.gr/. Acesso em: 27 mar. 2014.

NERY, Marie Louise. **A evolução da indumentária:** subsidio para criação. Rio de Janeiro: Senac Nacional, 2009.

NICOLAS, J. L. In: NICOLAS, J. L. **World in words**: travel magazine. 2018. Disponível em: https://www.world-in-words.com/news/la-cruz-de-desiderio/. Acesso em: 21 set. 2021.

PARDO Mata, P. **Mediterráneo, Fenicia, Grecia y Roma**. Madrid: Ed. Sílex, 2002.

PASCHOLATI, Aline. **ARTRIANON**: Arte, obra de arte da semana: anel matrimonial octogonal bizantino. 2017.

PEDROSA, Julieta. **Joia.** 2012. Disponível em: http://www.joiabr.com.br/. Acesso em: 12 set. 2011.

PEDROSA, Julieta. **História da joalheria:** joia etrusca. 2008. Disponível em: http://historiadajoalheria.blogspot.com/2008/05/joalheria-etrusca.html. Acesso em: 11 maio 2022.

PEDROSA, Julieta. **Joalheria romana:** Costumes e Leis. 2008. Disponível em: http://historiadajoalheria.blogspot.com/2008/10/joalheria-romana-costumes--e-leis.html. Acesso em: 20 maio 2022.

PHILLIPS, Clare. **Jewelry:** from antiquity to the present. New York: Thames & Hudson Inc., 2010.

PISCHEL, Gina. **História universal da arte.** Milão, Itália: Arnoldo Mondadori Editore, 1979.

PRICE, Judith. **Masterpieces of ancient jewelry**. Philadelphia: Editora Running Press Book Publischers, 2008.

RIBEIRO JR., Wilson A. **Joias minoicas variadaç** São Carlos: Portal Graecia Antiqua. Disponível em: greciantiga.org/arquivo.asp?num=0537. Acesso em: 12 mar. 2022.

RIBEIRO JR., Wilson A. **Heládico médio**: os mínios. Portal Graecia Antiqua, São Carlos. 2001. Disponível em: http://www.greciantiga.org/arquivo.asp?num=0397. Acesso em: 12 mar. 2022.

ROSS, Marvin C.; BOYD, Susan A.; ZWIRN, Stephen R. **Catálogo:** The byzantine and early medieval Antiquities in the Dumbarton Oaks Collection- Jewelry, Enamels and Art of the Migration Period. Washington, 1965, v. 2.

SEDYCIAS, 2012. **Aventuras na história**. Disponível em: https://aventuras-nahistoria.uol.com.br/noticias/galeria/historia-o-que-sao-os-retratos-de-fayum.phtml. Acesso em: 15 abr. 2022.

SKODA, Sonia Maria de Oliveira Gonçalves. **Evolução da arte da joalheria e a tendência da jóia contemporânea brasileira.** Dissertação (Mestrado em Estética e História da Arte) - Universidade de São Paulo, São Paulo, 2012.

SMITH, Alison Moore. The Iconography of the Sacrifice of Isaac in Early Christian Art. **American Journal of Archaeology**, Catálogo n. 74, v. 26, n. 2, abr./jun. 1922.

STRICKLAND, Carol. **Arte comentada:** da pré-história ao pós-moderno. Rio de Janeiro: Ediouro, 1999.

SUBIRACHS, Josep Maria. **História geral de arte.** Madrid: Ediciones Del Prado, 1996.

SUPER INTERESSANTE. **A história dos etruscos:** a cultura que Roma destruiu. 1993. Disponível em: https://super.abril.com.br/historia/a-historia-dos-etruscos-a-cultura-que-roma-destruiu/e. Acesso em: 20 mar. 2021.

THARRATS, Joan-Josep. **História geral da arte:** pintura I. Espanha: Ediciones del Prado, 1995.

THE METROPOLITAN MUSEUM OF ART. 2000–2015. **The Metropolitan Museum of Art**, NY, EUA. Disponível em: http://www.metmuseum.org/. Acesso em: 12 set. 2014.

TIRADRITTI, Francesco. **Tesouros do Egito**: do Museu Egípcio do Cairo. São Paulo: Manole, 2000.

TRAILL, David. **Schliemann of Troy:** treasure and Deceit. University of California Press, 1995.

UNED.ES. 1999. **Universidad Nacional de Educación a Distancia** - U.N.E.D., Madri, Espanha. Estudo de Ana María Vázquez Hoys - Profesora de Historia Antigua. Disponível em: http://www.uned.es/. Acesso em: 27 out. 2014.

VASQUES, Marcia Severina. **Crenças funerárias e identidade cultural no Egito romano**: máscaras de múmia. Tese (Doutorado em Arqueologia). Universidade de São Paulo, São Paulo, 2005.

VIKAN. Art and marriage in early byzantium. *In:* **Dumbarton Oaks Papers**, 1990. v. 44.

ZAKI, Mey. **The legacy of tutankhamun-art and history**. Egito, Giza: Ed. Farid Atiya Press, 2008.